先秦儒家人格审美理论研究

李冬梅 著

上海三联书店

目　录

序/ 001

导论 / 1

一、研究缘起及基本立场/ 2

二、研究现状述评及研究构想/ 3

三、研究思路及研究方法/ 11

第一章　周礼与儒家思想/ 16

第一节　“炎黄文化”宜称“三祖文化”/ 16

第二节　分封制度之源起/ 19

第三节　天命鬼神观与《周礼》之源起/ 20

第四节　《周礼》与儒家思想之源起/ 24

第五节　礼乐文明与人格养成/ 26

第二章　孔子的人格审美理论/ 29

第一节　孔子“仁”学的两大基石/ 30

第二节　“仁者，人也”——孔子人格论之把握/ 36

第三节　“仁”的审美实现——“生命之诗性乐境”/ 47

第三章　曾子和子思的人格审美理论/ 70

第一节　“心正身修”——“仁”的现实推进/ 70

第二节　“性自命出”——儒家大宇宙生命观的确立/ 75

第三节　“鸢飞戾天，鱼跃于渊”——“诚”之生命诗性乐境/ 81

第四章　孟子的人格审美理论/ 88

第一节　“大体”、“小体”——人性的二重内涵与性善哲学/ 88

第二节　“牛山之木”与“求其放心”——性善论的修习之路/ 93

第三节　由“善”及“神”——生命诗性乐境的六层递进/ 99

第五章　荀子的人格审美理论/ 120

第一节　荀子天人二分的哲学思想/ 121

第二节　性有二重的人本理论/ 122

第三节　全、粹唯美的人格修养/ 123

第四节　顺性养欲——人格修养的泛化/ 128

第五节　积善隆德——人格修养的完成/ 131

第六章　《周易》与儒家人格审美理论/ 137

第一节　孔子学《易》的过程与原因/ 137

第二节　今本《易传》中的儒家人格审美理论/ 140

第三节　《易传》中的道家思想/ 154

第七章　《大学》、《中庸》对儒家人格修养与审美境界的升华/ 157

第一节　《大学》中的人格美学思想/ 157

第二节　《中庸》对人格修养的启迪/ 161

第八章　《乐记》与儒家审美人格精神/ 165
第一节　儒家乐教与人格精神/ 165
第二节　儒家音乐美学与批评标准/ 170

第九章　先秦儒道人格审美理论比较/ 178
第一节　道家人格审美理论/ 178
第二节　儒道人格审美理论之比较/ 195

第十章　先秦儒家人格学说与诗学的融合/ 214
第一节　“诗言志”与“修辞立诚”/ 214
第二节　“兴观群怨”与“温柔敦厚”/ 229

第十一章　余论/ 247
第一节　先秦之后各代对儒家人格审美理论的继承与发扬/ 248
第二节　近代学者对先秦儒家人格审美理论的继承/ 267
第三节　当代儒学的发展及其对构建人类命运共同体的启发/ 282

参考文献/ 289

后记/ 293

序

袁济喜

本书是作者在多年研究的基础之上，不断创新与拓展的成果。读后十分欣慰，深感中国文化的生生不息，代有传人。

人格主义是中国传统文化的主旨，也是文化精神的指向。它是一个广泛而且历久弥新的题目。中国文化本质上来说，是一种以人文学说为核心，旁及其他领域的文化体系，中心所在，乃是以人为本的人文思想体系，而在这种思想体系之中，人格主义是其结晶。中华民族是一个世俗民族，宗教文化并不占有主导地位，人们的精神世界、伦理意志、行为规范，以世俗道德作为规范与习俗，而孔孟之道以仁学为核心，而仁学的理想则是需要人格的承担。人格，既是道义的凝聚，更是道义的践行者甚至殉难者，从孔子时代到东汉末年的党锢之祸中的士人气节，都印证了这一点。“士，志于道”，“士不可以不弘毅，任重而道远。仁以为己任，不亦重乎？死而后已，不亦远乎？”这些出自《论语》中的名言，都指明了这一点。这种人格主义，带有审美的意蕴，上升到境界层次，是中国古代文艺作品的人格主义的思想来源，不了解中国文化的这种人格主义特点，就很难区别中外文艺的不同特征。

儒家思想的指归为人格理想，通向审美境界，这一点为人们所认同，而道家思想的指向同样是人格境界，老庄的自然之道，营造的是他们心目中天人合一、逍遥游放、物物而不物于物的人格境界，正如李泽厚先生所说，庄子之道，其实是他的人格本体；到了六朝时代，儒道玄佛既互相交争，又互相融合，其中心议题也是当时士大夫的审美理想，理想人格成为彼时哲学、美学与文学共同追求的旨趣，孕育出灿烂辉煌的文学艺术，儒道玄佛的人格主义，结出了丰硕的成果，直接影响到隋唐之后的文学艺术的发展。

儒家的人格主义，以孔子的“三军可夺帅也，匹夫不可夺志”，孟子的“富贵不能淫，贫贱不能移，威武不能屈”这些经典话语作为标杆，生发于当时，沾溉于后世，成为中华民族的精神瑰宝。在当今也面临着挑战，功利主义的价值观念蛀蚀着人们的精神世界，士人精神危乎殆哉，在这种时候，对于儒家人格审美理论的关注，也就具有了重要的价值与意义。就此而言，冬梅博士此书从源头上探讨先秦儒家人格审美理论的形成与发展，对于我们理解与阅读中国文化的一般特征，以及相关知识，实在是大有裨益的。

儒家作为中国思想文化的主流，千百年来，研究的成果不计其数，相关的人格审美理论成果也颇为可观，这固然提供了许多可资借鉴的资料，但无形中也增加了研究的难度，因此，本书在创新方面做了很大的努力，例如，对于先秦儒家人格审美理论的起源，从周礼与儒家思想的关系谈起，因为周礼是儒家思想的源头之一，从社会制度与社会形态方面着眼观察儒家的人格审美理论，比起单纯从思想观念的起源谈论儒家人格审美理论，切中肯綮，也避免了当时一些中华美学史研究偏重观念演变的路数。

在研究方法上，本书的思维开阔，多元兼容，充分汲取了现有的简帛文献成果，并且注重将它与传世文献加以互证，这样有利于先秦儒家人格审美理论的多维视角与多方认识，读后让人感到有一种耳目一新的感觉。从思想与文献的来源角度来看，本书信息量颇大，给人以很大的启思。

先秦儒家审美人格理论的价值，还在于后世的接受与阐释方面，儒家思想是一种包容性与阐释性极强的思想体系，儒家的人格审美理论，不仅诞生于先秦，而且在汉魏六朝时期获得极大的发展与演变，传统的儒学受到了老庄与佛学的影响，催生了儒玄佛合流的人格审美理论，无论是在魏晋的阮籍、嵇康、陶渊明，还是在南朝的谢灵运、沈约身上，都获得了极大的演绎与阐释。因此，本书对于先秦儒家审美人格在秦汉魏晋六朝时期的演变，也作了一定的梳理与论述，历史的线索相当分明。另外，对于儒家人格审美理论在近现代的转化与中西互融问题，也进行了简要的概述，以证明儒家人格审美理论在近现代的延续与转化，是有着内在生命力的，这些，都是本书的着力与成功之处。

当然，本书需要完善的地方还是不少的。例如，先秦儒家审美人格理论，既是对于现实生活中人格审美现象的总结与要求，同时也反映在文学作品与理论批评实践上，这一点，在秦汉与六朝时代是很明显的。在儒家六经之首的《诗经》以及以屈原为代表的《楚辞》中，儒家人格理想的影子是很明显的，这两部中国文学源头的经典中，儒家人格理想构成其中的重要因素，赋比兴手法的运用，即与作者的创作过程中受到儒家人格主义影响的因素直接相关。《楚辞》中也受到这种人格主义的浸润。在两汉文学理论批评领域，这种人格主义更是成为围绕屈原人格及其《离骚》评判的价值标准。儒家人格审美理论的价值与影响，不仅在于自身的理论构建中，而且在这种接受与批评实践中，获得价值实现，成为中国文学思想与理论批评的重要内容，如果本书在这方面略加关注，会增色不少。相信以后在修订时，作者会在这方面进一步完善，因为这个题目是传统文化研究中历久弥新的人文课题。

是为序。

二〇一九年十一月于北京南郊寓所

导 论

儒家是中国古代最有影响力的学派。但作为华夏固有价值系统的一种表现，它并非通常意义上的学派。特别是先秦时，儒家虽然是最有影响力的学派，但也只是诸子之一，与其他诸子一样地位本无所谓主从关系。

《汉书·艺文志》："儒家者流，盖出于司徒之官，助人君顺阴阳明教化者也。游文于六经之中，留意于仁义之际，祖叙尧、舜，宪章文、武，宗师仲尼，以重其言，于道为最高。"

有人认为儒者是一种以宗教为生的职业，负责治丧、祭神等宗教仪式，有"儒本求雨之师，故衍化为术士之称"（《国语论衡·原儒》）的说法。

《说文解字》云："儒，柔也，术士之称。"据郭沫若考证，"儒"本是鄙称，"儒家"这一称号，也不是孔子自家封号，而是墨家对孔子这一学派的称呼。

庄子后学评论儒家："性服忠信，身行仁义，饰礼乐，选人伦，上以忠于世主，下以化于齐民，将以利天下。"（《庄子·渔父》）

儒家在先秦时，和诸子地位平等，然而在秦始皇时受到重创，那便是"焚书坑儒"。至汉代，汉王朝以继承三代中原文化正统为其文化建设的基本路线，而这三代中原文化的代表正是儒家六经，孔子以继承华夏民族文化著称，因而儒学本身便是华夏民族文化的精华。汉朝由于宗经而尊儒，这便是儒家交上好运的原因之一。孔子作古，“儒分为八”（《韩非子》），其中主要有两派，一是孟子出于子思一系传道，二是荀子出于子夏一系传经，这便是先秦儒学。

从孔子的时代以来，儒家传统文化的延续至少已有两千五百年的历史，其间虽也遭到过批判，但儒学的主导地位并未从根本上动摇过。两千多年来，关于儒学的文献真是汗牛充栋，关于儒学的见解更是说不尽，道不完。即便是同一个人，在不同的年龄阶段，经历过不同的人生体验后，对于儒学的认识也会大相径庭。久而久之，儒学——尤其是先秦儒学的人论与美论便成为了约束或指导人们为人处世的思想行为准则，对于中国人人格心理的铸造产生了不可估量的深刻的影响。时至今日，当我们以一种全新的感觉来重新读儒说儒时，依然可以发现先秦儒学——尤其是它的人论与美论，仍然包含着不少适应我们这个时代需要的东西。

由此，本论题尝试从周礼与儒家文明的关系、孔子至思孟学派、荀子的人论与美论的历史展开、《周易》与儒家思想、儒家思想与道家思想的比较等方面进行逻辑梳理，以期在该研究领域起到些许的作用。

一、研究缘起及基本立场

近二十多年来，在中国哲学“合法性”问题讨论的推动下，中国美学的研究，进入了一个新的自觉时期：人们努力摆脱西方美学的附庸地位，而致力于探寻中国美学的真精神、真意蕴、真面目。而此类探寻，首先触及的就是先秦的儒家和老、庄；其中对儒家美学的评析，又分歧较多。究其原因，最根本的一条就在于思想方法的不同：有的使用主观的诠释方法；有的使用客观的诠释方法。前者多以论者自己的美学观点为标准，对古人作跨越历史时空的抽象批评；后者则多把古人放在他所生存的具体历史时空中，以理解和同情的态度对古人作客观的、历史的、具体的评析。应该说这两种不同的研究理路，都有自己存在的价值，而我则倾向于后者。因为，人们对“美”的看法上，无论有多少不同意见，谈“美”总是离不开“人”。而“人”却并非是一个从来如此，万古不变的“物种”；“美”也没有一个超越时空，万古不变的“标准”。从古至今，“人”在历史地变化着、生成着；“美”也在历史地变化着、生成着。于是人对“人”、对“美”的看法，也随着“人”的变化、生成，“美”的变化、生成，而变化、而更新。我们评析任何时代、任何学派都不能无视这一基本事实，对儒家学派自然也不例外。那么，“人”的历史地变化、生成与“美”的历史地变化、生成，究竟有没有本质联系？在中国先秦时代，“人”的实际与“美”的实际具体状况如何？二者又怎样成为我们评析当时某一学派的美学成就的依据？

基于此类思考，本书尝试着从时代精神的根本要求出发，从孔子与思孟学派及荀子自身的人论角度切入，去解读他们的人格审美理论。

二、研究现状述评及研究构想

近些年来，由于缺乏新的第一手资料，学界对先秦儒家美学的研究难以取得突破性的进展。正当学者们为此困境而无奈徘徊时，转机却在 1993 年出现。

1993年10月，郭店楚简出土。1998年5月，经过专家们的整理识别，郭简图版及释文由文物出版社出版，书名为《郭店楚墓竹简》。该书的出版发行，在学术界引起了不小的震动，其重大意义犹如有论者说“郭店楚墓竹简出土以后，整个中国哲学史、中国学术史都需要重写。”[1] 至今对楚简的研究在学界都可堪称“显学”。楚简的问世，使得原先沉寂已久的“思孟学派”再次浮出水面，对“思孟学派”的重新解读，使我们对先秦儒家的研究有了创新的可能。

而所谓“思孟学派”，先秦尚无此说。《韩非子·显学》说：孔子死后，儒分为八，“有子张之儒，有子思之儒，有颜氏之儒，有孟氏之儒，有漆雕氏之儒，有仲良氏之儒，有孙氏之儒，有乐正氏之儒”。《荀子·非十二子》中，只是将子思与孟子并称。《史记·孟轲列传》说孟轲“受业子思门人”，也没有“思孟学派”之说。一直到韩愈才在他的儒学“道统论”中提出了从孔子、曾子到子思再到孟子的先秦“道统”：“斯吾所谓道也，非向所谓老与佛之道也。尧以之传之舜，舜以之传之禹，禹以之传之汤，汤以之传之文武周公，文武周公传之孔子，孔子传之孟轲，轲死不得其传焉。”（《原道》）又云：“孟轲师子思，子思之学盖出于曾子。”（《送王秀才序》）韩愈虽在传道与师承的结合上初步勾画出从孔子到思孟学派的传承统系，却没有以强有力的历史事实从儒学自身的逻辑发展来确证其观点。

以儒家道统的继承者、光大者自居的宋儒则发展、确证了韩愈

[1] 杜维明：《郭店楚简与先秦儒道思想的重新定位》，见《郭店楚简研究——中国哲学》（第二十辑），辽宁教育出版社2000年版，第4页。

之说。二程云："孔子没，曾子之道日益光大。孔子没，传孔子之道者，曾子而已。曾子传之子思，子思传之孟子，孟子死，不得其传，至孟子而圣人之道益尊。"（《二程集·河南程氏遗书》卷二十五）朱熹云："人言今人只见曾子唯一贯之旨，遂得道统之传，此虽固然。但曾子平日是个刚毅有力量，壁立千仞底人，观其所谓'士不可以不弘毅'；'可以托六尺之孤，可以寄百里之命，临大节而不可夺'；'晋楚之富不可及也，彼以其富，我以吾仁；彼以其爵，我以吾义，吾何慊乎哉'底言语，可见，虽是做工夫处比颜子觉粗，然缘他资质刚毅，先自把捉得定，故得卒传夫子之道。后来有子思、孟子，其传亦永远。"（《朱子语类》卷十三）宋儒尽管也没发现确切可考的历史事实来支持他们的"道统论"，但他们却下功夫探寻了从孔子到思、孟儒家学说的逻辑发展过程。他们从《礼记》中取出《大学》、《中庸》，确认前者出自曾子，后者出自子思，遂与《论语》、《孟子》并称为《四子书》。由周敦颐开其端，朱熹集其成，并有众多学者参与的对《四书》的整理、注解、阐释，理清了从孔子到思孟的儒家学说，特别是儒家哲学自身的逻辑发展过程，在学理上确证了从孔子到曾参、子思、孟轲的传道统系，从而确证了思孟学派。不过，他们的道统论及确认的《大学》、《中庸》的作者，还是不断遭到后世学者的质疑。

郭店楚简的出土为确认"思孟学派"的合法性存在提供了强有力的依据，这使得孔孟之间发展原已模糊的轮廓日益清晰。

本论题所要探讨的"人格审美理论"，其立足于"人格"思想与"人格境界"理论。古代汉语中并无"人格"一词，它是从近代日本引进的。而日语"人格"一词也是从英语"personality"一词翻译而来，意为"人性"，它指的是人（person）的各种特征，并没有道德的含义。从词源学来看，英文“personality”源自拉丁文“persona”，后者有面具之含义，面具代表了这个角色的某种典型特征，类似于京剧中的面孔。由此可以说，人格指的是个人在人生舞台的行为，是他的表演或演出的“角色”[1]，因此，作为个体，人都有其可见和不可见的两面性。自古以来，中国人就从道德层面看待人格现象，虽然中国古代没有人格这个概念，但与此相关的概念早已存在。《说文解字》：“格，木长貌。”[2] 指达到一定长度规格的木头。所以，格的定义之一是法式，标准，规格。《礼记·缁衣》：“言有物而行有格也，是以生则不可夺志，死则不可夺名。”郑玄注：“格，旧法也。”孙希旦集解：“有格则无踰矩之行。”[3]《后汉书·傅燮传》：“朝廷重其方格。”李贤注：“格，犹标准也。”[4]《南齐书·豫章文献王嶷传》：“作家勿令深，一一依格，莫过度也。”[5] 宋曾巩《本朝政要策·铨起》：“建隆初，定考判之制，著循资之格。”[6] 谢觉哉《随手拈来》：“格，是标准，又叫规格。这就合格，那就不合格。”[7] 可见，中国古代所言之“格”由原来指达到一定长度规格的木头引申为法式、标准，后来用在衡量人才的标准上，就指人的内在道德与外在行为的统一。

对于“人格”的解释，众说纷纭，尤其是国外的一些心理学著作，对人格的定义更是莫衷一是。笔者在此采纳袁济喜先生对“人

[1] 参见普通高等教育“十一五”国家级规划教材《心理学基础》，教育科学出版社 2009 年版，第 211 页。

[2] 许慎：《说文解字》，中华书局 1963 年版，第 119 页。

[3] 孙希旦：《礼记集解》，中华书局 1989 年版，第 1330 页。

[4] 范晔：《后汉书》，中华书局 1965 年版，第 1876 页。

[5] 萧子显：《南齐书》，中华书局 1972 年版，第 417 页。

[6] 曾巩：《曾巩集》，中华书局 1984 年版，第 669 页。

[7] 谢觉哉：《谢觉哉杂文选》，人民文学出版社 1980 年版，第 105 页。

格”的解释：“‘人格’一词与人性的深层问题密不可分。……西方人所说的人格，强调其表演性。而中国的人格学说，注重的是其中的不表演性，即诚于中而形于外的真诚人格，……所谓人格，更多的是指个性化的道德境界。这种道德境界的高低，取决于人的自我意识与人生意义的确定。”[1] 对于“人格”之延伸的“人格境界”，袁先生亦作了精辟的概括：“但伦理学与美学上的人格，是一种特定的人格，它是指具有自我意识、精神信仰、道德境界的人性内在结构与外在行为的统一，尤其是中国古代推崇的人格境界，就是一种有着自我体认的道德意识与坚定意志能力，达到了与天地并流、与宇宙合一的超越境界，这种境界也就是审美所揭示的无我之境。”[2] 本论题所说之“儒家人格审美理论”，包括对儒家的人格与人格境界的美学理论探讨。

当下学界对孔子与思孟学派、荀子的人格审美理论研究，给予比较多的关注的是其中的孔子和孟子。如借用中国美学三个范畴“神、骨、肉”来概括的三类中国当代美学经典著作[3]：1、（神型）李泽厚先生编写的《华夏美学》[4]；2、（骨型）叶朗先生编写的《中国美学史大纲》[5]；3、（肉型）李泽厚先生和刘纲纪先生主编的《中国美学史》[6]、敏泽先生编写的《中国美学思想史》[7]，它们不仅完成了当代中国美学史的建构工作，而且对孔孟的人格审

[1] 袁济喜：《传统美育与当代人格》，人民文学出版社 2002 年版，第 6—7 页。

[2] 袁济喜：《传统美育与当代人格》，人民文学出版社 2002 年版，第 8 页。

[3] 张法：《中国美学史》，上海人民出版社 2000 年版，第 4 页。

[4] 李泽厚：《华夏美学》，安徽文艺出版社 1994 年版。

[5] 叶朗：《中国美学史大纲》，上海人民出版社 1985 年版。

[6] 李泽厚，刘纲纪：《中国美学史》，中国社会科学出版社 1984 年版。

[7] 敏泽：《中国美学思想史》，齐鲁书社 1987 年版。

美理论从不同角度作了不同的论述。回顾这三类著作的学术意义，我们都能够有所感受。但从总体来说，他们的著述因为体例和篇幅的限制，不能展开深入的论述，而且对思孟学派的人格审美理论因只重孟子而忽略其他显得有所缺憾。由此，后学的继续和研究有着极大的可能。

近些年，对先秦儒家的人格审美理论做比较深入且精辟的研究的，据笔者手中的资料，当数这几本专著，即袁济喜先生所著之《古代文论的人文追寻》[1]、《中国古代文论精神》[2] 和《传统美育与当代人格》[3]，及张法先生所著的《中国美学史》[4]。

袁济喜先生在《古代文论的人文追寻》一书中，对儒家的人格审美理论做了很精辟的概括，说中国古代文化是一种以儒道释糅合而成的世俗文化，其关注的中心便是从天地人融合的角度去探讨人生理想与人格的超逸，其人文思想的终极关怀是以现实人格的构造与追求为特点，而理想人格的境界往往存在于审美境界之中。中国的诗性文化构成了类似宗教那样的精神家园[5]。袁先生在书中还引用林语堂先生所著《中国人》中一段关于中国诗歌具有宗教意义的论述，说明中国文化中的诗性精神是一种以柔弱胜刚强、韧性极强的文化精神，中国文化的最高境界表现在美学境界上[6]。

在《中国古代文论精神》中，袁先生还提出儒家有着坚实而厚重的人格精神基础，刚健向上，厚德载物，是儒家人格精神通向文

[1] 袁济喜:《古代文论的人文追寻》，中华书局 2002 年版。
[2] 袁济喜:《中国古代文论精神》，山西教育出版社 2005 年版。
[3] 袁济喜:《传统美育与当代人格》，人民文学出版社 2002 年版。
[4] 张法:《中国美学史》，上海人民出版社 2000 年版。
[5] 袁济喜:《中国古代文论精神》，山西教育出版社 2005 年版，第 1 页。
[6] 袁济喜:《中国古代文论精神》，山西教育出版社 2005 年版，第 39 页。

学精神世界的津梁[1]。

而在《传统美育与当代人格》一书中，袁先生更是从“孔子的美育思想”、“孟子论人格与美育”、“儒家人格与美育”、“‘比德’与品人”等各方面论述了先秦儒家的人格审美理论。

张法先生的《中国美学史》一书，对孔子和孟子的人格审美理论也做了比较精辟的论述，如对孔子的人格审美论，他说：“人生境界的方面，来自于对人格高扬的最深的洞察力和最高的体悟。要真正地达到仁，一定是把理性落实到感性；仁要达到真正的高度，一定是一种自由的境界。”[2] 由“吾与点”的故事出发，他又对孔子“仁”的两个新的方向——“仁”的完成与“仁”的背离展开“仁”的本来目标的论述[3]。

对孟子的人格审美理论，他说孟子在高扬仁义与保持审美感性特征方面，采用了主体到客体的推导方式，在区分真正的美之前，首先区分了真正的乐[4]。

对于“乐”，他又做了进一步地阐释，说孟子是通过对主体诸感官的划分，把“心悦仁义”的社会性获得，纳入人的先天生理本性，提到人性论的高度。由此“仁义”与“心”对应，获得与纯为感官的快适不同的精神愉悦，即“乐”[5]。

袁济喜先生和张法先生在论述孔孟的人格审美理论时，分别对这几个重要的命题：“人格境界”、“诗性文化”、“自由的境界”和

---

[1] 袁济喜:《中国古代文论精神》，山西教育出版社 2005 年版，第 20 页。
[2] 张法:《中国美学史》，上海人民出版社 2000 年版，第 58 页。
[3] 张法:《中国美学史》，上海人民出版社 2000 年版，第 59 页。
[4] 张法:《中国美学史》，上海人民出版社 2000 年版，第 66 页。
[5] 张法:《中国美学史》，上海人民出版社 2000 年版，第 67 页。

“乐”做了很好的阐释。但同样是由于体例和篇幅的限制，袁先生和张先生也未及对思孟学派中曾子和子思展开论述。

1993年郭店楚简问世后，引发了学界对先秦儒家尤其是对思孟学派研究的热潮。不过，由笔者手头分量最重的一本《郭店楚简国际学术研讨会论文集》[1]来看，2000年以前，海内外的硕学鸿儒和老中青专家，分别从文字学、考古学、简牍学、文献学、哲学、人类学、历史学等诸方面，对郭店楚简中思孟学派的思想作了深入的研究，但纵览全书，却没找到美学方面的探讨。由《中国哲学》编辑部同年编辑出版的《郭店楚简研究——中国哲学　第二十辑》[2]，及其后一些学者出版的专著，如郭沂先生的《郭店竹简与先秦学术思想》[3]，陈伟先生的《郭店竹书别释》[4]，李天虹女士的《郭店楚简〈性自命出〉研究》[5]，孔德立先生的《子思与思孟学派》[6]，等等，情况亦是如此。笔者在《中国知网》上以“思孟学派”为关键词搜索，得出的记录数据为377篇[7]，笔者逐个浏览，发现其中的研究重心基本放在由孔子向孟子过渡期的“儒家心性说”，而对作为其哲学的扩展和延伸的人格审美理论仍少有涉及。

在王振复先生及陈立群女士共同完成的《郭店楚简〈性自命

---

[1] 武汉大学中国文化研究院编：《郭店楚简国际研讨会论文集》，湖北人民出版社2000年版。

[2]《中国哲学》编辑部：《郭店楚简研究——中国哲学》（第二十辑），辽宁教育出版社2000年版。

[3] 郭沂：《郭店竹简与先秦学术思想》，上海教育出版社2001年版。

[4] 陈伟：《郭店竹书别释》，湖北教育出版社2003年版。

[5] 李天虹：《郭店楚简〈性自命出〉研究》，湖北教育出版社2003年版。

[6] 孔德立：《子思与思孟学派》，山东文艺出版社2004年版。

[7] 最新的查阅日期为2019年5月20日。

出〉的美学意义》[1]一文中，他们提出："郭店楚简《性自命出》有重要的美学意义，学界迄今对此保持缄默，也许是一个学术上的疏漏。"如此，对于思孟学派的人格审美理论的研究，笔者认为也是学界在学术上的一个疏漏。

由此，笔者欲在上述研究的基础之上推进一步，试图对从孔子到思孟学派及荀子的人格审美理论进行申论，以求抛砖引玉。

三、研究思路及研究方法

如果我们从全人类出发来看问题，所谓"美"及其一切形态，都是人创造出来的，而所谓"美学"也无非就是人对人的审美创造和审美活动的特性、规律所作的理论总结。要对孔子与思孟学派、荀子的人格审美理论进行申论，则如何来理解孔子的"仁"与"美"的关系极其重要，因为"仁"是孔子人学的主要内容，而孔子的美学实际上是"从他的仁学出发去观察和解决审美和艺术问题所得出的结论"[2]。思孟学派及荀子的人格审美理论，则是对孔子人格审美理论的继承和发展。

由于儒学传播至今已有两千多年，故儒学的文献瀚如烟海。但愈是对古老文化的研究，我们愈是要重归"原点"（历史语境）和"元典"（文本解读），这样才能正本清源，去除各种蔽障，还原历史真实面目。对孔子和思孟学派、荀子的人格审美理论研究亦要如此。所以，在写作过程中，本文即是以《四书》、《荀子》为依托，

[1] 王振复、陈立群：《郭店楚简〈性自命出〉的美学意义》，载《复旦学报（社会科学版）》，2003年第一期。

[2] 李泽厚、刘纲纪：《中国美学史·先秦两汉编》，安徽文艺出版社1999年版，第107—137页。

以朱熹的《四书章句集注》为主要参照，并结合当下学界对郭店楚简研究的最新成果，来对孔子与思孟学派、荀子的人论与美论加以系统的梳理。如此，本书正文分十一章展开论述：

第一章　周礼与儒家思想。从四个方面加以论述：（一）“炎黄文化”宜称“三祖文化”思想；（二）分封制之源起；（三）天命鬼神观与周礼之源起；（四）《周礼》与儒家思想之源起；（五）礼乐文明与人格养成。因为儒家是周代文化的产物，而周代文明是从夏商二代转化而来，有所因革与创变，孔子说：“周监于二代，郁郁乎文哉，吾从周。”因此，论儒家的人格审美理论不能不从源头谈起。

第二章　孔子的人格审美理论。孔子的人格审美理论是儒家人格审美理论的起点。而孔子的人格审美理论，立足于他的人格论，他的人格论则立论于他的“仁”论。故理解孔子的“仁”论是理解他的人格审美理论的起点。在对孔子“仁”论的理解上，本章首先论述了孔子“仁”论赖以立足的两大基石：（一）从神本走向人本——社会性总体人的发现；（二）“克己复礼”与“有教无类”——对传统宗法及礼教的继承与超越。其次，从三个方面论述孔子的人格论思想：（一）“仁者，爱人”——孔子人性论的主要内涵。（二）“志于道，据于德，依于仁，游于艺”——孔子的做人之道。（三）“兴于诗，立于礼，成于乐”——孔子的成人之路。最后，在探讨孔子的人格境界论时，由个体人实现“仁”时而产生“乐”出发，提出了“美是生命的诗性乐境”这个美学命题，并从五个方面加以论述：（一）“思”与“学”——通往生命诗性之乐境。（二）“文质彬彬”——生命诗性乐境的内外充实。（三）“吾与点”——生命诗性乐境与自然之会通。（四）“游于艺”——生命诗性乐境之理想依存。（五）“中和之美”——生命诗性乐境的高度圆融。

第三章　曾子和子思的人格审美理论。曾参、子思人格审美理论是对孔子人格审美理论的逻辑展开。从三个方面加以论述：（一）曾子“心正身修”理论是对孔子“仁”的人格思想的完善，并与子思在实践中使其得以现实推进。（二）从《中庸》出发，并结合郭店楚简“性自命出”篇，论证儒家大宇宙生命观被子思完全确立。此生命观对他的人格境界论产生直接影响。（三）以“诚”为核心，论述曾子、子思阶段的人格美的境界，是立足于其“心正身修”人格论与大宇宙生命观的，呈现的是“鸢飞戾天，鱼跃于渊”似的体现生命本真快乐的诗性境界。

第四章　孟子的人格审美理论。孟子的人格审美理论是对儒家人格审美理论的全面提升。从三方面进行论述：（一）孟子继承子思的人性说，提出人性的二重内涵有“大体”、“小体”之分，并把子思尚且含糊的人性善倾向明朗化，提出先天性善哲学。此乃孟子人格审美理论的第一层理论内核。（二）孟子认为，人虽然先天有性善的因素，但后天若不加以心性修养，则人性就会变“不善”，由此，他以“牛山之木”为喻，强调后天心性修习是“求其放心”，从而提出了先天性善论的修习之路。此乃孟子人格审美理论的第二层理论内核。（三）以“大体”、“小体”的二重人性内涵及先天性善论与性善论的修习理论为依托，展开对孟子的由“善”及“神”之六层递进的生命诗性乐境的人格审美理论的论述。

第五章　荀子的人格审美理论。荀子的人论与美论，对之前的“思孟学派”而言，则是另辟蹊径。本章从五个方面展开论述：（一）荀子天人二分的哲学思想。如果说孔子的思想中尚有“畏天”的成分的话，那么荀子最富有创新性的是他的“人定胜天”的理论。（二）性有二重的人本理论。在人性论方面，荀子提出了与孟子性善论截然相反的性恶论的观点。他一次次地批判孟子的性善论，说道："是不然，是不及知人之性，而不察乎人性伪之分者也。"（三）全、粹唯美的诗性生命。从性恶论出发，他认为对美的要求是人的不可避免的自然欲望，具有普遍性，肯定人们对美的要求的合理性。但是荀子并不认为对欲望无论怎样的满足都是合理的，在他看来，包括对美的欲望在内的一切欲望的满足只有当它符合于"礼"的要求时，才是合理的，才是美的。由此，他提出了"不全不粹之不足以为美"的命题。（四）顺性养欲——诗性生命的泛化。荀子以一颗包容之心，在认定"人性本恶"的基础上，提出了"顺性养欲"说，使诗性生命得以泛化。（五）积善隆德——诗性生命的完成。荀子认为通过后天的学习和修养，通过自身的积善隆德，可以使诗性生命得以完成。

第六章　《周易》与儒家人格审美理论。这里论述《周易》不仅注意到它是儒家经典，而且融入了许多道家的理论，特别是在天道自然观念与贵柔尚变方面。

第七章　《大学》、《中庸》对儒家人格修养与审美境界的升华。《大学》、《中庸》对儒家人格修养与审美境界的最终形成意义重大。

第八章　《乐记》与儒家审美人格精神。儒家音乐理论的代表《乐记》之中深入探讨了音乐与人格形成之间的关系。"乐教"就是一种审美教育，在对音乐欣赏体悟中人的人格也有了提升。

第九章　先秦儒道人格审美理论之比较。从儒道的比较可以更清楚地揭示儒家人格审美理论的特点。

第十章　先秦儒家人格学说与诗学的融合。儒家认为"有德者必有言”，强调文章与德行之间的密切联系。文章是一个人内在道德力量的外化。另外，儒家将论文与论人结合，好文章也要像君子一样文质彬彬，既要有充厚的内容也要有外在的形式。

第十一章　余论。这一部分简要概述了由孔子以降的儒家人格审美理论在后世演变发展的脉络以及对后世的历史意义。

本书在研究方法上试图做到背景分析与理论概括相结合、共时研究与历时研究相结合、微观分析与宏观把握相结合、内部研究与外部研究相结合。也即在写作过程中，将孔子、思孟学派到荀子的人格审美理论发展当作一个有机整体，试图总结其较为一贯的人格审美理论的致思思路，把握其尚未清晰的人格审美理论的内核；同时，也注重其思想演变的历程，追踪其人格审美理论的发展轨迹，试图分析其人格审美理论的思想意义与精神指向。

第一章　周礼与儒家思想

据最新考古资料记载，中华文明的发展是多源的、多线的，距今四五千年以前的中华大地上还有其他民族与华夏族齐驱并进，在研究中华文明发端之时，不应该忽视为华夏文化注入丰富内涵与活力的其他民族。夏、殷两代仍未摆脱原始部落的天命鬼神宗教意识，周代则开始了怀疑天命的思想启蒙。在政治统治上进行思想启蒙，实行“分封制”，极大地推进了华夏文化社会化的进程。随着周公“制礼作乐”，使得“礼”从祭坛走下民间，在社会生活的方方面面中发挥了重要的作用，宗教等级秩序逐渐建立，君臣、父子、五伦等价值体系逐渐形成。《周礼》一书大致反映了周公敬德保民的人文思想，这种礼乐文明也成为儒家思想的重要来源。孔子吸收周代文化的精髓，并将礼乐文明与人格修养相联系，具体途径则是继续发扬周代文化，“礼教”、“乐教”和“诗教”。总之，儒家人格美学内涵与周代人文化成的礼乐思想密切相关。

第一节　“炎黄文化”宜称“三祖文化”

多年以来，学界一直认为中华文明的千年发展，是单源、单线的。所谓的"单源、单线发展"，也就是中原中心论，换句话就是黄河中心论，黄河并不是整个黄河，确切地说是黄河的中下游地区，此论点形成的主要原因是因为孔子和他的弟子主要生活在中原地区，儒家的经典是在春秋时期形成的。由于春秋时期的国家具体形势，儒家主张内华夏外夷狄，重华夏而轻夷狄，所以华夏族和其他少数民族并不能和谐相处。由于史书几乎是华夏族文人记载，所以经史书对其他少数民族的记载相当薄弱。一直到改革开放后，在沉寂多年的学术界，特别是在考古学界，研究者得以在全国各地普遍开展田野工作，田野工作的考证成果确认中华文明的发展是多源、多线的，而非单源、单线的观点。所以中华地区很多少数民族的文明有着更悠久的历史，在历史的进程中，这些文明对于被认为是中原、中心的文化都曾经有过十分重要的影响。由此，我们必须说"炎黄文化"宜改称"三祖文化"。所谓的"三祖文化"指的是中华民族传统文化源头要在原来炎黄二帝的基础之上，再加上以蚩尤为祖先的其他少数民族的文化。

"三祖文化"和史上常提的"炎黄文化"的观念虽有不同，但殊途同归。炎黄子孙、炎黄文化和五千年文明的源头都记载于《史记》。《史记》以《五帝本纪》开篇，讲述了黄帝等事迹，推算至今大约四千七百年到五千年之间，所以说我们有五千年的文明史，炎黄子孙的说法也源于此。实际上，今天我们再读《五帝本纪》，就会发现蚩尤在当时和黄帝、炎帝有着一样重要的地位，只是以前没有得到足够重视和理解。

古书中有命蚩尤宇于少昊之虚的记载，在其领导下的九黎主要生活在史前时代属于大汶口文化和龙山文化分布区的今山东曲阜。此地区在大汶口文化晚期（距今6000多年）开始获得迅速发展，故其在原始农业等作为社会经济基础的方面的进步是突破性的，与其原始农业的迅猛发展相同步的是各种手工业工艺的长足发展。原始农业与各种手工业的迅猛发展极大推动了社会经济、文化、技术的迅速发展，同时也带来了几何级的人口增长。为了拓展生存空间，大汶口文化的先民相继西向迁徙进入华夏集团居地。据《逸周书》记载，这些移民的西迁触及了豫中、豫西、豫南、苏南等地原住民的利益，涿鹿之战就是在这样的历史背景下爆发的[1]。

由《逸周书》关于涿鹿之战的记述可知，战争起源于考古论证的蚩尤领导下的九黎西迁[2]。涿鹿之战的结局是蚩尤被黄帝、炎帝、诸部联军在涿鹿征服，从而完成了黄帝、炎帝诸部与蚩尤部落的融合，之后又经阪泉之战，黄帝兼并炎帝，首次统一华夏族，为华夏族后来的长远发展奠定了基础。夏、商、周三个王朝即是炎黄二帝后裔在中原地区先后建立的，在朝代的更替与历史的变迁中，华夏文化不断注入丰富的内涵和新的生命力。

人类文明的进程几乎是同步的。与华夏族文明齐驱并进的是中国境内的其他文化单位[3]，它们也渐次向国家过渡，与华夏文明悄然形成对峙之势。华夏族在当时可谓兵强马壮、国力强盛，加之大禹治水的特殊贡献被天下认可，所以它在中华民族之林中独树一帜，傲然而立。华夏族的首领被尊为“天下共主”，其他文化单位

---

[1] 参见《逸周书·卷六》。

[2] 参见《逸周书·尝麦篇》。

[3] 文化是人创造的，人是社会性的动物，因而文化的本质在其社会性。社会是由不同层次的人类共同体如群体、氏族、民族等构成的。从文化的角度，这些群体、氏族、民族等不同层次的文化共同体叫文化单位；文化单位的文化就是单位文化。参见郭沂：《从文化生成机制看中国文化的形成与演变》，载《哲学研究》1989年第四期。

唯“天下共主”马首是瞻。情势使然，华夏文化在一定范围内比其他文化单位有更多的优势得以广泛传播。另外，根据《史记·殷本纪》等史料记载，民族迁徙在当时因为种种原因（主要是为生活所迫）而随时发生，这种民族迁徙，在一定程度上也使得华夏文化在沿途中可以随时生根发芽[1]。

然而，由于当时的地理、政治等因素的限制，“天下共主”对华夏族以外的族群的统领是极其有限的，华夏文化当然也无法真正渗透进入其他文化单位的内部结构，所以，列国文化在夏商时代依然能够自由恣意地舒展和生长，形成中国文化源头的一个个重要组成部分——这就是后经考古学所论证的中国文化多源论的原因。

第二节　分封制度之源起

在文化水平较低的时代，人们的思想就会由宗教意识主导，此情况一直延续到周代才有大的改观。一方面，由夏而殷、由殷而周的朝代更替的事实给周初统治者以深刻的启迪，使他们开始怀疑天命而进入思想启蒙，开创了人文主义的新时代；另一方面，自西周开始实施分封制。据史料记载，周朝的统治基于周公三年东征后得来的乱局平定。前车之鉴，后事之师，周公开创了分封宗室之举，以此来作为王朝的藩屏，周公此举便是“封建”一词的出处[2]。分封制的实施在中国文化史上意义重大且深远，它极大推进了华夏

[1] 参见《史记·殷本纪》载，商人“自殷至汤八迁”，“盘庚渡河南，复居成汤之故居，乃五迁，无定处。”

[2] 参见《左传·僖公二十四年》。

文化社会化的进程。

当时的分封大致可分为三种情况。第一种即中原地区被分封给周王朝众亲戚和功臣管辖。第二种即边远地区或没有被征服的地区，周王朝鞭长莫及，任由他们自治，例如秦、楚等国。第三种即周王朝派去的王族和功臣管辖齐、鲁、燕、晋等被征服的夷人方国或夷人故里。第三种情况最为重要，通过这种殖民的途径，华夏文化得以在其他文化单位内进行广泛传播和渗透。

这种制度层面上最核心之点是“封建”，那么，在这样的一种政治文化背景之下，也就出现了等级差异，也就有了“贵族”的出现。后来孔子、孟子、董仲舒等儒者提出的“君臣”、“五伦”、“三纲五常”等观念，无一不体现自西周始就逐渐根深蒂固的宗法等级秩序的一贯思想。但是贵族要保证他们在特权上的合法性，必须要“师出有名”。师出有名的捷径就是给老百姓重建思想观念，让老百姓信服周人的胜利全因上天的恩赐。如此，自殷商以来一直具有莫大影响力的天命思想便在此时肩负使命成为统治者运筹帷幄的利器。同时，周公在国家政权刚刚稳定之后，就立即运作大规模的文化建设，以进一步巩固政权，这就是千百年来改变中国人性格思想的“制礼作乐”。

第三节　天命鬼神观与《周礼》之源起

对外界事物充满幻想和想象是人类童年阶段的最主要的特征。原始先民对于他们不可知的事情和现象，给出的合理解释就是“天命”。所谓天命，就是上帝的意图和命令。

天命观念在各个民族的原始时期都会产生和存在，在中国早先的夏、商、周三代同样盛行。夏、商、周先民认为，天帝支配着自然界[1]，也支配着人类社会[2]。就是说，夏、商、周三代的天下都是天帝赐予的。反之，一个王朝的灭亡也是由天帝决定的[3]。至西周，《尚书》[4]和《诗经》[5]相继出现天命演变为命运之义的语句，与天命观念如此发展相对应的是它的内在机制。在古文献中，“受（授）”“命”“降”此类概念也因天命赋予的行为陆续出现，人获得天命的行为被称作“受”，经过这种从“受（授）”“命”“降”到“受”的过程，人经获得天命，便拥有了天命赋予的东西。据此，命运之说便自然而然地存在和成立[6]。

与天命观念类似，鬼神观念也产生于原始社会，并仍盛行于三代。三代先民认为，灵魂可以轮回，所以他们敬天地、鬼神和祖先，并相信祖先的神灵会保佑他们。人神共通的渠道就是祭祀仪式，他们期望通过祭祀以实现祖先神灵对他们的保佑。《国语·鲁语》《尚书·盘庚》都记载了商、周两代祭祀的方式和不同的祭祀

---

[1] 参见《卜辞通纂》三六四：“帝隹（唯）癸其雨。”《卜辞通纂》三六五：“今二月帝不令雨。”

[2] 参见《尚书·召诰》：“有夏服天命。”《诗经·商讼·玄鸟》：“天命玄鸟，降而生商。”《尚书·康诰》：“天乃大命文王。”

[3] 参见《尚书·汤誓》：“有夏多罪，天命殛之。”《尚书·大诰》：“天惟丧殷。”

[4] 参见《尚书·周书·召诰》：“天既遐终大邦殷之命，兹殷多先哲王在天。”“皇天上帝，改阙元子，兹大国殷之命。”“惟不敬厥德，乃早坠厥命。……今王嗣受厥命，我亦惟兹二国命，嗣若功，王乃初服。”

[5] 参见《诗经·召南·小星》：“实命不同。”《诗经·鄘风·蝃蝀》：“不知命也。”

[6] 参见《卜辞通纂》三六九：“伐舌方，帝受（授）我又（佑）。”《尚书·多士》：“昊天大降丧于殷。”

对象及其重要意义[1]。

既然天命鬼神在人们的生活中如此重要，那么何以读懂天命、鬼神的意图呢？古人发明了卜巫的方法。与此相应的是，《尚书·洪范》[2]等历史文献又给出了解读天命的方法：龟卜和占筮。殷墟出土了大批甲骨文，反映了当时龟卜的盛况。学界朱伯崑先生的研究确认周人承袭了殷代的占卜之法[3]。虽然夏、商、周三代的具体做法不完全相同，但他们对天命的敬畏一样虔诚[4]。

历史不断行进，从殷周之际开始，人们对天命的态度发生了重大的转变，进一步将天命观念与人事联系起来。

王国维先生在其《殷周制度论》一文中对殷周之际中国文化发生的这一次巨大的变革，率先提出《周礼》为道德而设的观点[5]。他将人们从传统的宗教中解放出来，从而怀疑天命和重视人事，并提出明德慎罚、敬德保民等口号，此举在当时可谓石破天惊。这场宗教变革运动的实质，首开中国的道德人文精神。除上文王国维先生的洞明之见之外，梁漱溟先生也提出了“中国以道德代宗教”的观点[6]。中国文化经由宗教而人文，而道德，由此形成了中国文化的本质特征，不得不说这场宗教批判运动在中国文化史上深具划时代意义。

---

[1] 参见《尚书·盘庚》篇。

[2] 参见《尚书·洪范》：“择建立卜筮人，乃命卜筮……汝则有大疑……谋及卜筮……妆则从龟、从筮。”

[3] 朱伯崑：《易学哲学史》上册，北京大学出版社 1986 年版。

[4] 参见《礼记·表记》：“周人尊礼尚施，事鬼敬神而远之，近人而忠焉。”

[5] 彭林编：《王国维集·殷周制度论》，中国人民大学出版社 2014 年版，第 133 页。

[6] 参见梁漱溟《以道德代宗教》。

当然，在殷周之际这场宗教变革运动中不可忽略的是，祖先是沟通神人之间的重要桥梁，人的价值在一些特殊事件发生之际尤其凸显。

对殷周之际人文主义思潮做出巨大贡献的，当首推文王、周公父子。关于《易经》的成书，按照孔子的说法，乃殷周之际，纣王无道，文王仁德，为天下忧患，于是作《易经》，《易》道大兴。文王的思想在《周易》中通过赞、数和德三个层面内容具体体现，孔子更视其中精华为德义部分，所谓德义即今日所言之人文精神。

周公强调“敬德”，以德为指引，并借鉴夏、殷二代之礼，完成周代制礼作乐的创举，此举《尚书》有详细记载[1]。另根据文献记载，《周礼》于诸多繁文缛节中体现着严密的内在逻辑和完整的系统，它们分别起着不同的作用[2]。

“礼”由“禮”而“豊”[3]而“《周礼》”，经历了一个由神致福之器到祭祀之仪、再到已然超越祭祀的过程，却包含了政治制度和行为准则的指导意义[4]的演变过程。从以上考察来看，礼字经过了一个从“奉神”到“奉神、人”的过程。总之，周公的制礼作乐，使得“礼”从祭坛走下，转而覆盖社会生活的方方面面，逐渐成为当时社会的一种价值体系。礼乐的浅层含义貌似音乐模式与制度，但其深层次的内在实则为当时的社会制度，是统治者刻意为之而形成的一种民族的道德信仰与民族精神。

---

[1] 参见《尚书大传·康诰》：“周公居摄三年，制礼作乐。”

[2] 参见《周官·大宗伯》：“以吉礼祀邦国之鬼神示……以凶礼哀邦国之忧……以宾礼亲邦国，……以军礼同邦国，……以嘉礼亲万民。”

[3] 参见《说文》。

[4] 徐复观：《中国人性论（先秦篇》，九州出版社 2014 年版，第 38 页。

第四节 《周礼》与儒家思想之源起

周公的制礼作乐，体现了其敬德保民的思想，成为殷周之际人文思潮的主流。到了春秋时期，该人文思潮进一步发展，《左传》中有多篇分别论述了人们开始将人事看作鬼神的依据[1]。《周礼》形成以后，由于统治者的刻意普及和强行推行，礼在人们的日常生活中无处不在，如“礼，上下之纪，天地之经纬也，民之所以生也”。（《左传·昭公二十五年》）由此，过去天命鬼神的主导地位已经完全被礼所取代，人民或许由此而“循规蹈矩”。这正是徐复观先生所指出的：“在过去，监察人的行为，以定人的祸福的是天命，是神；现在则不是神，不是天命，而是礼。”[2] 同时，周人的观念也开始有“事鬼敬神而远之”的变化。在周代统治者的刻意推行之下，《周礼》已经得到周人的广泛认同和接纳，他们在日常生活中自觉地遵从《周礼》来处世为人，所以周人非常满意于他们经《周礼》规范过的现实生活，更有甚者觉得：“非礼不终年。”[3]（《国语·晋语》）虽然鬼神的重要性减弱，但卜筮等巫术依然保留并在一定范围内盛行。

当然，我们在这里讨论殷周之后的人文主义思潮，只是强调殷

---

［1］《左传·昭公十八年》载子产云：“天道远，人道迩，非所及也，何以知之？”《左传·桓公六年》言：“夫民，神之主也。是以圣王先成民而后致力于神。”《左传·庄公三十二年》言：“国将兴，听于民；将亡，听于神。神，聪明正直而壹者也，依人而行。”

［2］徐复观：《中国人性论（先秦篇）》，九州出版社2014年版，第45页。

［3］徐元诰撰、王树民、沈长云点校：《国语集解》，中华书局2002年版，第253页。

周之后人文主义成为文化的主旋律，并不是说在此后就没有任何人文主义思想了，甚至我们说“礼”字一直到周公时才具有人文的含义，但这并不意味着礼作为一种人文观念（伦理道德规范）也出现得这么晚。

人类作为群居为主的社会性动物而存在，该社会必然会衍生出相应社会规范。各个社会的规范，都是社会全体成员约定俗成的观念的具象化，礼为其中一种具体的形式，实际上，礼的观念起源于更遥远的原始社会。郭沂先生也提出：“据考古发掘，在龙山文化和大汶口文化的墓葬中，都发现了年龄相仿的男女合葬墓。这是一夫一妻制家庭的反映，也是一定的礼的观念的反映。”[1] 进入文明时代，礼的意识显著增强。《尚书·尧典》云：“克谐以孝，烝烝乂，不格奸。”章太炎先生也对此作出评论[2]。孔子在《论语·为政》中评论了夏、殷、《周礼》之替代的损益[3]，由此可见，三代之礼虽有损益，但主旨都是继往而开来的。对于夏殷之礼的具体情况，孔子心愿为“吾能言之”，却不得不止步于“文献不足”的遗憾。（《论语·八佾》）至今文献就更不足了，只有少数文献有所涉及。

孔子曰：“周监于二代，郁郁乎文哉，吾从周。”（《论语·八佾》）孔子以作为周文化的继承人自居和自豪。在文献《论语》《史记·孔子世家》中都有多篇记载孔子虔诚学习和传承《周礼》

[1] 郭沂：《郭店竹简与先秦学术思想》，上海教育出版社 2001 年版，第 553 页。

[2] 参见章太炎《孝经本夏法说》观点：夏代不但尚忠，而且尚孝。

[3] 《论语·为政》子曰：“殷因于夏礼，所损益可知也；周因于殷礼，所损益可知也。”

的言论和事迹。孔子继往开来，可谓是把礼乐制度的运用推向顶峰[1]。周公助武王灭殷后而一统天下，为维护封建贵族的特权，周公制礼作乐，孔子在《周礼》的基础上开创了儒家思想。儒家思想在中国统治人们思想的两千多年，构成了中国传统文明的基本形态，其影响延续至今。所以说，儒家思想的渊源就在于《周礼》，这是一个不容置疑的史实。

第五节　礼乐文明与人格养成

周公“制礼作乐”，其目的在于让人们修身立德，所以礼乐文明与人格的养成有着极其密切的关系。细而论之，人格养成主要通过“礼教”“乐教”“诗教”三个渠道的教化来完成。

孔子出身于没落的贵族，其所处时代奴隶社会逐渐衰落。如前所述，孔子对《周礼》有着很深厚的文化情结，他直接以周文化的继承人自居，所以他必然维护《周礼》而反对新乐，反对诸侯大臣们的僭礼行为。虽然他对“礼崩乐坏”的社会文化表示不满，但也没有足够的能力去改变和阻止。孔子殚精竭虑，试图突破现实的困境，重振礼乐。孔子认为，只要发挥礼乐的交互作用，社会才有可能恢复秩序，社会与个人才有可能达到尽善尽美的境界。

由此，孔子开启了对夏商周三代历史重建的浩大工程。此举意义深远，被后世并入中国历史上三次具有重要意义的古史重建活动

[1] 孔子曰：“入其国，其教可知也。其为人也温柔敦厚，《诗》教也。”“刑不上大夫，礼不下庶人。”又曰：“移风易俗，莫善于乐，安上治民，莫善于礼。”

(其余两次为汉代对先秦史的重建以及20世纪初汉唐学术界主流对汉代传下来的典籍的重建)。文明的传承主要依靠历代积累下来的书籍，然而，至孔子所生活的时代，周王朝的日益衰微导致礼崩乐坏，原先记载《周礼》的众多历史典籍如《诗经》《尚书》等多有散乱缺失。孔子自己肩负起重修古籍、精研《诗》《书》、复兴礼乐的使命。他潜心《周易》，阐述《易》理，作《春秋》。至今，孔子传下来的五经仍是后世研究三代古史的主要资料。此外，孔子的弟子们还有幸得到孔子口授历史知识。

在重修古籍、重振礼乐的过程中，孔子形成了“仁”“礼”并重的教育思想，试图落实他的礼乐文明以教化出具“仁”德的人格美。至于“仁”这个概念，在史料中出现得相当晚。“仁”字最早见于春秋初期，其主要散见于《诗经》、《春秋左传》等史书中。通过对这些史书中“仁”字的考察，我们发现，其在孔子之前是一个笼统的道德范畴，泛指人的内在美德[1]。《诗经》里最早出现的“仁”都与“美”相对。段玉裁《说文解字注》：“羊大则肥美。”在这里，“美”当然指的是外表美，那么，“仁”就是指心灵美了。

仁作为内在美德，它的内涵是多方面的，在《左传》中，有多段文字论述到“仁”的不同涵义，如：“幸灾不仁”（《左传·僖公十四年》），指对他人幸灾乐祸品德不美；“出门如宾，承事如祭，仁之则也”（《左传·僖公三十三年》），指待人接物的礼节周全；“刚愎不仁”（《左传·宣公十二年》），指统治者要体恤百姓；“大所以保小，仁也。……伐小国，不仁”（《左传·哀公七年》），指

[1] 参见《诗经·齐风·卢令》：“卢令令，其人美且仁。”《诗经·郑风·叔于田》：“不如叔也，洵美且仁。”

大国要对小国仁慈；“不背本，仁也”（《左传·成公九年》），则指不忘恩德、不忘根本，如此等等。

显然，“仁”为儒学的精髓所在，后世儒学的努力，都是以“仁”为核心，从孔子的思想学说生发开来，不断注入各家的阐释。后世经汉代董仲舒“罢黜百家，独尊儒术”的推动，“仁”甚至成了千百年来中国的仁人志士穷其一生追寻的终极价值观和人文关怀。

中国自古以来就被称为“礼仪之邦”，中国的先民们在摆脱野蛮状态的过程中，创造了丰富多彩的远古文明，而礼乐文化正是其中最主要的一部分。礼乐文化从上古时期的产生，到西周时期得到丰富和完善，尤其是春秋时期在思想文化各方面发生质的飞跃的情况下，礼乐文化的产生是从制度向观念的转型，逐渐成为具有理性人文精神特征的文化形态，其中孔子起到了极大的推进作用，影响了中国后来的文化发展方向。

毫无疑问，如《孟子·万章下》所论，孔子是“集大成也者，金声而玉振之也”，“金声玉振”这话也见于马王堆帛书，由此确凿了孔子是集大成之说。所以，孔子对前人所开创的文明——尤其是对周代的礼乐制度和“仁”的概念的融会贯通、继往开来地创新和运用，两千多年来潜移默化地影响了中国人人格的养成。

第二章 孔子的人格审美理论

中国从古至今，都有崇拜祖先的习惯。被崇拜者随着时间的推移，都会被后人称为神灵或圣人。由于儒学在中国得以延续两千多年的辉煌，作为儒学宗祖的孔子便得到后人膜拜，并被封予诸如“至圣先师”、“大成至圣文宣王”之类的称号。然而，在《论语》中记载，当孔子的弟子们要称他为圣人时，孔子却加以婉言拒绝，说：“若圣与仁，则吾岂敢?”“吾非生而知之者，好古，敏以求之者也。”（《论语·述而》）孔子之所以要谢绝这种称号，是因为他始终清醒地意识到自己只是一个学者。宋朝宰相赵普有“半部《论语》治天下”之说，这半部《论语》，一半是政治学和法学，另一半是教育学。

不管是孔子自认为是“学者”，还是后人称之为“教育家”或“哲学家”，孔子的思想学说、人生旨趣、价值追求正是通过他所创立的以“仁”为核心的儒家学说生发开来，从而也开启了后世儒学的致思思路。因此，探讨儒家的人格审美理论，我们的理解起点必须由孔子的“仁”学开始。

第一节　孔子“仁”学的两大基石

“仁”是孔子思想体系的核心，“仁者，人也。亲亲为大。”具有仁爱之心方可成为人。孔子“仁”学思想中最首要的就是始终立足于“成人”，即个人大品质的完善，将宗教性神本天命观转化为自然性人本天命观。其次，孔子从理论上、行动上对传统宗法和礼教的继承和超越，将周代血缘与政治合一的宗法制度置换为以“亲亲”为本的伦理纲常，强化社会血缘亲情，勾画出以个体家庭为基础，以政治关系为主导的社会结构，这可以说是后来的封建宗法制度的理论先导。

一、从神本走向人本——社会性总体人的发现

孔子生活的春秋、战国时代，在中国文明史乃至世界文明史上，都是空前未有并影响深远的大变革时代。德国学者卡尔·雅斯贝尔斯在《人的历史》一书称之为“轴心时代”[1]。而从中国文明史的视角来看，则是处于“殷商西周：从神本走向人本”的时代之后出现的第一次人的觉醒，确切地说是中国文明史上“总体人”觉醒的时代。马克思在《1844年经济学哲学手稿》中揭示了“人”作为“类”概念的双重本质。他说：“人是一个特殊的个体，并且正是他的特殊性使他成为一个个体，成为一个现实的、单个的社会存在物；同样地，他也是总体、观念的总体、被思考和被感知的社会

---

[1] 冯天瑜、何晓明、周积明著：《中华文化史》，上海人民出版社1990年版，第302页。

的主体的自为存在，正如他在现实中既作为对社会存在的直观和现实享受而存在，又作为人的生命表现的总体而存在一样。”[1] 虽然人的双重本质在任何地域、任何民族、任何时代都同样存在，但是对于不同地域、不同民族、不同文化传统的人来说，“它的被理解和被认识到的生成运动”，即人对人的双重本质的认识历程、表现形态又是各不相同的。在中国文明史上，首先被理解和认识到的是人的总体性，孔子到思孟发现并揭示了社会性总体人或人的社会性类本质，它不同于老子、庄子发现并揭示了的“作为人的生命表现”的自然性总体人或人的自然性类本质。虽然由孔子到思孟都很重视个体人的存在，但在他们的心目中，所谓“个体人”只不过是人的总体性、类本质的现实的实现形式而已。

首先来看孔子在中国文明史上从神本向人本转变过程中的地位和作用。在中国文化史上，从殷商到西周，从神本向人本的转变是逐步推进的。殷人尚鬼，率民以事鬼神，那是神本时代，其天命观，属于绝对化的宗教性神本天命观。《尚书・汤誓》载商汤伐夏桀时说：“有夏多罪，天命殛之。”周人敬天，但只是在有限的意义上尊崇天命。《尚书・泰誓》描写武王伐纣时，虽然也说：“商罪贯盈，天命诛之。予弗顺天，厥罪惟钧。”却同时从殷商灭亡的教训中，悟出了“天命不于常”（《尚书・康诰》）、“皇天无亲，惟德是辅，民心无常，惟德之怀”（《周书》逸书语）的道理。周人认为，“天降下民，作之君，作之师，惟曰其助上帝宠之。”（《孟子・梁惠王下》）统治者只有忠实地履行两大职责才能赢得天命所归。这一来，就把决定天的意志的主动权，交到了人的手里。《孟子・万章》

[1] 《马克思恩格斯全集》，人民出版社，2016 年版，第 42 卷，第 123 页。

中所引《尚书·泰誓》甚至说“天视自我民视，天听自我民听”，更是把天的意志的决定权交给了“民意”。于是，周人进而提出了“敬德保民”的新思想。相传西周大政治家尹吉甫所作的《烝民》“天生烝民，有物有则，民之秉彝，好是懿德”（《诗·大雅》），这甚至可以说已经初步认识到一切天生之“物”，都有自己的规律和法则，可以为人所知的了。到了春秋时代，宗教神本的天命观，更是进一步发生了根本性动摇。此时周室衰微，诸侯争霸“社稷无常奉，君臣无常位”，先进的政治家，如子产等人，提出“天道远，人道迩”（《左传·昭公十八年》）；“国将兴，听于民，将亡，听于神”（《左传·庄公三十二年》）；“民，神之主也”（《左传·僖公十九年》）等等。孔子继承、发展了西周以来疑天、知天、人定天命的新思潮，把从殷商到西周，日益动摇的宗教性神本天命观，改变为自然性人本天命（天道）观。他说：“天何言哉？四时行焉，百物生焉；天何言哉?”（《论语·阳货》）《礼记·哀公问》也记载：“公曰：‘敢问君子何贵乎天道?’孔子对曰：‘贵其不已，如日月东西，相从不已也，是天道也；不闭其久，是天道也；无为而物成，是天道也；已成而明，是天道也。’”此两处之天和天道都是指超乎人力的自然之天。但在《论语》中还有几处谈到“天”，多数则可以理解为自然和必然，如：“死生有命，富贵在天”，（《论语·颜渊》）及孔子说：“天之将丧斯文也，后死者不得与于斯文也；天之未丧斯文也，匡人其如予何!”（《论语·子罕》）

既然“天”、“天命”是自然和必然，那么人就可以认识它，效法它，故孔子说“五十而知天命”（《论语·为政》）、“不怨天，不尤人，下学而上达。知我者其天乎!”（《论语·宪问》）看来，孔子是通过学习日常生活中的人事来“知天命”的，即由“器”达至

“道”。与此相似的是历代相传人上知天命的最有效办法——占卜。但就占卜行为的演变来看，也同样刻划出了从宗教性神本天命观向自然性人本天命观转化的历史轨迹。殷人笃信龟卜，而周人多用占筮。王夫之说，龟卜，“多寡成于无心，不测之神，鬼谋也”；而占筮则须“审七八九六之变，以求肖乎理，人谋也”。可见，同样是求知天命，从龟卜到占筮，则表现出人的因素不断增长。而到了孔子，甚至把求知天命的占卜，变成了理论思维的手段方法。1973年马王堆出土帛书《要》载孔子对子贡说：“察其要者，不诡其德。尚书多於矣（李学勤先生认为，“於”为“阙”之讹，“阙”即“缺”）。周易未失也，且有古之遗言焉。予非安其用也……《易》，我后其祝卜矣，我观其德义耳也。幽赞而达乎数，明数而达乎德，……赞而不达于数，则其为之巫；数而不达于德，则其为之史。史巫之筮，乡之而未也，好之而非也。后世之士疑丘者，或以《易》乎？吾求其德而已，吾与史巫同途而殊归者也。君子德行焉求福，故祭祀而寡也；仁义焉求吉，故卜筮而希也。祝巫卜筮其后乎？”据此，在中国思想史上，我们可以说孔子历史性地完成了从知神本之天向知自然之天，从神本之知向人本之知的转变，即从宗教性神本天命观向自然性人本天命观的转变。此理论转变即是孔子人格审美理论的第一块理论基石。

二、“克己复礼”与“有教无类”——对传统宗法及礼教的继承与超越

第二块理论基石就是孔子从理论上和行动上，对中国古代宗法思想所进行的转换。众所周知，西周实行的宗法制度是血缘与政治合一的制度。最高统治者周天子是天命所立的帝之长子，是天下的共主和“大宗”。在西周宗法制下，“君统”与“宗统”合一，其政

治统治主要是通过“尊祖”、“敬宗”来实现的。到了春秋时代，由于铁器、牛耕的广泛应用，生产力大大提高，人们积极地开垦荒地，家庭经济的发展，使个体家庭开始从宗族组织中独立出来。但此时礼崩乐坏，“礼乐征伐自诸侯出”、“陪臣执国命”，“政统”与“宗统”日趋分离。与此同时，在“疑天”思潮的推动下，“祖”的神性也被怀疑：“群公先正，则不我助。父母先祖，胡宁忍予。”（《诗·大雅·云汉》）“四月维夏，六月徂暑。先祖匪人，胡宁忍予。”（《诗·小雅·四月》）于是，宗族意识逐渐淡化，而人们对父母养育之恩的感念之情却日益凸现出来：“父兮生我，母兮鞠我。拊我畜我，长我育我。顾我复我，出入腹我。欲报之德，昊天罔极。”（《诗·小雅·蓼莪》）个体家庭不仅发展成为社会细胞、经济单位，而且也成了人们情感凝聚的中心。全社会的血缘亲情不断强化，而宗族组织无可挽回地走向瓦解。

在这历史的转折关头，孔子高唱“克己复礼”，但这里的“礼”是指道德、行为的规范，而不是指西周的血缘与政治合一的宗法制度。对于政治问题，孔子实际上是根本否定血缘与政治合一的宗法制度的。《论语·颜渊》：齐景公问政于孔子。孔子对曰：“君君，臣臣，父父，子子。”公曰：“善哉！信如君不君，臣不臣，父不父，子不子，虽有粟，吾得而食诸?”“君君臣臣”是超越血缘的纯粹政治关系，“父父子子”则是个体家庭的亲情关系。孔子勾画出的是以个体家庭为基础，以政治关系为主导的社会结构，可以说它是后来的封建宗法制度的理论先导；而“尊祖”、“敬宗”则是敬奉祖宗彝训，团结宗子宗亲，强化宗族规范的血缘宗法统治，则是西周奴隶制或领主制的社会形态。二者在中国古代宗法制度的发展史上，分别代表着两个不同的历史阶段。孔子不是作为西周奴隶主或大领主血缘与政治合一的宗法制度的维护者，而是站在历史潮头，超越血缘宗法，为未来封建宗法制度提出八字政治总纲和伦理总纲的第一人。

孔子不仅在理论上否定了奴隶主或大领主血缘与政治合一的宗法制度，而且在行动上也对它进行了根本性的破坏，这就是他首开私人讲学之风，实行“有教无类”（类，族类，指血统贵贱），打破了奴隶主或大领主贵族对教育权的垄断，为一个超越血统贵贱、全凭个人才艺、具有独立人格的精英阶层——士的崛起，开辟了道路。打破贵族对教育权的垄断，实际上就是打破了贵族对参政权的垄断，“学而优则仕”，对平民出身的才智之士，创造了现实的可能性。《荀子·大略》：“人之于文学也，犹玉之于琢磨也，《诗》曰：‘如切如磋，如琢如磨’，谓学问也。和氏之璧，井里之厥也，玉人琢之，为天子宝。子贡、子路，故鄙人也，被文学，服礼义，为天下列士。”平民青年受教育后，具备了经国理政之才，也被人们称为“士”，标志着他们社会地位的变化。但这里的“士”，与血缘与政治合一的宗法制度中，属于贵族最底层的“士”相比，其社会历史内涵是根本不同的。西周宗法体系中的“士”，整个依附于贵族体制，其身份、权益，一出生就由血缘传承关系先天地决定了。他们只能“忠顺不失，以事其上”才能“保其禄位，而守其祭祀”（《孝经·士章》），没有独立人格，没有自觉意识，思想、智能，受血缘宗法的禁锢和压抑。而教育垄断被打破后兴起的社会精英之“士”，已经冲破了血缘宗法的牢笼。他们具有自觉意识，独立人格，俗谓“学好文武艺，货于帝王家”，在当时诸侯争霸的政治、经济、军事、外交舞台上，纵横驰骋，呼风唤雨。这类新兴的“士”的崛起，在中国社会文化史上，不仅宣告了一个新的社会阶层的诞生，而且标志着这个时代在人的内涵上的历史性拓展。没有这一新的社会阶层的诞生，就不可能有孔子人论所代表的社会性总体人的觉醒。

章太炎在《诸子学略说》指出：“孔子之教，惟在趋时，其行义从时而变……废禨祥神怪之说而务人事，变畴人世官之学而及平民，此其功琼绝千古。”[1] 这两点也就是我们前文论及的将宗教性神本天命观转化为自然性人本天命观和从理论上、行动上对传统宗法和礼教的继承和超越，这就是孔子的人格审美理论赖以立足的两块基石。

第二节 “仁者，人也”——孔子人格论之把握

孔子的人格理论，立论于其开创之“仁”学，在中国思想史上，首开社会性总体人意识觉醒的篇章。孔子以“爱人”来界定人的社会性总体人，不是思辨性的抽象，而是从人的社会性存在的基础——情感出发作出的概括。“志于道，据于德，依于仁，游于艺”是孔子提出的做人之道。“兴于诗，立于礼，成于乐”是孔子提出的成人之路，这与他所指示的做人之道，既互为表里，又更为精要，其中特别突出了审美的功能。

一、“仁者，爱人”——孔子人性论的主要内涵

孔子确立的“人”的义界，简单地说就是提出了一个关于普遍人性的理论命题，阐释了一个“人”的哲学的最高范畴。人，“子

[1] 洪志纲编：《章太炎经典文存·诸子学略说》，上海大学出版社 2003 年版，第 95 页。

曰：性相近也，习相远也。子曰：惟上知与下愚不移。”（《论语·阳货》）这就是孔子在中国文明史上，破天荒地提出的关于社会总体人意义上的、普遍人性的第一命题。这一个完整的命题由两句共同构成，后者是对前者的补充说明。朱熹《集注》：“或曰：‘此与上章当合为一，子曰二字，盖衍文也。’”[1] 在中国古代，“性”作为一个自然人性的理论概念，不是孔子的发明。先秦古籍中，“性”作为一个寓指自然人性的理论概念，大概是始于《尚书·召诰》：“节性，惟日其迈，王敬作所，不可不敬德。”孙星衍《尚书今古文注疏》：“节性者，《吕氏春秋重己篇》云：‘节乎性也’。注云：‘节，犹和也。性者，天命五常之性。’”这里的“性”是指自然赋予人的自然禀性，可以理解为人的生命存在的事实本身，所以后人多言“生之为性”。《诗经》中“性”字凡三见，其含意大体上可以解释为“生”。《左传》、《国语》中“性”字多处出现，基本上也是指人得于自然的“天地之性”。孔子在继承前人关于自然人性观的基础上，把它提升为寓指社会性总体人的一个哲学范畴。孤立地来看“性相近也”，其内涵似乎同前人的自然人性说差别不大，接着的“习相远也”，则使“性”的内涵具有了社会性的普遍意义。人之“习”不是自然赋予的，而是后天的社会环境造成的。两者合起来就是说社会中的人性，既具有大体相近的普遍性、统一性，又具有不同社会环境养成（习）的多样性。但孔子接着又补充说，只有“上知”、“下愚”两种人不受环境的影响而改变禀性。当然，对于后面的这句话的解释，历来分歧甚多。今人刘宝楠《论语正义》引清代阮元《论性篇》之说，将“上知”、“下愚”理解为人之天赋禀

[1] 朱熹：《四书章句集注》，中华书局 1983 年版，第 176 页。

性的两个极端，社会环境往往对之影响不大，是前人诸说中，是最贴近孔子本义的。这里特取其说。总括起来，孔子提出的社会总体人的人性命题，其内涵就可以表述为：人性既有大体相近的普遍性，又有环境养成的多样性，还有个别“上知、下愚不移”的特殊性。而孔子所说的社会总体人的人性的具体内容就是来自其社会哲学基本范畴的“仁”。

关于“仁”，孔子曾讲“仁者，人也。”（《礼记·中庸》）郑玄注：“人也，读如相人偶之人，以人意相存问之言。”“偶”的意思是人与人之间的交往。人偶是说以人之道相交接。清人马瑞辰考证说：“汉时以相敬、相亲皆为‘人偶’。”段玉裁注《说文》“仁”字说：“人耦（偶），犹言尔我亲密之辞。独则无耦，耦则相亲，故其字从人二。”由此说明“仁”的基本要求便是相亲相爱，以人之道来对待人。

另外，从《说文》中又提出“古文仁，或从尸”及后世对此提法的考证，尤其是郭店楚简中关于“身”与“心”的文献，我们可以确认“仁”的本义是“亲”，只不过这里的“亲”不是指一般人，而是指与自己有血缘关系的亲人。《说文》云：“亲，至也。”段玉裁解释说：“情意恳切到日至”；“亲者，密至也”；“亲母者，情之最至者也，故谓之亲。”从这些递进的训释中，可见“亲”的本义当为密切之至。而在二人关系中最为密切的当属血缘亲情。这样看来，“亲子之情”便是“仁”字最原初的含义。孔子对此原初内涵直接继承并进一步作了情感性地发掘和完善，使之最终成为其“仁”学的根本[1]。

---

[1] 此处关于“仁”的考证，参阅了张明博士未发表之文稿《论孔子的“仁”境之美》，特此感谢！

由此，孔子说："君子笃于亲，则民兴于仁。"（《论语·泰伯》）他的学生有子对此思想做进一步阐发，说："君子务本，本立而道升。孝弟也者，其为仁之本与!"（《论语·学而》）"孝弟"是指孝顺父母、尊敬兄长，可见"仁"的根本就是血缘亲情。

以"孝弟"为"仁"之本，是因为血亲之爱真诚无妄、自然而然，但并不是说仁爱之情仅仅局限于血缘亲情。美国学者休斯顿·史密斯在他的名著《人的宗教》一书中，用一个西方学者的眼光来解读孔子，把"爱人"叫作"移情"，并非常形象地描述了由近及远的爱的等差："要成为君子，可以通过无限扩展个人的同情心来实现。这种扩展是以同心圆的形状散开去，从自己开始，以此扩散开去，包括家庭、社区、国家，最后是整个人类。把自我关注中心转移到家庭，就开始超越自私，从家庭到社区就超越了裙带关系，从社区转移到国家就克服了地方主义，而扩展到整个人类就战胜了大国沙文主义。"[1]"孔子是把自我看成是它的各种社会角色的总和"。在孔子那里，以孝悌为本与仁爱精神的普遍性之间是一种源头与源流的关系，因此，对"孝弟"的精神内涵的理解成为了我们理解仁的起点。

而对"孝弟"的理解，在《论语》中，首先触及的就是孔子与他的学生宰我关于"三年之丧"的一段对话：

宰我问："三年之丧，期已久矣。君子三年不为礼，礼必坏；三年不为乐，乐必崩。旧谷既没，新谷既升，钻燧改火，

[1]［美］休斯顿·史密斯著，梁恒豪译：《人的宗教》，海南出版社2014年版，第152页。

期可已矣。”

子曰：“食夫稻，衣夫锦，于女安乎？”

曰：“安。”

“女安则为之！夫君子之居丧，食旨不甘，闻乐不乐，居处不安，故不为也。今女安，则为之！”

宰我出。子曰：“予之不仁也！子生三年，然后免于父母之怀。夫三年之丧，天下之通丧也。予也有三年之爱于其父母乎？”（《论语·阳货》）

在孔子看来，为人子为父母守丧三年，只是对父母哺育和爱抚的一点回报，三年之丧本是据子女哀戚之情而制作的居丧之礼。宰我嫌三年之期太久，可见其情未至，故孔子斥其为“不仁也！”由此可见孔子认为人的内心的真情实感对于行礼的重要性，至于丧期是“三年”或“一年”其实并不是最重要的，因为丧期是“三年”或是“一年”，只有对那些有孝心的人来说才是有意义的。倘若心中无真情而实行“礼”，那“礼”也只是虚如形设，又有何意义呢？

由此可见，孔子以“爱人”来界定人的社会性总体人，不是思辨性的抽象，而是从人的社会性存在的基础——情感出发作出的概括。这一点对于我们理解孔子及其后的思孟学派的人格审美思想具有重要的启发意义。

儒家的人格审美理论中涉及两个重要的概念：“君子”、“圣贤”，下文对这两个人格称谓及其演变过程做简要的梳理和论述。

西周时期君子主要是指一种身份制度。在当时，国人包含君子和小人，二者是相对的。野人则与国人相对。国人和野人分别属于统治阶层和被统治阶层。野人亦被称为“庶人”，其地位比国人要低。《左传·昭公三十一年》载：“三后之姓，于今为庶。”三后据杜预的注解，指的是虞、夏、商时期被征服的民族。属于统治阶层的国人，又可根据血缘的近疏关系分为贵族与非贵族，前者在当时被称为君子，后者则被呼为小人。故有“君子劳心，小人劳力”之说。因此，君子在当时被视为是一种身份地位的象征。后来随着周王朝的衰败以及周边非中原国家的崛起，国人与野人、君子与小人的流动变得越来越频繁，故他们之间的界限慢慢变得模糊。孔子感慨于时代风貌的变迁，并怀旧于昔日等级地位优越、教养优渥的“君子”，故他将“旧君子”改造成时下注重德行的“新君子”。如此，君子就慢慢变成儒家学说里一个有德行而非身份等级的象征。但是，“君子”作为一种身份等级的意义依旧依存在历史的文献里。因此，此两种含义在《论语》中可以见到时有混用。

关于“圣”，沈文倬先生在《孔子身世考》中提出：“‘圣’在春秋时被理解作通人或智者的。认为等级愈高就愈智愈圣：王就被称为圣王；卿大夫之贤者也有被称为圣人的，如《左传》昭七年孟僖子说‘孔子圣人之后’，圣人是指其远祖毋父何、正考父，都是宋国的贤大夫。至于‘君子’，《士相见礼》云：‘凡侍坐于君子’，《礼记·檀弓下》云：‘君子不能焉谋也，士弗能死也’，郑注均云：‘君子谓卿大夫也。’”[1]“圣人”指的是当时的诸侯王，君子就包括卿、大夫、士。而对“我是什么人”、“我应该做什么”之类的问题在士大夫阶层甫一诞生之际就逐渐形成强烈的追问，并开始有明确的身份认同。孔子是士大夫阶层早期的代表人物，“士”、“君

[1] 沈文倬：《菿闇文存（下）》，商务印书馆2006年版，第200页。

子”、“仁者”等称谓是他的话语系统中对士大夫阶层的认识。诸如“唯仁者能好人，能恶人”（《八佾》）；“士而怀居，不足以为士矣”（《宪问》）；“君子不重则不威，学则不固”（《学而》）。孟子也有“士之托于诸侯，非礼也”（《孟子·万章下》）；“士之仕也，犹农夫之耕也”（《滕文公上》）等说法。类似观点在诸子学说中也有显现，诸如《庄子·刻意》将士人分为“山谷之士”、“平世之士”、“朝廷之士”、“江海之士”、“导引之士”；《墨子·杂守》将士人分为“谋士”、“勇士”、“巧士”、“使士”；《韩非子·六反》有“贵生之士”、“文学之士”、“有能之士”、“辩智之士”等。诸子这些关于“士”的说法一方面说明他们极为关注和了解自己身处的这个阶层，并且有不俗的期许；另一方面也表明“士”或“士大夫”作为一个阶层在形成之后正逐渐走向成熟，并逐渐占据社会的主流。

另外，诸子所描绘的“君子”“圣贤”的人格理想，相当高远甚至让人难以企及。先秦士人的自我意识在历史的考察过程中，被解读为是一种包含着明确价值判断的道德评价，其价值指向乃士人的自我规范、自我提升意识，是士大夫人格的自我塑造，而不仅仅是一种寻求自我理解的客观认知。在君子和小人、仁者和奸佞之徒之间，儒家旗帜鲜明地选择了前者，其终极目的是成为博施济众的圣贤。先秦士人开创的人格理想奠定了中国传统文化的重要组成部分，在很大程度上谱就了中国传统文化的基调，亦为后世士大夫阶层的自我认同提供了可以遵循的类型模式与可能性。可以说，中国古代主流文化异彩纷呈，其以士大夫文化为核心，但归根结底，它的主题依然是对“如何做人”的追问。故曰：中国文化由古至今就是探寻“如何做人”的文化。

二、“志于道，据于德，依于仁，游于艺”——孔子的做人之道

对于一切个体人而言，要想实现“社会角色的总和”，这就要遵循孔子指出的一条做人之道：“志于道，据于德，依于仁，游于艺。”（《论语·述而》）朱集注：“志者，心之所之之谓。道，则人伦日用之间所当行者是也。知此而心必之焉，则所适者正，而无他歧之惑矣。”[1] 查《论语》言及“道”者，不下数十处，但无一处作形而上的抽象阐释。总括起来，孔子所言“道”的含义就是“人伦日用”所应遵循的原则，或社会的规范。

“志于道”就是主观上积极地认识、把握这些原则或规范，在行动中真心实意、不折不扣地遵循这些原则或规范。这样就不会被迷惑，走错路。

对“据于德”，朱熹说：“据者，执守之意。德者，得也，得其道于心而不失之谓也。得之于心而守之不失，则终始惟一，而有日新之功矣。”[2] 可见，“德”就是把外在的原则或规范主动地化为个人内心的自觉并始终如一地坚持下来。

对“依于仁”，朱熹的解释是：“依者，不违之谓。仁，则私欲尽去而心德之全也。功夫至此而无终食之违”[3]。虽然他把“依于仁”归结于“存天理，灭人欲”，绝非孔子原意，但“心德之全”四字，仍得要领。就是要把“仁”所涵盖的社会性总体人的全部内容，作为自己追求、归依的终极目标。

至于“游于艺”，则同我们的论题关系最密，而朱熹的解释也

---

[1] 朱熹：《四书章句集注》，中华书局 1983 年版，第 94 页。

[2] 朱熹：《四书章句集注》，中华书局 1983 年版，第 94 页。

[3] 朱熹：《四书章句集注》，中华书局 1983 年版，第 94 页。

十分精彩："游者，玩物适情之谓。艺，则礼乐之文，射、御、书、数之法，皆至理所寓，而日用之不可阙者也。朝夕游焉，以博其义理之趣，则应务有余，而心亦无所放矣。"[1] 应该说"玩物适情"四字，抓住了中国特点的"审美"观念的意蕴要领。所谓"艺"，在孔子的时代，有今人所说的"大六艺"、"小六艺"。"大六艺"指《诗》、《书》、《礼》、《易》、《乐》、《春秋》，即"六经"。而"小六艺"则为礼、乐、射、御、书、数，是当时初等教育的基本内容，也涵盖了当时作为"士"或"君子"所必须具备的全面素质。朱熹认为，"游"于其中，不是为了获得西方所说的"感性愉悦"，而是"博其义理之趣"，即获得精神层面的适情、畅意，并借以达到人的生命活动中，"应物有余"、"心无所放"的自由境界。用我们今天的眼光来看，孔子所说的"游"，也就是古代中国特点的审美方式。因此，"游于艺"所涉及的生活内容之广，几乎可以说就是要人们以审美的态度来对待人生。

由此，对于"志于道，据于德，依于仁，游于艺"，朱熹概括为："此章言人之为学当如是也。盖学莫先于立志，志道，则心存于正而不他；据德，则道得于心而不失；依仁，则德性常用而物欲不行；游艺，则小物不遗而动息有养。学者于此，有以不失其先后之序、轻重之伦焉，则本末兼该，内外交养，日用之间，无少间隙，而涵泳从容，忽不自知其入于圣贤之域矣。"[2] 可见，"志于道，据于德，依于仁，游于艺"此条重要的做人之道，体现了孔子重视心性修养的端倪。

---

[1] 朱熹：《四书章句集注》，中华书局1983年版，第94页。
[2] 朱熹：《四书章句集注》，中华书局1983年版，第94页。

三、兴于诗，立于礼，成于乐——孔子的成人之路

至于孔子设计的成人层次，与他所指示的做人之道，既互为表里，又更为精要，其中特别突出了审美的功能。这就是“兴于诗，立于礼，成于乐”（《论语·泰伯》）。何晏《论语集解》引包咸注：“兴，起也。言修身当先学诗。礼者，所以立；乐者，所以成性。”朱熹认为，这里讲的是“大学”教育、“终身”教育的问题，按“难易、先后、浅深”分三个层次。

先说“兴于诗”。包咸说，“兴，起也”，有两层意思，兼而有之：一是起点，即把学诗作为起点。二是起发，孔颖达疏引郑司农云，“兴者，起也，取譬引类，起发己心。”朱熹《集注》兼取二义：“《诗》本性情，有邪有正。其为言既易知，而吟咏之间，抑扬反复，其感人又易入。故学者之初，所以兴起其好善恶恶之心而不能自已者，必于此而得之。”[1] 这就是说孔子之所以把学诗作为大学教育的第一层次，是因为诗乃人们以审美的态度把握性情的艺术作品。它能动人情感，让人乐于接受，并在不知不觉中兴起人的好善恶恶之心，把人性发展引入正确的道路。这同《礼记·学记》中所讲的“大学始教……《小雅》肄三”完全一致。孙希旦《论语集解》引朱熹的解释说：“诗者，学者之所弦诵，始入学者先习《小雅·鹿鸣》之三篇。”这合于“兴于诗”之说。但不仅如此，据《学记》所载，在整个的学习过程中，都很强调把学习趣味化，甚至是审美化：“大学之教也，时教必有正业，退息必有居学。不学操缦，不能安弦；不学博依，不能安诗；不学杂服，不能安礼；不

[1] 朱熹：《四书章句集注》，中华书局 1983 年版，第 104—105 页。

兴其艺，不能乐学。故君子之于学也，藏焉，修焉，息焉，游焉。”孙希旦解释说：“乐学，谓乐正学也。弦也，诗也，礼也，皆正学而时教之所学也。操缦也，博依也，杂服也，所谓艺也，皆退息之所学也。……然二者之为，理相通而事相资，游不可偏废者，故不游之于杂艺以发其欢欣之趣，则不能安于正业而生其翫乐之心也。”[1] 这又说明“兴于诗”同“游于艺”又是相辅而行的。可见，孔子所开创的儒家的“大学”（高等）教育，即使今天看来，也是非常人性化的。

再看成人的第二个层次“立于礼”。因为“成人”教育，不仅从审美教育入手，以感发其乐学之心，而且将“游”贯串于学习的全过程，借“游之于杂艺以发其欢欣之趣……翫乐之心”，乃至本是道德伦理的灌输，行为规范的教习一类严肃枯燥的内容的“立于礼”，也变得可欣、可乐了。朱熹解释“立于礼”，谓“礼以恭敬辞逊为本，而有节文度数之详，可以固人肌肤之会，筋骸之束。故学者之中，所以能卓然自立，而不为事物之所摇夺者，必于此而得之。”[2] 所谓“节文度数之详”是指“自洒扫应对，以至冠、昏、丧、祭”的各种制度和行为规范。在孔子的时代，礼与乐相须为用，礼的训练也离不开乐的训练，但《学记》中所强调的“不学杂服，不能安礼；不兴其艺，不能乐学”，则远远超出了“正学”的范围之外，讲“退息所学”必须“游之于杂艺以发其欢欣之趣”，可见学“礼”也要辅之以审美教育。

至于第三个层次的“成于乐”，更是以审美教育为主导了。包

[1] 《论语集解》，中华书局 1989 年版，第 960、962—964 页。
[2] 朱熹：《四书章句集注》，中华书局 1983 年版，第 105 页。

咸说"乐者，所以成性"，是说"乐教"乃塑造君子人格，使社会总体人性得以完满实现的最高阶段、最终方式。在中国上古时代，重视"乐教"有着悠久的传统。《尚书·尧典》中就有一段意义重大的文字："帝曰：夔！命汝典乐，教胄子：直而温，宽而栗，刚而无虐，简而无傲。诗言志，歌永言，声依永，律和声。八音克谐，无相夺伦，神人以和。"乐在当时，是最重要的诗、乐、舞三位一体的综合性大型文艺样式，审美化的百科全书。所以乐教不仅是塑造君子人格的教育方式，而且是贵族子弟学习和乐百姓、沟通神、获得知识和技能的教育方式。《礼记·经解》："广博、易良乐教也。"孙希旦《集解》："广博，言其理之无不包；易良，言其情之无不顺。"他的解释是符合上古的历史实际的。所以"成于乐"是孔子综合了丰富的历史经验而得出的教育规律。只是孔子把古之乐教，提高、升华为完成社会性总体人教育的最高阶段和最终方式了。

总之，孔子为"成人"设计的三个层次，既总结了历史的丰富经验，又体现了社会性总体人在教育上的理论自觉。这是他的人格审美理论的重要基础，其后的思孟学派则在理论和实践中对此"成人之路"做了进一步的提升和完善。

第三节　"仁"的审美实现——"生命之诗性乐境"

孔子的人格审美理论是其人格论的逻辑延伸。他所说的人格美，就是个体生命完满实现"仁"时所生成的诗性境界，或者说是生命之诗性乐（lè）境[1]。在当时的历史条件下，孔子所说的人格主要是“君子”人格。《论语·尧曰》：“子张曰：‘何谓五美？’子曰：‘君子惠而不费，劳而不怨，欲而不贪，泰而不骄，威而不猛。’子张曰：‘何谓惠而不费？’子曰：‘因民之所利而利之，斯不亦惠而不费乎？择可劳而劳之，又谁怨？欲仁而得仁，又焉贪？君子无众寡，无小大，无敢慢，斯不亦泰而不骄乎？君子正其衣冠，尊其瞻视，俨然人望而畏之，斯不亦威而不猛乎？’”“五美”是讲君子人格的不同方面，其中心则是如何以“仁”待“民”。换句话说，孔子心目中的人格美，就是“仁者，爱人”在个人身上的完满体现。《阳货》篇中孔子答子张问仁时说，能行“恭宽信敏惠”五者“于天下为仁矣”，所表达的是同样的人格理想。可见孔子所说的个体人格，实际上就是总体人格的个体化；而人格美就是“安仁”、“行仁”、“乐仁”的诗性境界。当然，孔子所说的君子人格及其生成的诗性乐境，是多层次多方面的。《论语》中论及的“君子三乐”、“君子四辟”、“君子三戒”、“君子三畏”、“君子三愆”、“君子九思”、“君子三变”、“君子四恶（wù）”、“君子四中”、“君子之道四”等等，都涉及君子人格，都能生成诗性乐境。同时，《论语》中多处谈及“乐”：

子曰：“知之者不如好之者，好之者不如乐之者。”（《雍也》）

[1] 此命题的提出来自前文所述的袁济喜先生和张法先生的人格审美理论，笔者欲以此命题对他们的思路做进一步的延伸与整合。

朱熹注："尹氏曰；'知之者，知有此道也。好之者，好而未得也。乐之者，有所得而乐之也。'"[1] 肯定了"乐"是生命中真正的境界。

子曰："知者乐水，仁者乐山。知者动，仁者静。知者乐，仁者寿。"（《雍也》）

子曰："贤哉，回也！一箪食，一瓢饮，在陋巷，人不堪其忧，回也不改其乐，贤哉回也！"（《雍也》）

朱熹注："程子曰：'颜子之乐，非乐箪瓢陋巷也，不以贫窭累其心而改其所乐也，故夫子称其贤。'又曰：'箪瓢陋巷非可乐，盖自有其乐尔。其字当玩味，自有深意。"又曰："昔受学于周茂叔，每令寻仲尼、颜子乐处、所乐何事？"[2] 同样，朱熹的训释说明了儒家人生中真正的"乐"，不是来自外在的物质和地位，而是来自内心的操守和人格的修养。

子曰："饭疏食饮水，曲肱而枕之。乐亦在其中矣。不义而富且贵，于我如浮云。"（《述而》）

朱熹注："圣人之心，浑然天理，虽处困极，而乐亦无不在焉。其视不义之富贵，如浮云之无有，漠然无所动于中也。"[3] 这里，朱熹更加深刻的向我们阐释了儒家的"乐"是一种悠然自得的诗性

[1] 朱熹：《四书章句集注》，中华书局 1983 年版，第 89 页。
[2] 朱熹：《四书章句集注》，中华书局 1983 年版，第 87 页。
[3] 朱熹：《四书章句集注》，中华书局 1983 年版，第 97 页。

境界，名利富贵与它又何干呢？

其为人也，发愤忘食，乐以忘忧，不知老之将至云尔。（《述而》）

朱熹注；“未得，则发愤而忘食；已得，则乐之而忘忧。”[1]。朱熹在这里解释的是诗性境界的获得过程和结果。

子曰：“不仁者不可以久处约，不可以长处乐。仁者安仁，知者利仁。”（《里仁》）

《释名·释言》；“安，晏也。晏晏然和喜无动惧也。”可见“安仁”就是“晏晏然和喜”以仁为乐的意思。朱熹注：“不仁之人，失其本心，久约必滥，久乐必淫，唯仁者则安其仁而无适不然，知者则利于仁而不易所守。盖虽深浅之不同，然皆非外物所能夺矣。”[2] 同样，《释名·释言》和朱子之说还是强调一种内心的操守。

孔子曰：“益者三乐，损者三乐。乐节礼乐，乐道人之善，乐多贤友，益矣。乐骄乐，乐佚游，乐宴乐，损矣。”（《季氏》）

---

[1] 朱熹：《四书章句集注》，中华书局 1983 年版，第 98 页。
[2] 朱熹：《四书章句集注》，中华书局 1983 年版，第 69 页。

朱熹注："节，谓辨其制度声容之节。骄乐，则侈肆而不知节。佚游，则惰慢而恶闻善。宴乐，则淫溺而狎小人。"[1] 这里还是强调内心的操守。

就以上数例看来，"乐"（lè）是生命体验中超功利、超物欲的纯精神性的，即"诗性"的喜悦畅适、自我陶醉。所谓"诗性"，上文已说明中国文化中的诗性精神是一种柔弱胜刚强的韧性极强的文化精神[2]，故生命的诗性乐境就是个体人实现"仁"时具有审美情感体验的人格境界，或者说，人格境界在"仁"的审美体验中得以落实。不过，在孔子看来，人生"乐境"并非都是诗性的，而同属诗性乐境者，也有深浅、高下之分。乐感并非都是美感，"乐骄乐，乐佚游，乐宴乐，损矣。"放纵物欲情欲，无节制地追逐感官享受，有损于社会，有损于道德，有损于人格的"乐感"，因此违背"善"，就根本无"美"可言。即便同属"诗性的乐境"，人的精神境界所达到的高度，也有差别。例如"仁者"之"乐"、"知者"之"乐"同属于诗性的乐境，但"安仁"的境界与"利仁"的境界相比，就有深浅之分；而益者三乐中，所达到的精神境界，也有高下之别。如果对孔子论及"美"、"乐"的言论作具体评析，则可以对其人格审美理论做如下阐述。

一、"思"与"学"——通往生命之诗性乐境

在孔子的人格审美理论中，"思"与"学"之乐是通往生命诗性乐境的必由途径。

---

[1] 朱熹：《四书章句集注》，中华书局 1983 年版，第 172 页。
[2] 袁济喜：《古代文论的人文追寻》，中华书局 2002 年版，第 39 页。

先看《论语》中论及的思之乐（lè）境：

子曰："见贤思齐焉。见不贤而内自省也。"（《里仁》）

孔子曰："君子有九思：视思明，听思聪，色思温，貌思恭，言思忠，事思敬，疑思问，忿思难，见得思义。"（《季氏》）

见利思义，见危授命，久要不忘平生之言，亦可以为成人矣。（《宪问》）

子张曰："士见危致命，见得思义，祭思敬，丧思哀，其可已矣。"（《子张》）

子夏曰："博学而笃志，切问而近思，仁在其中矣。"（《子张》）

子曰："学而不思则罔，思而不学则殆。"（《为政》）

子曰："吾尝终日不食，终夜不寝，以思，无益，不如学也。"（《卫灵公》）

以上引文都讲述了人生中"思"的重要性。人因为有"思"才会内自省，才会有所为和有所不为，"仁"才会内化于生命，生命才会因此而超凡脱俗。"思"显现出了生命的一种深度，一种境界，它同"乐"是常常连在一起的。《论语·学而》中有一段著名的对话：子贡曰："贫而无谄，富而无骄，何如?"子曰："可也；未若贫而乐，富而好礼者也。"子贡曰："诗云：'如切如磋，如琢如磨'，其斯之谓与?"子曰："赐也，始可与言诗已矣，告诸往而知来者。"贫富有差，是生活中的常见的现象，"贫而无谄"贫得尊严，"富而无骄"富得高雅，孔子肯定了子贡的想法，但认为不如

“贫而乐，富而好礼”。“贫而乐”是超越世俗物欲的纯粹快乐；“富而好礼”是人对“仁”的精神自觉，体现了一种“自卑而尊人”的精神，是人生的最高境界。因此，“思”在孔子看来不仅具有生命哲学的意义，也通往审美体验——“乐”。“思”是生命诗性乐境得以生成的一条重要途径。

次看学之乐（lè）境：

在《论语》中，“学”字凡 65 见，其出现的频率仅次于“仁”字。《说文解字》云：“学之为言，觉悟也。”《诗经·小雅·斯干》有“殖殖其庭，有觉其楹。”毛传云：“有觉，言高大也。”可见，学之奥义就是自我生命境界的不断提升。在《论语·雍也》中，孔子把“学”的境界分三个层次：“知之者不如好之者，好之者不如乐之者。”第一层是“知”，即勉力而学；第二层是“好”，即爱好学习；第三层是“乐”，即学而达到诗性境界。由此，孔子非常强调“学”的重要性。《论语·阳货》：“好仁不好学，其蔽也愚；好知不好学，其蔽也荡；好信不好学，其蔽也贼；好直不好学，其蔽也绞；好勇不好学，其蔽也乱；好刚不好学，其蔽也狂。”假若不“学”，则为人“愚”、“荡”、“贼”、“绞”、“乱”、“狂”，这些都是人格中不好的品质和行为。

孔子以“说（悦）”、“乐”来描述学习中的体验，带有一定的审美意味的，在《论语·学而》还有一段记载：“学而时习之，不亦说乎？有朋自远方来，不亦乐乎？人不知而不愠，不亦君子乎？”对于“说”、“乐”、“不愠”，朱熹对此分别做如下注解：（1）“说、悦同。学之为言效也。人性皆善，而觉有先后，后觉者必效先觉之所为，乃可以明善而复其初也。习，鸟数飞也。学之不已，如鸟数飞也。说，喜意也。既学而又时时习之，则所学者熟，而中心喜说，其进自不能已矣。程子曰：‘习，重习也。时复思绎，浃洽于中，则说也。’又曰：‘学者，将以行之也。时习之，则所学者在我，故说。’谢氏曰：‘时习者，无时而不习。坐如尸，坐时习也；立如齐，立时习也。’”（2）“朋，同类也。自远方来，则近者可知。程子曰：‘以善及人，而信从者众，故可乐。’又曰：‘说在心，乐主发散在外。’”（3）“愠，含怒意。君子，成德之名。尹氏曰：‘学在己，知不知在人，何愠之有。’程子曰：‘虽乐于及人，不见是而无闷，乃所谓君子。’愚谓及人而乐者顺而易，不知而不愠者逆而难，故惟成德者能之。然德之所以成，亦曰学之正、习之熟、说之深，而不已焉耳。程子曰：‘乐由说而后得，非乐不足以语君子。’”[1] 故由“说”—“乐”—“不愠”，实际上是描述了孔子学习生活中的三个境界。

总之，孔子的“思”、“学”之“乐”就是在思与学中体验到的精神愉悦。“思”与“学”在人的生命活动中，并非必然的诗性乐境，但可以成为生命中的诗性乐境。要达“仁”而拥有人格美，当然要经过个体“思”与“学”的努力，如此则可以选择正当的人生价值，进入生命的诗性乐境，这就是孔子所提倡的人格美了。

二、“文质彬彬”——生命诗性乐境之内外充实

生命之诗性乐境，有“深浅”、高下之分。假若说“思”与“学”之乐是通向生命诗性乐境的深处，那么形色美（通常也叫形式美）就是由直接诉诸人的感官的形状、色彩等要素构成的外在形式、状貌生成的浅层次的诗性境界。它与“思”与“学”之乐相得

---

[1] 朱熹：《四书章句集注》，中华书局 1983 年版，第 47 页。

益彰，互为表里。所以，孔子在论述人格美时，同样很重视外在的形色美。

据汉刘向《说苑》记载，孔子卜得“贲”卦，“喟然而叹息，意不平”，学生子张问他，“贲”是吉卦，为什么还要叹气？孔子回答他：“贲，非正色也。”卜得吉卦，孔子还忧虑卦的颜色不正，可见，孔子很是重视内容与形式的结合。

刘向《说苑》还记述了这样一个故事：“孔子见子桑伯子，子桑伯子不衣冠而处。弟子曰：‘夫子何为见此人乎？’曰：‘其质美而无文，吾欲说而文之。’孔子去，子桑伯子门人不说，曰：‘何为见孔子乎？’曰：‘其质美而文繁，吾欲说而去其文。’”[1] 孔子很不赞赏“子桑伯子不衣冠而处”的做派，要去劝他注意外表的文饰，所以孔子又说：“野哉！君子不可以不学见人，不可以不饰。不饰无貌，无貌不敬，不敬无礼，无礼不立。夫远而有光者，饰也；近而逾明者，学也。”（《大戴礼记·劝学》）刘向的记载未必实有其事，但从这里来看，还是很符合孔子的思想的。孔子还曾经赞扬过禹“恶衣服而致美乎黻冕”（《论语·泰伯》），即禹作为圣人也讲究服饰之美。

此外，《论语·颜渊》中还记录了一段关于形色之美的争论：“棘子城曰：‘君子质而已矣，何以文为？’子贡曰：‘惜乎！夫子之说君子也，驷不及舌。文犹质也，质犹文也；虎豹之鞟犹犬羊之鞟也。’”子贡是孔子的得意弟子，他不同意棘子城对“文”的价值的否定，认为如果没有“文”与“质”的区别，就好像把虎豹的色彩斑斓的毛色去掉以后，虎豹的皮和犬羊的皮也就没有区别了。从

---

［1］ 向宗鲁：《说苑校证》，中华书局 1987 年版，第 498—499 页。

文字的本义看，“文”就是指鸟兽身上华丽的花纹。《说文》：“文，错画也，象交文。”物一无文，所以在古代典籍中，“文”就具有华丽的雕饰的意思。《礼记·乐记》郑玄注：“文，犹美也，善也。”子贡的这一论述，鲜明地表述了儒家人格美论的一贯思想。

但是孔子是反对纯粹的形色美的。《论语·雍也》：子曰：“不有祝鮀之佞，而有宋朝之美，难乎免于今之世矣。”《论语·泰伯》：“子曰，如有周公之才、之美，使骄且吝，其余不足观也已。”这两处“美”字的使用，显然都是指人的外貌形色。特别是宋朝，乃是春秋时代著名的美男子。人谓其“善淫”，名声不是太好。孔子虽承认其形色之美，但是他也表明，如果只是有美的形色，而无美的德、才，其人最终还是不足观的。但有了美的德、才之后，孔子还强调礼乐的教化作用。所以，当子路问成人的时候，孔子说：“若臧武仲之知，公绰之不欲，卞庄子之勇，冉求之艺，文之以礼乐，亦可以为成人矣。”（《论语·宪问》）在孔子看来，像臧武仲、公绰之、卞庄子、冉求等有了各种具体的智、勇、德是不足够的，必须加以一定的礼乐的修饰，才能真正地脱离粗野的资质，从而文质彬彬，尽善尽美，如此，追求人格的尽善尽美、文质统一，成为了孔子人格美的最终目标。

《论语·八佾》记载：

> 子夏问曰：“‘巧笑倩兮，美目盼兮，素以为绚兮。’何谓也？”子曰：“绘事后素。”曰：“礼后乎？”子曰：“起予者商也，始可与言《诗》已矣！”[1]

[1] 朱熹：《四书章句集注》，中华书局1983年版，第63页。

朱熹对这段话的注释是："绘事，绘画之事也。后素，后于素也。《考工记》曰：'绘画之事后素功。'谓先以粉地为质，而后施五采。犹人有美质，然后可加文饰。"[1] 子夏所引的《诗》出自《卫风·硕人》，是一首赞美卫庄公夫人庄姜既有外在之美又有内在品德之美的诗，孔子认为这首诗首先说明了"绘事后素"、文质一致的道理。庄姜之所以能打动人，是因为她不仅有美貌，更因为她有着好的品德。这就是说，仁义是属于内在的美好的品质，礼是属于外表的装饰，就像绘画一样，先有了素白的底子，然后施加彩色。孔子赞赏子夏，就是因为他能够迅即颖悟到"礼"也是后加的。

可见，把外在的"礼"同内在的"仁"联系在一起，体现了儒家人格美思想的一个重要特点。正是在这个意义上，孔子才会说"质胜文则野，文胜质则史。文质彬彬，然后君子"（《论语·雍也》）。在孔子看来，作为人格主体的人，只有其内在的仁义品格（"质"）与外在的容貌、举止、风度的美（"文"）做到了完全的统一（"文质彬彬"），才能称得上是"君子"。其所以称赞尧"大哉！尧之为君也。巍巍乎！唯天为大，唯尧则之。荡荡乎！民无能名焉。巍巍乎！其有成功也。焕乎！其有文章"（《论语·泰伯》），是因为尧就是这样的君子。可见，孔子的人格美的境界最终是要超越由诉诸人的感官的形色美而产生的低层次生命诗性乐境，而进入内外充实的生命诗性乐境。

三、"吾与点"——生命诗性乐境与自然之会通

论述孔子的人格审美理论，"比德说"是我们不可绕开的讨论

[1] 朱熹：《四书章句集注》，中华书局 1983 年版，第 88 页。

重点。“比德说”是起源于先秦时代的一种以自然物比方理想人格品德的说法，儒家学派“比德”的自然美观，其实质乃人格的自然化或自然物象的伦理化。山水自然向来与人关系密切，无论儒家还是道家都认可人在山水自然中可以陶冶性情，升华人格。在《论语》中孔子谈到了对山水的欣赏：

《论语·子罕》：子在川上曰：“逝者如斯夫！不舍昼夜。”赞美水之不停息，奔流不止的积极的一面。

《论语·雍也》：子曰：“知者乐水，仁者乐山。知者动，仁者静；知者乐，仁者寿。”

此“乐”读 yào，义为“喜爱”，属于审美体验一类。知者为什么会好水，仁者为什么会好山呢？朱熹曾作出这样的解释：“知者达于事理而周流不滞，有似于水，故乐水；仁者安于义理而厚重不迁，有似于山，故乐山。”[1] 水“周流不滞”具有川流不息的“动”的特点；而智者不惑，捷于应对，敏于事功，达于事理，同样具有“动”的特点。而“仁者不忧”，安于义理，宽厚得众，稳健沉着，同样有“静”的特点，故“仁者乐山”。可见，山水之所以引起人的喜好，是因为它们具有某种和人的精神品质相似的自然属性的缘故。当这些自然属性显示了人的教养、人格、尊严，能引起人的精神愉快，成为内在的“仁”的肯定与现实时，就是孔子所理解的自然美。这里，孔子所欣赏的不仅是自然物本身，而且是自然物的某种属性与人的优秀精神品质的契合。《论语·先进》有一段“吾与点”的著名故事：

---

[1] 朱熹：《四书章句集注》，中华书局 1983 年版，第 128 页。

> 子路、曾皙、冉有、公西华侍坐。子曰："以吾一日长乎尔，毋吾以也。居则曰：'不吾知也！'如或知尔，则何以哉？"子路率尔而对曰："千乘之国，摄乎大国之间，加之以师旅，因之以饥馑，由也为之，比及三年，可使有勇，且知方也。"夫子哂之。"求！尔何如？"对曰："方六七十，如五六十，求也为之，比及三年，可使足民。如其礼乐，以俟君子。""赤！尔何如？"对曰："非曰能之，愿学焉。宗庙之事，如会同，端章甫，愿为小相焉。""点！尔何如？"鼓瑟希，铿尔，舍瑟而作。对曰："异乎三子者之撰。"子曰："何伤乎？亦各言其志也。"曰："莫春者，春服既成。冠者五六人，童子六七人，浴乎沂，风乎舞雩，咏而归。"夫子喟然叹曰："吾与点也！"

表面看来，曾点似乎无所作为，而孔子却惟独赞赏曾点，这是因为曾点将人的生命与大自然融为一体，而进入了诗性的乐境。当自然界中的事物的某些属性相似于人的精神品德，或自然的物性与人的情性相契合时，美就生成了。诚如袁先生所说："'比德说'的出现说明了先秦时代人格主体意识的成熟。它标志着人们主动地用自己的道德观念去看待外部世界，审视自然，将自然的位置与自己平等对待，摆脱了商周以来的宗教观念，注重从自然中吸取自己的人格境界。"[1] 孔子的"比德说"既体现了生命诗性乐境与自然的会通，也说明了先秦儒家追求超越生存本能的满足，进入到超功利的审美境界。

---

[1] 袁济喜：《传统美育与当代人格》，人民文学出版社 2002 年版，第 11 页。

四、“游于艺”——生命诗性乐境之理想依存

孔子不仅是一位伟大的思想家、教育家，还是一位高明的艺术家和杰出的艺术鉴赏家和艺术批评家。在他的内容丰富的诗乐理论中，也包含着关于艺术美的独到见解。而从这些对艺术美的独到见解中我们可以一窥其人格审美理论。

《论语》有两处生动地描述了音乐创造的诗性境界：

《泰伯》：“师挚之始，《关雎》之乱，洋洋乎盈耳哉！”

《八佾》：子语鲁大师乐。曰：“乐其可知也：始作，翕如也；从之，纯如也，皦如也，绎如也，以成。”

孔子自己擅长弹琴，似乎他对音乐之美有着一种特殊的敏感能力，甚至“在齐闻《韶》，三月不知肉味，曰：‘不图为乐之至于斯也。’”（《论语·述而》）可见，孔子从韶乐中获得了很大的审美享受。那么，韶乐为什么能使孔子产生这么大的美感呢？《论语·八佾》：

子谓《韶》：“尽美矣，又尽善也。”谓《武》：“尽美矣，未尽善也。”

孔子认为，《韶》乐达到了形式之美与内容之善的高度统一，而再现武王伐纣时威武惨烈的历史场景的《武》乐则只是在形式上达到了艺术美的最高境界，而在善的方面则有所不足。这是因为孔子主张在任何情况下，哪怕是对敌人，也要以道德教化为先，使用

武力是不得已的无奈选择。可见，孔子要求在艺术中把“美”和“善”统一起来。

《论语》的另两段记载也说明了孔子的这个意思：

> 子曰：“礼云礼云，玉帛云乎哉！乐云乐云，钟鼓云乎哉！（《论语·阳货》）
>
> 子曰：“人而不仁，如礼何？人而不仁，如乐何？”（《论语·八佾》）

第一段记载是说，“乐”作为一种审美的艺术，不只是悦耳的钟鼓之声，它还要符合“仁”的要求，要包含道德的内容。第二段记载是说，一个人如果不仁，“乐”对他就没有意义了。两段记载都强调了同一思想：在“乐”（艺术）中，“美”和“善”必须统一起来。

“美”与“善”的统一，在某种意义上，也就是形式与内容的统一。“美”是形式，“善”是内容。艺术的形式应该是“美”的，而内容则应该是“善”的。如此，孔子认为，所有的乐教与诗教，终极目的是为了造就文质彬彬、尽善尽美的理想人格。因而，孔子在探讨做人之道时，提出了“志于道，据于德，依于仁，游于艺”之路。其所说的“游”，也就是古代中国特点的审美方式。因此，“游于艺”就是要人们以审美的态度，来对待人生。而所谓“美”，也就可以理解为人们在“游物”、“玩物”中达到的生命活动的自由境界，这种境界能够给人带来心灵的无上愉悦，所以也可以说是诗性化的生命境界，甚至就是诗性人生。朱熹以“涵泳从容，忽不自知其入于圣贤之域矣”[1] 概述之，他也认为“游于艺”涵盖了道、德之外的人生活动的一切方面，即所谓“小物不遗”；而最终“涵泳从容，忽不自知”的诗性境界，也就是人生最高的“圣贤之域”，还是要在“游”中实现的。

故“游于艺”可理解为孔子的人格美之境界——生命诗性乐境的理想依存。

五、中和之美——生命诗性乐境之高度圆融

根据“美”与“善”统一的观点，孔子提出了评价艺术美以中和为贵的审美标准。《论语》记载：

> 子曰：“《关雎》乐而不淫，哀而不伤。”（《论语·八佾》）
>
> 颜渊问为邦。子曰：“行夏之时，乘殷之辂，服周之冕，乐则《韶》、《舞》。放郑声，远佞人；郑声淫，佞人殆。”（《论语·卫灵公》）

“乐而不淫，哀而不伤”，这就是孔子的审美标准。就是说，艺术情感不同于日常生活中的情感，它必须有所节制、有所限度。这样的情感符合“礼”的规范，是审美的情感。郑声一直不被孔子所称道，就在于它所表现的情感过分强烈，缺乏节制（“淫”），不符合“礼”的规范，所以不足以构成审美情感的理想境界。

由此，孔子提出了一条“中和之美”的审美原则，它不仅适用

[1] 朱熹：《四书章句集注》，中华书局 1983 年版，第 94 页。

于艺术的评判，同时，也成为了人格审美体验的基本规律，是中庸之道的审美体现。

所谓“中和”，其理论前提就是首先承认事物自身的多样性，事物间关系的复杂性和同一事物内部构成要素的多样性、内在矛盾的复杂性。其次是事物间、事物中实现平衡、和谐、辩证统一的恰当“度”也是多种多样的，而不是只有一个模式，一种状态。把中庸、中和等同于折中主义、静态平衡，乃是对中庸、中和的世俗化、庸俗化的理解或误解。就中和之美而言，孔子论及的存有状态，不仅有“乐而不淫，哀而不伤”的适度，而且更重要的是“尽善尽美”、“文质彬彬”，即构成事物的内在矛盾诸因素，都得到充分展示、充分发展状态下的高度统一。

谈及孔子的“中庸”之美，则必须对“时”、“命”、“执两用中”、“时中”等概念进行分析。

人类是万物的灵长，时空的概念在人类的历史生活中逐渐得以形成及深化，譬如对于时间的概念的规律性掌握，人类形成了四季、昼夜以及历法的看法。在中国，以孔子为代表的思想家们对于时间概念认识的进一步深化，大约是在春秋战国时期。由前文可知：孔子继承、发展了西周以来疑天、知天、人定天命的新思潮，把从殷商到西周日益动摇的宗教性神本天命观，改变为自然性人本天命（天道）观。孔子在理解“时”的概念的时候，将其与“命”联系起来深入思考。实际上，“时命”这一概念在文献中出现得较晚，是战国后期才大行于世的说法[1]。《论语》中有两处提及“时

[1] 参见晁福林：《“时命”与“时中”：孔子天命观的重要命题》，《清华大学学报（哲学社科版）》2008年第5期。

命”：1.“子罕言利与命与仁”（《子罕》）；2. 子贡：“夫子之言性与天道，不可得而闻也”（《公冶长》）。后人在解读此两处文献时，通常理解为孔子不言“天”，甚至讳言“天”。由此，孔子的时命观念自然也就多年不被重视。随着后来出土文献的不断增加（譬如上博简《诗论》的第25简关于《兔爰》篇的论析就是其中的例证之一）以及学者们研究视角的不断拓展，学者们才意识并认定“天”、“天命”、“天道”等构成了孔子思想中的重要命题。

孔子论“时”的记录有：“使民以时”、“行夏之时”、“少之时，血气未定”等[1]，多指时间、光阴、季节、时候等义，但在一定的语境，孔子亦用来表示时遇、时命、时运的观念。孔子的“山梁雌雉”之叹就是明显的例子[2]。孔子以山梁上的那些雌雉善于审时度势来譬喻人类的生存之道。钱穆先生以“时宜”解之[3]，应当是比较准确的。船山先生独辟蹊径，谓此章是在批评雌雉之傻。他说：

> “时哉”云者，非赞雉也，以警雉也。鸟之知时者，“色斯举矣，翔而后集”。今两人至乎其前，而犹立乎山梁，时已迫矣，过此则成禽矣。古称雉为耿介之禽，守死不移，知常而不知变，故夫子以翔鸟之义警之，徒然介立而不知几，难乎免矣。人之拱己而始三嗅以作，何其钝也！[4]

---

[1] 以上所引孔子语依次见《论语》的《学而》、《卫灵公》、《季氏》等篇，见朱熹：《四书章句集注》，中华书局1983年版，第49、163、172页。

[2] 参见《论语·乡党》：色斯举矣，翔而后集。曰：“山梁雌雉，时哉！时哉！”子路共之，三嗅而作。

[3] 参见钱穆：《论语新解》，巴蜀书社1985年版，第256页。

[4] 王夫之：《读四书大全说》卷五，中华书局1975年版，第356页。

依照船山先生的解读，雌雉虽然“耿介”，虽然“知常而不知变”，但其时运好并没有被擒捉。不管是钱穆先生抑或船山先生的解读，都是从不同方面论证了孔子思想中时运对于人的际遇的重要性。

其次，孔子时命观在《中庸》篇记载为“时中”，亦是另一种表达。《中庸》所载的“时中”之论[1]是对孔子关于“时”这一个非常重要的概念的进一步阐释。是篇谓仲尼曰：“君子中庸，小人反中庸。君子之中庸也，君子而时中；小人之中庸也，小人而无忌惮也。”

关于“时中”的阐释，学界一向推崇唐儒孔颖达，孔如是说：“‘君子之中庸也，君子而时中’者，此覆说君子中庸之事，言君子之为中庸，容貌为君子，心行而时节其中，谓喜怒不过节也，故云君子而时中。”[2] 由此说，符合“时中”礼度中的君子能够做到内心时刻节制，使自己的言行喜怒，恰如其分，恰到好处，此亦即中庸之道。按此，则“时”是一个时间副词，用来修饰“中”。“时中”的中，则是名词，指中庸之道。“时节其中”，“节制”之意实属增意解经。对“中”字的理解，事关对《中庸》篇里的“时中”意蕴解释的正确与否。孔颖达之后，宋儒朱熹用力最勤以解释此处。朱熹的解释大致分为两种。第一种的“时”字为随时之意，《朱子语类》卷五八载：“问：‘孔子时中，所谓随时而中否？’曰：

---

[1] 《礼记·中庸》篇集中体现了先秦儒家的中庸思想，后世认定为孔子的孙子子思所著，从儒家学说发展趋势看，它和《大学》篇被认定是孟子以前的儒学著作。依宋儒所排列的儒学传承系列，《中庸》之篇当是子思发挥孔子及曾子的学说撰著而成。孔子对于中庸推崇备至，说：“中庸之为德也，其至矣乎！民鲜久矣。”（《论语·雍也》）由此推测孔子曾经以中庸思想授徒，相当可信。《中庸》篇所引述孔子论中庸之语，当源自孔子。

[2] 孔颖达：《礼记正义》卷五二，见《十三经注疏》，中华书局 1980 年版，第 1626 页。

‘然。’”朱熹在注解《中庸》时，便以“随时以处中”解释“时中”，意即随时都符合中庸之道。此说与孔颖达之疏相近，但又有不同：朱子理解“时中”的“中”字之意非中庸之道，强调当为“射中”之“中”。第二种是，朱熹对“时中”的阐释，还有权衡时宜之意。朱子谓“权是时中。不中，则无以为权矣”，又谓“‘时然后言，乐然后笑，义然后取’，似乎易，却说得大了。盖能如此，则是‘时中’之行也”。又言，“时中之道，施之得其宜便是”，时中就是权衡时宜。在另外的地方，朱熹还指出，“中”与“正”不是一个概念。“盖事之斟酌得宜合理处便是中，则未有不正者。若事虽正，而处之不合时宜，于理无所当，则虽正而不合乎中。此中未有不正，而正未必中也”[1]。朱熹所谓“施之得其宜”、“斟酌得宜”云云，都是权衡的意思。其实，“时中”一语里面，没有权衡之意，权衡云云，亦增意解经。朱熹或谓“其曰‘君子时中’，则执中之谓也”[2]，其所释“执”之义，亦然。

朱熹之后，向以程颢、程颐所谓“不偏之谓中，不易之谓庸。中者，天下之正道，庸者，天下之定理”[3]为标准。其实，孔子指出，君子的中庸在于君子能够做到“时中”，而小人的反中庸，则在于小人“无忌惮”。显然，“时中”是与“无忌惮”相对而言的。“无忌惮”就是无知者无畏。《论语·季氏》篇所载之：孔子曰：“君子有三畏：畏天命，畏大人，畏圣人之言。小人不知天命而不畏也，狎大人，侮圣人之言。”即是对小人“无忌惮”所做出

---

[1]《朱子语类》卷三七、四四、七四、六七，中华书局 1994 年版，第 989、1126、1884、1670 页。

[2] 朱熹：《中庸章句序》，《四书章句集注》，中华书局 1983 年版，第 15 页。

[3] 朱熹：《中庸章句序》，《四书章句集注》，中华书局 1983 年版，第 17 页。

的最好的解释。由此，我们可以看出，孔子所提出的“时中”观念与其天命观密切相关。“时中”的含意之一，应当在于中“时”，即符合时运、符合天命。《中庸》所载孔子提出的“时中”这一命题正是孔子“时命”观的一个表达。时运者，天命也。依孔子看来：“天何言哉？四时行焉，百物生焉，天何言哉？”（《论语·阳货》）天是最富于威严与智慧的，万物依其意志而自然运行。《论语·尧曰》篇载：尧曰：“咨！尔舜！天之历数在尔躬。允执其中。四海困穷，天禄永终。”舜亦以命禹。曰：“予小子履，敢用玄牡，敢昭告于皇皇后帝：有罪不敢赦。帝臣不蔽，简在帝心。”所谓“天之历数”，依朱熹所说，即“帝王相继之次第，犹岁时气节之先后也”[1]，这段论述，与孔子“祖述尧舜”的思想一贯相承，具明显的天命时运的特色。总之，孔子的时运之义蕴含在其有关的时遇、时中的论述之中，此乃孔子对于宇宙和人生的极其重要的观念。

另外，孔子在授徒过程中多次心传他研究颇深的对于“天”（包括“天命”“天道”等）与“性”的认识。《论语·公冶长》篇载：子贡曰：“夫子之文章，可得而闻也；夫子之言性与天道，不可得而闻也。”前人对此句的理解多认为孔子只强调伦理道德哲学，较重视现实社会与人生问题，而对于形而上的理论性颇强的“性”与“天道”问题，只是不曾深入。现在有学者研究指出：子贡的这句话只能“证明性与天道是一个很难了解的问题，即便是孔子生时，群弟子中以言语见称的子贡，亦曾以‘不可得而闻也’而兴叹”[2]。李学勤先生很同意这个释，并且指出“闻”并不只是感官的听，而

---

[1] 朱熹：《中庸章句序》，《四书章句集注》，中华书局1983年版，第193页。
[2] 金景芳、吕绍纲、吕文郁：《孔子新传》，长春出版社2006年版，第95页。

且指思考和理解。子贡所语之意，是指“孔子关于性与天道的议语高深微妙，连他自己也难于知解”[1]。孔子的时命观念，可以说是他的“天命”观的延伸。关于这一点，除了在《论语》、《礼记》等书有迹可循以外，还比较集中地见于《庄子》一书[2]。从《庄子》内篇《人间世》载“孔子适楚”之事之“来世不可待，往世不可追”与《论语·微子》篇载“往者不可谏，来者犹可追”相比较，可见孔子的时命观念里就是儒家积极入世的精神，比起道家体现的消极和避世更具现实的积极意义。尽管有时孔子也会对现实失望[3]，但他坚定“仁”的理想，“造次必于是，颠沛必于是”（《论语·里仁》），在世人的眼中，就是被视为“丧家之狗”[4]那样凄惶地奔走，也矢志不移。《庄子·秋水》篇载有孔子周游列国时受困于匡的事情。但是孔子安然若素，依然“弦歌不辍”，子路请教于孔子何以能如此，孔子就此讲述他关于“时”的理解[5]，孔子在这里所强调“穷之有命”与“通之有时”相对成义，时遇包含于

---

[1] 李学勤：《孔子之言性与天道》，见杨朝明主编：《孔子文化研究》第1辑，曲阜师范大学编印本，2007年，第1—5页。

[2] 庄子的思想历来多被认为与儒学相关，据推测，庄子的师传可能出于颜氏之儒。观《庄子》书，可见其思想大旨与儒家理论多有相通之处。例如，“内圣外王之道”本为儒术主线之一，可是关于这一重要命题的言辞却出自《庄子·天下》篇。《庄子·齐物论》有“六合之外，圣人存而不论；六合之内，圣人论而不议”之说，表明庄子很理解孔子思想的精义。《庄子》书中的孔子形象，尽管亦庄亦谐，甚至不乏揶揄，但大体来说，还是赞誉有加，并且往往与孔子思想若合符契。

[3] 孔子失望时也会说：“乘桴浮于海”（《论语·公冶长》）、“居九夷”（《论语·子罕》）。

[4] “丧家之狗”的说法见于《孔子家语·困誓》；《韩诗外传》卷九；《史记·孔子世家》。

[5] 见《庄子·秋水》：“来！吾语女。我讳穷久矣，而不免，命也；求通久矣，而不得，时也……夫水行不避蛟龙者，渔父之勇也；陆行不避兕虎者，猎夫之勇也；白刃交于前，视死若生者，烈士之勇也；知穷之有命，知通之有时，临大难而不惧者，圣人之勇也。由，处矣！吾命有所制矣！”

“命”，而“时”又由命运操纵，故时、命二者为孔子的时命观念核心内容。时与命各有所侧重又相融相合，是支撑孔子在逆境中“我心依旧”的重要观念。

由上述关于孔子的天命与时命观念，我们可以得出如下几点认识：其一，孔子赞誉天命之浩大与诚信。其二，天命与圣人、智者相通。这与《尚书·皋陶谟》所谓“天聪明，自我民聪明。天明畏，自我民明威”，是一致的。其三，人始终要敬畏天命，遵奉天命。其四，天一直会给人以机遇，此即“时命”。孔子认为人应懂得抓住时命，积极进取。

总之，“天命—时命”之变，通过历史性的赋予，天命由静止而走向不断变化，人在天命面前获得了更多的自由选择。孔子的“时”的观念，给生命个体开辟了总体的“天命”观念下的一定的自由维度，它打破了天命的绝对权威性，赋予个体以相对自由。此种状态，孔子阐释为“君子之于天下也，无适也，无莫也，义之与比”（《论语·里仁》）。虽然孔子的言论始终也绕不开“天命”，但他的“时”与“时命”论却在实际上更具积极进取的意义。而孔子由“天命”而提出“时”与“时命”，使得个体人的地位在社会性总体人中日益凸显。由此可以说，孔子“时命”观的提出，是渗入人的主观能动性的由“命”的必然性走向“时”的偶然性的过程。

故由上文可知，所谓“中庸”是指事物无过、无不及的存在状态或一切事物中所包含的不同因素、各种矛盾及矛盾各方面所达到的动态的平衡、和谐、统一状态的最恰当的“度”，而不是静态的、简单“折中”。尊奉时命，谨守“时中”乃得“中和之美”的真谛。故曰：“中和之美”体现了孔子人格审美理论中的生命诗性乐境的高度圆融。

第三章　曾子和子思的人格审美理论

如果说，孔子的伟大之处在于他开创了后世儒学致思的基本方向，那么曾参、子思的主要贡献则在于上承孔子，下启孟子，他们深化了孔子的思想，对儒家人格审美理论作了进一步的逻辑展开，为日后孟子全面提升儒家学说做了充分的准备。

第一节　“心正身修”——“仁”的现实推进

如前文所述，孔子提出了“仁者，人也”，对儒家的个体人格在理论上做了初步的规定，曾子和子思则进一步推动孔子的人格论思想，并于实践中使它得以现实地实现。

在《论语》中，孔子多侧面、多层次地论述了“君子”之道，实际上就是为“士”之道，内容相当丰富，其中《论语·宪问》提到了“修己”是君子实现其理想不可或缺的前提条件。但是，在孔子那里，所谓“修己”，“修身”的意味更浓一些，相比之下，他对“修心”的论述还未及全面展开。虽然“志于道，据于德，依于仁，游于艺”的提出，体现了孔子重视心性修养的端倪，但从总体来看，孔子在对待为“士”之道的论述上，显然普遍带有因病发药，随时处方，因材施教的特点，还不是自觉的系统的理论建构。孔子以后，随着认识的进步和思想的发展，后儒逐渐注意到了这个问题。曾参在《大学》中强调：“自天子以至于庶人，壹是皆以修身为本”的同时，又指出“欲修其身者，先正其心”，“心正而后身修”，算是兼顾了两面，比较适当地表达了一种身、心双修并重的观念。

《经典释文》引郑玄《三礼目录》：“名曰‘大学’者，以其记博学可以为政也。”依郑玄的意思，似乎《大学》更强调的是为政者的修身心而施政。但《大学》开篇即言：“大学之道，在明明德，在亲民，在止于至善”。“亲民”，朱熹作如此解释：“程子曰：‘亲，当作新。’新者，革其旧之谓也。言既自明其明德，又当推以及人，使之亦有以去其旧染之污也。”[1] 故身、心的双修，应自天子起而推及天下每一个普通人。身、心双修的途径就是“物格而后知至，知至而后意诚，意诚而后心正，心正而后身修”，朱熹注：“物格者，物理之极处无不到也。知至者，吾心之所知无不尽也。知既尽，则意可得而实矣。意既实，则心可得而正矣。”[2] 如此，“心正而后身修，”则“身修而后家齐，家齐而后国治，国治而后天下平”。此处，曾子对修心提出一个对其后的子思、孟子都产生重大影响的重要概念：“诚”。曾子说“意诚而后心正”，强调了“诚”对“修心”的重要作用。朱熹对“诚”解释为：“诚，实也。意者，心之所发也。实其心之所发，欲其一于善而无自欺也。”[3] 之后，

---

[1] 朱熹：《四书章句集注》，中华书局 1983 年版，第 3 页。

[2] 朱熹：《四书章句集注》，中华书局 1983 年版，第 4 页。

[3] 朱熹：《四书章句集注》，中华书局 1983 年版，第 3—4 页。

曾子又提出一个重要命题："慎独"，对"诚"作了进一步的阐释："所谓诚其意者，毋自欺也。如恶恶臭，如好好色，此之谓自谦。故君子必慎其独也。"朱熹注解说："诚其意者，自修之首也。勿者，禁止之辞。自欺云者，知为善以去恶，而心之所发有未实也。谦，快也，足也。独者，人所不知而己所独知之地也。言欲自修者知为善以去其恶，则当实用其力，而禁止其自欺。"[1] 可见，在修心过程中，即便"人所不知而己所独知之"，也不要自欺，仍要坚持"知为善以去其恶"，如此，内心就会感到满足和快乐。这个修心的效果直接可见："此谓诚于中，形于外"，（这直接开启后来孟子所说之"充实之谓美"）犹如"富润屋，德润身"（富裕人家才能将房屋修建、装饰得美观有气派，有道德的人才能显得形象光彩）。如此，修心者当然会感觉"心广体胖"了。

由此，曾子以"慎独"达于"诚"，强调君子修身、心过程中的内在自觉性，并身体力行。在《论语》中，曾子常常是以弘大刚毅的形象出现的，而背后支撑他的，无疑是其内在自觉修为的精神力量。曾子正是通过修身、心对孔子所倡导的仁深切体会，确立起具有高尚的社会责任感、以天下为己任、充满献身精神的道德境界。在现存的基本上可以确认的曾子本人的论著中，有关这方面的思想也有所反映。如，"富以苟，不如贫以誉；生以辱，不如死以荣。辱可避，避之而已矣；及其不可避也，君子视死若归。"（《曾子·制言上》）"君子无悒悒于贫，无勿勿于贱，无惮惮于不闻；布衣不完，疏食不饱，蓬户穴牖，日孜孜上仁；知我，吾无欣欣，不知我，吾无悒悒。"（《曾子·制言中》）在富贵与荣誉面前，曾

[1] 朱熹：《四书章句集注》，中华书局1983年版，第7页。

子坚定地选择了后者，在他看来，人之为人就在于其独立的精神信仰，在于其自身的价值和尊严。这种价值和尊严就来自仁，故“君子以仁为尊。天下之为富，何为富？则仁为富也；天下之为贵，何为贵？则仁为贵也。”（《曾子·制言中》）由于坚守、信奉着仁，曾子身上体现出强烈的社会批判意识和特立独行的精神。“君子直言直行，不宛言而取富，不屈行而取位；畏（疑为‘仁’之误）之见逐，智之见杀，固不难；诎身而为不仁，宛言而为不智，则君子弗为也。……天下无道，循道而行，衡涂而偾，手足不揜，四支不被，此则非士之罪也，有士者之羞也。”（《曾子·制言中》）孔子主张“天下有道则见，无道则隐”（《论语·泰伯》），“道不行，乘桴浮于海”（《论语·公冶长》），其“行道”还是有条件的。曾子则提出“天下无道，循道而行”，将“行道”推到无条件的地步，较之孔子无疑是一个巨大的发展。

曾子以后，子思提出“恒称其君之恶者，可谓忠臣矣”（《郭店楚简·鲁穆公问子思》），主张“与屈己以富贵，不若抗志以贫贱。屈己则制于人，抗志则不愧于道”（同上），可以说，子思一脉相承了曾子的修身、心理论，并以自身实践坚定了其人格独立的思想。这可从他对待“孝”的态度上窥见一斑。孔子之后，继承其八字政治总纲和伦理总纲“君君，臣臣，父父，子子”学说的分两派：乐正子春一派重“孝”，提出“父子之道，天性也，君臣之义也”（《孝经·圣治章》），将有条件的君臣关系混同于无条件的父子关系，其结果不仅将子事父的态度转移到臣事君，同时也将父畜子的观念运用到君使臣上，使君主以为臣子的富贵利禄均来自自己的恩赐，视臣子为犬马，要求其无条件地尽忠尽孝，对士人的人格独立和政治信念造成极大的威胁。“思孟学派”则是重点发展了孔子

“仁”的思想。就在乐正子春从孝的方面篡改、改造着孔子的思想时，子思却从仁的方面去积极维护孔子“君臣有义”的传统，坚守人格的独立性。其《表记》说：“子言之：‘事君先资其言，拜自献其身，以成其信。是故君有责于其臣，臣有死于其言。故受禄不诬，其受罪益寡。’”他认为侍奉君主首先要凭借自己的主张（“言”），如果主张被接受，便拜官受命献身于朝廷，以证明自己的主张是可信的。所以，侍奉君主绝不是要无条件地尽忠尽孝，更不是为了要保其利禄，而不过是如孔子所言，“君子之仕也，行其义也。”（《论语·微子》）是为了实现自己的主张、理想。这样，君臣之间便是“以义合”，合乎义便做人君的臣子，否则，“不事王侯，高尚其事。”臣子获取利禄也是根据自己进献的主张“事君大言入则望大利，小言入则望小利；故君子不以小言受大禄，不以大言受小禄。”（《表记》）“事君可贵可贱，可富可贫，可生可杀，而不可使为乱。”（《表记》）如果主张得到实现，“终事而退，臣之厚也。”（《表记》）可见，在君臣关系上，子思与乐正子春显然存在着矛盾和对立，强调了士人人格的独立。

综上所述，曾子、子思现实地推进并实现了孔子“仁”的人格论思想。而曾子的修身心理论更是完善了孔子未及展开全面论述的修身论，初步对儒家的个体人格自觉修为的理论作了进一步的论述。

在对待人格修养方面，《论语》重修身，谈“心”仅六见，且无一例有与身对举的意味；曾子则兼顾身心双修；而后来在《孟子》中，“心”字竟多达一百十七见，且与“身”构成了一种对立统一的关系，上升为孟子思想体系中重要的哲学范畴。可见，在这条先秦儒家学派内部展开个体人格身心修养问题探讨的基本线索上，曾子上承孔子，下启孟子，起到了一种很关键的中介性作用。

第二节　“性自命出”——儒家大宇宙生命观的确立

由上文可知，孔子谈论人性时云：“性相近也，习相远也。”乍一看其对于生命本性的体认基本同于前人之自然天性观，所不同只是提到了后天因素（习）对人的影响。其天命论中虽有少数篇章论及天与人，如：“天生德于予，桓魋其如予何?”（《论语·述而》）这里就把人生命本质的“仁”看作是由作为形上实体的天赋予的。但多数认为天与命是外在于人的一种必然因素，与“性”没有多大的关系。故孔子早年所讲的性缺少一种生命的支持。这种状况在其晚年精研《周易》有所突破。

《周易》一书，虽源于卜筮，却以其“推天道以明人事”的思路，由二爻六位、六十四卦的象数结构模式，构造成三才一体之道，其“推天道以明人事”，在宇宙有机论基础上，循天地自然之“道”作为考察社会人事演变的出发点和指导依据。《易传·说卦》上说：“圣人之作《易》，乃幽赞于神明而生蓍，参天两地而倚数，观变于阴阳而立卦，发挥于刚柔而生爻，和顺于道德而理于义，穷理尽性以至于命。”其思路以阴阳刚柔的自然之道为据，力图将天地自然和社会人事（包括伦理道德）作为一个整体和统一的过程加以考察。其用宇宙万物之生成来论证人类社会的源起过程，《易传·序卦》说：“有天地，然后有万物；有万物，然后有男女，有男女，然后有夫妇；有夫妇，然后有父子，有父子，然后有君臣，有君臣，然后有上下，有上下，然后礼义有所措。夫妇之道，不可以不久也，故受之以恒。”这段话，通过对宇宙万物与人类生成过程的具体描绘，强调了两者间的联结，以为人类社会中的男女、夫妇、父子，君臣之产生及上下之居位，犹如“有天地然后有万物”那样，都是自然而然的过程，明确排除了神意和天命的主宰。

由《周易》出发，孔子说：“生（性）文武也，虽强学，是弗能及之矣。”又言：“本生（性）仁义，所以义刚柔之制也。”此时“本性仁义”的提出成为仁与性的契合点。由于孔子深切体会到仁是内在德性，故“本性仁义”的提出，标明孔子由“天—命—性—仁”，首开儒家心性论的篇章，也为构建儒家以人为本的大宇宙生命观奠定了基础。

作为孔子嫡孙的子思，肩负着光大儒学之重任。孔子之后，他所做的努力之一就是要把孔子思想中初现端倪的儒家大宇宙生命观确立起来。他说：

> 天命之谓性，率性之谓道，修道之谓教。道也者，不可须臾离也，可离非道也。是故君子戒慎乎其所不睹，恐惧乎其所不闻。莫见乎隐，莫显乎微，故君子慎其独也。喜怒哀乐之未发，谓之中；发而皆中节，谓之和。中也者，天下之大本也；和也者，天下之达道也。致中和，天地位焉，万物育焉。（《中庸》）

这段论述，在中国儒家哲学发展史上，是对儒家特色的大宇宙生命哲学所作的最初，也是最集中的理论表述。“天命之谓性”，朱熹注：“命，犹令也。性，即理也。天以阴阳五行化生万物，气以成形，而理亦赋焉，犹命令也。于是人物之生，因各得其所赋之理，以为健顺五常之德，所谓性也。”[1] 天命是人性的根源，人性是由天命禀赋而成的，这就是子思明确提出的人性本原。如此的提法是对孔子“本性仁义”的具体化，它唤起了人们对生命的根源乃至天人关系的思考，从而从现世生命出发去考虑自身的价值。“天命之谓性”，主要是指人，但联系后面的“天地位焉，万物育焉”，就不限于人，而是讲天地万物之“性”，都是“天”（自然）所赋予的，自然生成的。“率性之谓道”，朱熹注：“率，循也。道，犹路也。人物各循其性之自然，则其日用事物之间，莫不各有当行之路，是则所谓道也。”[2] 既然人从现世生命出发去考虑自身的价值，那就必须有可以共同遵循的人生准则：“道”，此“道”即为孔子之“道”，其具体的含义就是“仁”。同样，“率性之谓道”是讲人，但也可以推及万物。“致中和”，朱熹注：“致，推而极之也。位者，安其所也。育者，遂其生也。自戒惧而约之，以至于至静之中，无少偏倚，而其守不失，则极其中而天地位矣。自谨独而精之，以至于应物之处，无少差谬，而无适不然，则极其和而万物育矣。盖天地万物本吾一体，吾之心正，则天地之心亦正矣，吾之气顺，则天地之气亦顺矣。”[3] “致中和”已非常明确地表明它是包括人在内的整个宇宙万物之生命洪流的生成、发展的基本规律了。长期以来，因子思著《中庸》之说颇受质疑，这段论述的历史意义和哲学意义被有意无意地忽略和回避了。郭店楚简的出土，无可辩

[1] 朱熹：《四书章句集注》，中华书局 1983 年版，第 17 页。
[2] 朱熹：《四书章句集注》，中华书局 1983 年版，第 17 页。
[3] 朱熹：《四书章句集注》，中华书局 1983 年版，第 18 页。

驳地证明了子思著《中庸》确为事实[1]，由此，这段论述的历史意义和哲学意义也就自然地凸现了出来。这段论述在确立儒家特色的大宇宙生命观方面，上承孔子，下开《易传》，简明、概括地揭示了儒家以人为本的大宇宙生命观的哲学内涵。可以说，孔子首先完成了从宗教性神本天命观向自然性人本天命观的转变，然后晚年研《易》，又开启了儒家以人为本的大宇宙生命观的端倪；《易传》则把儒家以人为本的大宇宙生命观发展成为系统、完整的哲学理论；子思的这段论述就是历史推演和逻辑展开的中间一环。郭店楚简的《性自命出》[2]（下面简称《性》）篇，更进一步把这个中间环节展示开来，充实起来。虽然《性》篇的作者是谁尚有争论，但学术界公认为它是产生于孟子之前的子思学派的代表著作，本人也认同把《性》篇作为子思著于《中庸》之前的早期作品。所以，本文就把《性》中的有关论点作为子思之说直接引用，从《性》篇入手去解读子思关于人的生命哲学的见解。现将对《性自命出》的有关论述整理如下[3]：

（一）好恶为性。《性》篇说："好恶，性也。所好所恶，物也。"这句话是说，好恶是人的本性，物是好恶的对象。感情活动的好恶属于情欲的范畴，这里的好恶是指人的内在的倾向和要求。

---

[1] 参见郭沂：《郭店竹简与先秦学术思想》，上海教育出版社 2001 年版；李学勤：《三代文明研究》，商务印书馆 2011 年版。

[2]《性自命出》见于《郭店楚墓竹简》，文物出版社 1998 年版。下同，不再注明。

[3] 此段整理借鉴了陈来先生著，《荆门竹简之〈性之命出〉篇初探》，见《郭店楚简研究——中国哲学　第二十辑》，第 295—300 页，辽宁教育出版社，及参考了丁四新先生著，《论郭店楚简"情"的内涵》，见丁四新主编，《楚地简帛思想研究（二）》，湖北教育出版社 2005 年版，第 135—166 页。

（二）喜怒之气为性。《性》篇说："喜怒哀悲之气，性也。及其见于外，则物取之也。"以气论性，在现有先秦文献中尚不多见。气在中国哲学史的意义有多种，其中包括生理之气和精神之气。所谓生理之气是指构成人的肉体生命的物质性基质，即自然人性的物质载体；而精神之气则是指人自己能够体验到的主观内在的精神力量，它虽然离不开自然人性的物质基础，但却主要是社会生活的产物。这里所说的"喜怒哀悲之气"则似乎是指人的生理之气的自然功能，或自然人性的物质载体的潜在功能。它只有被"物取之"（激活）才能表现于外，成为人的现实的情感。这也就是所谓"情生于性"。

（三）情生于性。"情生于性"在《性》篇中出现两次，可见是作者很重视的命题。从这里的说法来看，"性"是指人的以"气"为基的自然本性及其潜在功能，还没有提出"善""恶"的问题。

（四）物诱性动。《性》篇云："凡性，或动之，……凡动性者，物也"，"及其见于外，物取之也"。这里"及其见于外"的"其"指性，性见于外便是情，见于外，也就是"好恶形焉"。其思想是认为，人虽有好恶之性，但只有物诱于外，好恶才表现出来。物是所好所恶，物使得好恶之性外化了。

（五）性出于命。《性》篇的第一段中说："性自命出，命自天降。道始于情，情生于性。"竹简的整理者很注意此句，认为与《中庸》首句"天命之谓性"相近。的确，如果我们把宋儒对《中庸》的解释放在一边，则"性自命出，命自天降"的意思是说，性出于命，命来自天，故在文字上就可以理解为"天命为性"，性是自然赋予的。

（六）习以养性。《性》篇有养性的观念："凡动性者，物也；逢性者，悦也；交性者，故也；厉性者，义也；出性者，势也；养性者，习也；长性者，道也。”“习也者，有以习其性也。”人性虽然是自然赋予的，但它在人的现实生活中却受到多种外在因素，主要是社会因素的影响、干预。在影响、干预人性的诸多因素中，“习”的影响力最大，甚至能主导人性在现实生活中的具体状态。所谓“习”可以包罗很广，甚至可以指人后天遇到的整个生存环境。孔子说“性相近也，习相远也”，可以说就有了“习以养性”的意思。

可见，《性》篇很深入地探讨了“性”与“情”的密不可分的关系。另外，《性》篇中还有很关键的一句：“始者近情，终者近义。”有论者认为，“始”是教化之始，教化始于“仁”；“终”是教化过程的终结，教化终于“义”[1]。仁的情感最接近人的本性，以仁为出发点，充分把握人性的特点，进行外在的教，以真诚的“义”的原则对受教者从外在的节制入手，引起主体“美其情”，“贵其义”，这样，人性才能产生信任感，有了信任感，才能对施教者的教化内容产生好感，喜欢施教者的“道”，遵从施教者的教。由此，子思在此篇完成了他的历史使命，由“天—命—性—情—道”，把孔子思想中尚且模糊的儒家大宇宙生命观清晰化了，确立了起来。

可见，《性》篇的人性论，上承孔子提出的“性相近也，习相远也”的人性论思想，下开战国中期以后孟子的“性善论”、荀子的“性恶说”，可以说它正是孔子与孟、荀之间的过渡形态。它从天—命—性—情—道的逻辑结构来讨论人性的本质和作用。主张命自天降、性自命出、情出于性、道始于情，认为天所赋予人的是性，

[1] 孔德立：《子思与思孟学派》，山东文艺出版社2004年版，第77页。

性中潜存着人的喜怒哀乐之气。所以这种看法还是接近于自然人性论，以生之自然者为性的。其虽然没有明确提出性善论，但明显含有人性善的倾向，这为孟子的“性善论”的提出做好了热身准备。

第三节　“鸢飞戾天，鱼跃于渊”——“诚”之生命诗性乐境

由上文已知，孔子的人格美的境界，是个体人在完满实现“仁”时达到的“生命的诗性乐境”，其有高低、深浅之分。此人格审美理论到曾子和子思阶段，则被做了进一步的深化。曾子和子思的人格审美理论，立足于他们的“心正身修”的人格论与子思所完善的“大宇宙生命观”，由此，推出他们人格审美体验的最高境界是——“诚”之生命诗性乐境。

关于“诚”与儒家人格境界的内在关联，已有论者做过一定的探讨，如贺麟先生说：“‘诚’亦是儒家思想中最富有宗教意味的字眼。‘诚’即是宗教上的信仰。所以至诚可以动天地，泣鬼神。精诚所至，金石为开。至诚可以通鬼神，至诚可以前知。诚不仅可以感动人，而且可以感动物，可以祀神。（诚）乃是贯通天人物我的宗教精神……就艺术方面言，思无邪或无邪思的诗教，即是诚。诚亦即诚挚纯真的感情。……总之，诚亦是儒家诗教礼教理学中之基本概念，亦可从艺术宗教哲学三方面加以发挥之。”[1] 袁济喜先生亦指出：“儒家的美学思想的焦点一直投注在对人格的塑造问题上，

[1] 贺麟：《儒家思想的展开》，引自《中国文化的危机》，台北时报文化公司1984年版，第66—67页。

这一派的人格学说，将人格作为道德修养的表现，其最深层的结构则是天人合一的境界体验，由这种境界体验产生了以‘诚’为本、‘温柔敦厚’的审美人格，艺术教育与审美教育的指归，乃是为了造就这种理想人格。”[1]

故在曾子、子思看来，“诚”首先是人格审美体验之最高境界，子思对此境界做了详尽的描述：

> 君子之道费而隐。夫妇之愚，可以与知焉，及其至也，虽圣人亦有所不知焉；夫妇之不肖，可以能行焉，及其至也，虽圣人亦有所不能焉。天地之大也，人犹有所憾。故君子语大，天下莫能载焉；语小，天下莫能破焉。诗云：“鸢飞戾天，鱼跃于渊。”言其上下察也。君子之道，造端乎夫妇；及其至也，察乎天地。（《中庸》）

朱熹注：“费，用之广也。隐，体之微也。君子之道，近自夫妇居室之间，远而至于圣人天地之所不能尽，其大无外，其小无内，可谓费矣。然其理之所以然，则隐而莫之见也。盖可知可能者，道中之一事，及其至而圣人不知不能；则举全体而言，圣人固有所不能尽也。侯氏曰：‘圣人所不知，如孔子问礼问官之类；所不能，如孔子不得位、尧舜病博施之类。’愚谓人所憾于天地，如覆载生成之偏，及寒暑灾祥之不得其正者。”[2] 君子之道即人格美的最高境界，其光明正大，但若不仔细琢磨、体会，其中道理就不

[1] 袁济喜：《传统美育与当代人格》，人民文学出版社 2002 年版，第 55 页。
[2] 朱熹：《四书章句集注》，中华书局 1983 年版，第 22—23 页。

容易明白、掌握。但“君子之道，造端乎夫妇；及其至也，察乎天地”，它从最基本的生命孕育的单元开始，而至于天地的交接。如此，则犹如“鸢飞戾天，鱼跃于渊”，深刻地体验到生命本真的、自由自在的快乐，即进入生命之最高审美体验之“天人合一”的诗性乐境，此即由儒家“大宇宙生命观”推出的曾子、子思之“诚”之境。

“诚”不仅是生命最高审美体验之诗性乐境，亦是通往此乐境的重要途径。故子思云：

> 诚者，天之道也；诚之者，人之道也。（《中庸》）

朱熹注：“诚者，真实无妄之谓，天理之本然也。诚之者，未能真实无妄，而欲其真实无妄之谓，人事之当然也。”[1] 因而，“诚之者”，比起前面孔子所言之“思”与“学”，更具内在修为的意味，与审美主体的“心”紧密相连，更容易接近人格审美体验的最高境界。

我们且先从《大学》来寻找有关“诚”的字句。上文讲曾子以“诚”为论述重心，完善了孔子人格论中原带片面性的修身思想，提倡身心并修，“诚”于修身心中意义重大。由此，曾子又云：

> 欲诚其意者，先致其知。致知在格物。物格而后知至，知至而后意诚，意诚而后心正，心正而后身修，身修而后家齐，家齐而后国治，国治而后天下平。（《大学》）

---

[1] 朱熹：《四书章句集注》，中华书局1983年版，第31页。

这里对个体人格的修养提出了很具体的要求：物格、知至、意诚。朱熹注："物格者，物理之极无不到也。知至者，吾心之所知无不尽也。知既尽，则意可得而实矣。"[1] 曾子在这里实际是描述了个体人格在修炼时由外向内的通过伦理学习而获得道德的过程。

曾子之后，子思对"诚"之"道"做了更多探讨。其云：

> 诚者不勉而中，不思而得，从容中道，圣人也。诚之者，择善而固执之者也。(《中庸》)

朱熹注："圣人之德，浑然天理，真实无妄，不待思勉而从容中道，则亦天之道也。未至于圣，则不能无人欲之私，而其为德不能皆实。故未能不思而得，则必择善，然后可以明善；未能不勉而中，则必固执，然后可以诚身，此则所谓人之道也。不思而得，生知也。不勉而中，安行也。择善，学知以下之事。固执，利行以下之事也。"[2]

子思在这里是一种励志的态度，说那些从容做到"诚"的是圣人，普通人不容易做到，但只要认定了方向并执着地去追求，那么也可以达到。此过程的途径就是"博学之，审问之，慎思之，明辨之，笃行之"。朱熹注："此诚之之目也。学、问、思、辨，所以择善而为知，学而知也。笃行，所以固执而为仁，利而行也。程子曰：'五者废其一，非学也。'"[3] 所以"学、问、思、辨"并

[1] 朱熹：《四书章句集注》，中华书局1983年版，第4页。
[2] 朱熹：《四书章句集注》，中华书局1983年版，第31页。
[3] 朱熹：《四书章句集注》，中华书局1983年版，第31页。

“笃行”是至于“诚”境的不可或缺的重要元素。除此，子思还提出了其他的方法：

> 故君子尊德性而道问学，致广大而尽精微，极高明而道中庸。温故而知新，敦厚以崇礼。(《中庸》)

朱熹注：“尊者，恭敬奉持之意。德性者，吾所受于天之正理。道，由也。温，犹燖温之温，谓故学之矣，复时习之也。敦，加厚也。尊德性，所以存心而极乎道体之大也。道问学，所以致知而尽乎道体之细也。二者修德凝道之大端也。不以一毫私意自蔽，不以一毫私欲自累，涵泳乎其所已知。敦笃乎其所已能，此皆存心之属也。析理则不使有毫厘之差，处事则不使有过不及之谬，理义则日知其所未知，节文则日谨其所未谨，此皆致知之属也。盖非存心无以致知，而存心者又不可以不致知。故此五句，大小相资，首尾相应，圣贤所示入德之方，莫详于此，学者宜尽心焉。”[1]

可见，要进入子思追求的“致广大而尽精微，极高明而道中庸”的高远而富有诗性的“诚”之生命诗性乐境，则必须恭敬地奉持天理，并且不间断地学习。“尊德性而道问学”、“温故而知新，敦厚以崇礼”，是子思为君子自觉修为而达“诚”之境所提倡的方法，所提供的可选择的道路、所下功夫的方向，亦即朱熹所说之“圣贤所示入德之方”，其切实可行，富有实践性。

此外，子思还在理论和实践意义上层层推进，提出要“天下至诚”而“尽人之性”，进而“尽物之性”，则“可以赞天地之化育”，

[1] 朱熹：《四书章句集注》，中华书局1983年版，第35—36页。

最后“则可以与天地参矣”。朱熹注：“天下至诚，谓圣人之德之实，天下莫能加也。尽其性者德无不实，故无人欲之私，而天命之在我者，察之由之，巨细精粗，无毫发之不尽也。人物之性，亦我之性，但以所赋形气不同而有异耳。能尽之者，谓知之无不明而处之无不当也。赞，犹助也。与天地参，谓与天地并立为三也。此自诚而明者之事也。”[1] 所以，“诚”之生命诗性乐境，其起点也是从个体的修心即自“诚”开始。

冯友兰先生曾以“自然境界、功利境界、道德境界、天地境界”来说明人对于宇宙人生的觉解的程度[2]，其中之“天地境界”恰恰就是儒家所追求的审美化的人格境界，这一点早已为学界所普遍认同。对于“天地境界”，冯先生阐释为：“在此种境界中底人，其行为是‘事天’底。在此种境界中底人，了解于社会的全之外，还有宇宙的全，人必于知有宇宙的全时，始能使其所得于人之所以为人者尽量发展，始能尽性。在此种境界中底人，……他已完全知性，因其已知天。他已知天，所以他知人不但是社会的全的一部分，而并且是宇宙的全的一部分。……人的行为，不仅与社会有干系，而且与宇宙有干系。他觉解人虽只有七尺之躯，但可以‘与天地参’；虽上寿不过百年，而可以‘与天地比寿，与日月齐光。’”[3] 笔者认为它是对曾子、子思的“诚”之生命诗性乐境的最好的解读。

---

[1] 朱熹：《四书章句集注》，中华书局 1983 年版，第 33 页。

[2] 鲍霁主编：《冯友兰学术精华录·新原人》，北京师范学院出版社 1988 年版，第 222—223 页。

[3] 鲍霁主编：《冯友兰学术精华录·新原人》，北京师范学院出版社 1988 年版，第 225 页。

所以，当“诚之者”至于“诚者”，即“人之道”达乎“天之道”时，则“可以赞天地之化育”，进而“可以与天地参矣”。此境界可以默默言会天地之间的奥秘；生命回归本真，内心就会感到无穷的愉悦和舒适，犹如“鸢飞戾天，鱼跃于渊”，因而感到其乐无穷，由生命之“乐”而体验生命之“美”，此即乃曾子、子思阶段的“诚”之生命诗性乐境了。

曾子、子思的人格审美理论，基于他们的“心正身修”人格论与子思确立的儒家大宇宙生命观，故较之孔子局限于现实生活中的人和事的人格审美理论，显得更开阔和大气，这为后来孟子提出“善、信、美、大、圣、神”的六级依次递进的人格审美理论事先拓宽了局面。

第四章　孟子的人格审美理论

由孔子开创的儒家人格审美理论，发展到曾参、子思阶段时，已被他们做了进一步的逻辑展开。当历史行进到战国中期，孟子则把子思思想中尚且含糊的人性倾向明朗化，高扬起“人性本善”的旗帜；其次，孟子在继承曾子重视“心正身修”的思想上，着重发展了其中之“修心”理论，且“心”与“身”构成了一种对立统一的关系，上升为其思想体系中重要的哲学范畴。由此，孟子对儒家的人格审美理论做了进一步的哲学提升。

第一节　“大体”、“小体”——人性的二重内涵与性善哲学

孟子的“大体”、“小体”的人性二重内涵与性善哲学是其人格审美理论的第一层理论内核。

首先，来看孟子思想中的人性内涵。孟子在继承子思学说的基础上，进一步在口腹之欲、仁义礼智两个不同层面上展开了“率性之谓道”的哲学讨论。它虽然把二者都归于性中固有，但在理论层面和实践层面上，却分出了“小体”、“大体”，本、末，轻、重。

其云：

> 口之于味也，目之于色也，耳之于声也，鼻之于臭也，四肢之于安佚也，性也。（《孟子·尽心下》）

显然，孟子继承了子思的人性论，承认人对饮食男女的欲望都属于人性，但他认为这些都是次要的"小体"，只有"仁义礼智"才是根本性的"大体"，所以其又云：

> 有命焉，君子不谓性也。仁之于父子，义之于君臣也，礼之于宾主也，知之于贤者也，圣人之于天道也，命也。有性焉，君子不谓命也。（《孟子·尽心下》）

孟子认为，味、色、声、臭与于安佚，凡有人性者都想得到。君子在这方面言命不言性，意思是不认为人性所欲而强求，由是而托之于命，随遇而安罢。仁、义、礼、知与天道，凡人都归之于命中注定。君子在这方面言性不言命，意思是"不但坐而听命"（见赵注），还应该努力修养，追求充实与改善[1]。此类思想亦见于《孟子·告子上》：

> 公都子问曰："钧是人也，或为大人，或为小人，何也？"孟子曰："从其大体为大人。从其小体为小人。"曰："钧是人也，或从其大体，或从其小体，何也？"曰："耳目之官不思，

[1] 陈戍国撰：《四书校注》，岳麓书社2004年版，第330页。

而蔽于物，物交物，则引之而已矣。心之官则思，思则得之，不思则不得也。此天之所与我者，先立乎其大者，则其小者弗能夺也。此为大人而已矣。”

朱熹注：“钧，同也。从，随也。大体，心也。小体，耳目之类也。官之为言司也。耳司听，目司视，各有所职而不能思，是以蔽于外物。既不能思而蔽于外物，则亦一物而已。又以外物交于此物，其引之而去不难矣。心则能思，而以思为职。凡事物之来，心得其职，则得其理，而物不能蔽；失其职，则不得其理，而物来蔽之。此三者，皆天之所以与我者，而心为大。若能有以立之，则事无不思，而耳目之欲不能夺之矣，此所以为大人也。范浚心箴曰：‘茫茫堪舆，俯仰无垠。人于其间，眇然有身。是身之微，大仓稊米，参为三才，曰惟心耳。往古来今，孰无此心？心为形役，乃兽乃禽。惟口耳目，手足动静，投间抵隙，为厥心病。一心之微，众欲攻之，其与存者，呜呼几希！君子存诚，克念克敬，天君泰然，百体从令。’”[1]

由此可见，在探讨人性内涵问题上，孟子明显重视“大体”——“心”的重要性。在其“天下之言性”篇中，此思想更是得到深入的阐释：

天下之言性也，则故而已矣。故者，以利为本。所恶于智者，为其凿也。如智者若禹之行水也，则无恶于智矣。禹之行水也，行其所无事也。如智者亦行其所无事，则智亦大矣。天

[1] 朱熹：《四书章句集注》，中华书局1983年版，第335页。

之高也，星辰之远也，苟求其故，千岁之日至，可坐而致也。（《孟子·离娄下》）

此篇对于“性”的论述其实比较费解。“故者，以利为本”一句，向来有两种不同的理解，一种是理解为孟子的正面言论，释“利”为有利，赵岐、朱熹、焦循等持这种看法；一种与此相反，是理解为孟子反对的言论，释“利”为自利、利害，陆九渊、黄彰健等持这种看法。此两种研究的分歧因均被后学承袭故一直延续至今。

当学术研究出现争鸣之时，正是学界期待“原点”与“元典”出现之时。郭店竹简《性》篇在研究者的期待中问世，并为破解《孟子》“天下之言性”章提供了重要材料。竹简说：“凡性，或动之，或逆之，或节之，或厉之，或出之，或养之，或长之。凡动性者，物也；逆性者，悦也；节性者，故也；厉性者，义也；出性者，势也；养性者，习也；长性者，道也。”也就是说：对于人性来说，感应、触动它的是外在之物，迎合、顺应它的是欢悦之事，节制、完善它的是礼仪典故，磨砺、锤炼它的是行为之义，使它表现、展示出来的是客观情势，培养、塑造它的是后天的修习，增长、统率它的是人之道。故结合《性》篇，笔者认为，“以利为本”的利，可能还是应释为有利或顺，因为下文“禹之行水也，行其所无事也”、“苟求其故”，讲的都是顺应事物的本性。“故”可做规范、典制或积习、习惯解。

由此，对孟子“天下之言性”章可做如下理解：人们所谈论的性，往往不过是指积习而已。积习的培养要以顺从人的本性为根本，人们之所以厌恶智，是因为用智的人往往穿凿附会，不从事物本身出发。如果用智的人能像大禹治水一样，那么人们就不会厌恶智了。大禹治水，顺从水的本性，采用疏导的办法，不有意多事。如果用智的人也不有意多事，那么智的作用就大了。天极高，星辰极远，如果了解它们的运行规律，千年之内的日至，坐着都可以推算出来[1]。

可见，孟子和子思学派尽管谈的都是人性，但孟子却突出了人的智慧的能动作用，甚至是决定作用。这就使人性超越了自然物性的范围，把精神性规定为人性的根本，从而提升了人性论的哲学品位。

其次，孟子在子思之学的基础上提出了“性善说”。其实《性》篇中已出现了性善说的端倪：“未言而信，有美情者也。未教而民恒，性善者也。仁，性之方也。”子思已经注意到，现实生活中确有某些人具备天生的善性，有些人未曾出言就能真情流露、令人有信任感，是因为他们内心有美好的性情；有些人不待教之就有恒心，是因为他们天性良善。可见，子思提出了一种可能性：某些人具有天生的美情、善性。不仅如此，子思还提出了人性最本质的表现形色应该就是仁的命题。尽管子思在《性》篇中还没有将美情、善性看作是人类普遍的特性，也尚未将“善”上升为普遍的人性，反映了子思虽有某些模糊不定的认识，但已经开始将人性与仁相联系，这是十分重要的一步。孟子则将精神视为人性与物性的根本区别。他把精神看作天赋人性的固有本性，而人的精神的具体内容就是人所表现出的诸多善端：恻隐之心、羞恶之心、恭敬之心、是非

---

[1] 参见梁涛：《竹简〈性自命出〉与〈孟子〉‘天下之言性’章》，载《中国哲学史》，2004 年第 4 期。

之心，这“四端”正是孔子倡导的仁义礼智。由此也就证明了人性本善：“恻隐之心，人皆有之；羞恶之心，人皆有之；恭敬之心，人皆有之；是非之心，人皆有之”。（《孟子・告子上》）“恻隐之心，仁之端也；羞恶之心，义之端也；辞让之心，礼之端也；是非之心，智之端也。”（《孟子・公孙丑上》）这样，以“人性善”为核心命题的思孟学派的生命哲学便历史地完成了。

第二节　“牛山之木”与“求其放心”——性善论的修习之路

孟子人格审美理论的第二层理论内核则为其性善论之心性修习理论。

孟子的人性论并非纯粹的先验论，而更兼备一种自觉修习论的品格。孟子把孔子的完成总体人性的教育理论，提升为重在个体自觉的心性修习理论。

孟子认为，人之“善性”只是天赋人性中的潜在依据，而要转化为现实的善性，则必须认真地“学”与“求”，否则就会“放”而“失”；只有不断地“学”与“求”，才能使潜在的“善性”在生活实践中实现、完成。由此，孟子以“牛山之木”为喻：

> 牛山之木尝美矣。以其郊于大国也，斧斤伐之，可以为美乎？是其日夜之所息，雨露之所润，非无萌蘖之生焉，牛羊又从而牧之，是以若彼濯濯也。人见其濯濯也，以为未尝有材焉，此岂山之性也哉？（《孟子・告子上》）

朱熹注："牛山，齐之东南山也。邑外谓之郊，言牛山之木，前此固尝美矣，今为大国之郊，伐之者众，故失其美耳。息，生长也。日夜之所息，谓气化流行未尝间断，故日夜之闲，凡物皆有所生长也，萌，芽也。蘖，芽之旁出者也。濯濯，光洁之貌。材，材木也。言山木虽伐，犹有萌蘖，而牛羊又从而害之，是以至于光洁而无草木也。"[1]

孟子首先说牛山上长着茂盛的树木，但因为后天人为的砍伐与牛羊的啃啮而变得光秃。之后，以人性喻之：

> 虽存乎人者，岂无仁义之心哉？其所以放其良心者，亦犹斧斤之于木也，旦旦而伐之，可以为美乎？其日夜之所息，平旦之气，其好恶与人相近也者几希，则其旦昼之所为，有梏亡之矣。梏之反复，则其夜气不足以存；夜气不足以存，则其违禽兽不远矣，人见其禽兽也，而以为未尝有才焉者，是岂人之情也哉？（《孟子·告子上》）

朱熹注："良心者，本然之善心，即所谓仁义之心也。平旦之气，谓未与物接之时，清明之气也。好恶与人相近，言得人心之所同然也。几希，不多也。梏，械也。反复，展转也。言人之良心虽已放失，然其日夜之间，亦必有所生长。故平旦未与物接，其气清明之际，良心犹必有发见者。但其发见至微，而旦昼所为之不善，又已随而梏亡之，如山木既伐，犹有萌蘖，而牛羊又牧之也。昼之所为，既有以害其夜之所息，又不能胜其昼之所为，是以展转相

[1] 朱熹：《四书章句集注》，中华书局1983年版，第330—331页。

害。至于夜气之生，日以寖薄，而不足以存其仁义之良心，则平旦之气亦不能清，而所好恶遂与人远矣。”[1]

孟子在这里就把人性本善与“牛山之木尝美”做了形象地比喻，说人性本善，但因为后天因素影响，若不注意自觉地修为，则人性后来会变为不善，所以，他接着又借用孔子的言论：

> 故苟得其养，无物不长；苟失其养，无物不消。孔子曰：“操则存，舍则亡；出入无时，莫知其乡。”惟心之谓与？（《孟子·告子上》）

朱熹注：“山木人心，其理一也。孔子言心，操之则在此，舍之则失去，其出入无定时，亦无定处如此。孟子引之，以明心之神明不测，得失之易，而保守之难，不可顷刻失其养。学者无当时而不用其力，使神清气定，常如平旦之时，则此心常存，无适而非仁义也。”[2]

可见，孟子以“牛山之木”为喻，施展其一贯强势的逻辑推论能力，环环相扣，强调了后天修心养性的重要性。

而由上例，亦可见孟子将人性看作一动态发展的过程，而不是固定的抽象本质。所以，“心”虽然是人的为善之本，但还存在一个“操则存、舍则亡”的问题。所以，其又云：

> 乃若其情，则可以为善矣，乃所谓善也。若夫为不善，非

[1] 朱熹：《四书章句集注》，中华书局1983年版，第331页。
[2] 朱熹：《四书章句集注》，中华书局1983年版，第331页。

才之罪也。恻隐之心，人皆有之；羞恶之心，人皆有之；恭敬之心，人皆有之；是非之心，人皆有之。恻隐之心，仁也；羞恶之心，义也；恭敬之心，礼也；是非之心，智也。仁义礼智，非由外铄我也，我固有之也，弗思耳矣。故曰："求则得之，舍则失之。"或相倍蓰而无算者，不能尽其才者也。（《孟子·告子上》）

朱熹注："情者，性之动也。人之情，本但可以为善而不可以为恶，则性之本善可知矣。才，犹材质，人之能也。人有是性，则有是才，性既善则才亦善。人之为不善，乃物欲陷溺而然，非其才之罪也。恭者，敬之发于外者也；敬者，恭之主于中者也。铄，以火销金之名，自外以至内也。算，数也。言四者之心人所固有，但人自不思而求之耳，所以善恶相去之远，由不思不求而不能扩充以尽其才也。"[1]

孟子在这里直接把"恻隐之心"、"羞恶之心"、"恭敬之心"、"是非之心"与"仁义礼智"等同，不同于其"四端说"，朱熹对此解释为："前篇言是四者为仁义礼智之端，而此不言端者，彼欲其扩而充之，此直因用以着其本体，故言有不同耳。"[2] 故孟子再次强调了守"善"之心本体的重要性。虽然，他说仁义礼智不是从外界强加于人的，而是人心中固有之物：

仁义礼智，非由外铄我也，我固有之也。（《孟子·告子

[1] 朱熹：《四书章句集注》，中华书局1983年版，第328页。
[2] 朱熹：《四书章句集注》，中华书局1983年版，第328—329页。

上》)

君子所性，仁、义、礼、智根于心。(《孟子·尽心上》)

人之有是四端也，犹其有四体也。(《孟子·公孙丑上》)

但假若人不注意后天的修养，失去了“四心”，也就失去了“善”，那就不成其为真正意义上的人：

无恻隐之心，非人也；无羞恶之心，非人也；无辞让之心，非人也；无是非之心，非人也。(《孟子·公孙丑上》)

但是，在常人看来，

性可以为善，可以为不善……有性善，有性不善，(《孟子·告子上》公都子语引)

纷繁复杂的万民之性，岂可一概以一“善”字而蔽之！这似乎是胜于雄辩的事实，而孟子以水性为例加以辩驳：

人性之善也，犹水之就下也。人无有不善，水无有不下。今夫水，搏而跃之，可使过颡；激而行之，可使在山，是岂水之性哉？其势则然也。人之可使为不善，其性亦犹是也。(《孟子·告子上》)

朱熹注：“言水诚不分东西矣，然岂不分上下乎？性即天理，未有不善者也。搏，击也。跃，跳也。颡，额也。水之过额在山，皆不就下也。然其本性未尝不就下，但为搏激所使而逆其性耳。此章言性本善，故顺之而无不善；本无恶，故反之而后为恶，非本无定体，而可以无所不为也。"[1]

在孟子看来，水性向下，是水的本性；高过人颡、甚至在山的水确实是有，但绝不是水的本性所致，而是人力或外物搏击腾越的结果。人性亦如此，只有表现为仁义礼智的人性才是正常的天赋人性。仁确实就在人心之中，有些人之所以表现得不仁，是因为他们将自己的心放失了，因而就无法现出人性的本原，因而孟子又提出"求其放心"之说：

> 仁，人心也。义，人路也。舍其路而弗由，放其心而不知求，哀哉！人有鸡犬放，则知求之；有放心而不知求。学问之道无他，求其放心而已矣。（《孟子·告子上》）

因为人性中本来就有"善"因，个体人只要沿着"义"的道路不懈地努力，将放失之心寻求到，就能重归于仁，人心就会重归于"善"，如此，就可以在生活中完满实现。虽然这里的仁义还是孔子揭示的社会性总体人的人性内涵，但思孟学派，特别是它的集大成者孟子，则着重凸显了个体的自觉。这不仅把孔子开启的社会性总体人的自觉思潮，完全落到了人生的实处，而且把儒家以人为本的大宇宙生命哲学推向充分的自觉阶段。

行文至此，孟子的人格审美的理论内核已完全清晰凸现，其人格审美理论的建构也就自然呈现。

---

[1] 朱熹：《四书章句集注》，中华书局1983年版，第325—326页。

第三节　由“善”及“神”——生命诗性乐境的六层递进

孟子的人格审美理论建构于其人性论和性善修习论，仍以个体人对“仁”的现实实现为依托，对孔子的人格审美理论一脉相承，并由“善”及“神”，通过六层递进的系统理论阐释，对儒家人格审美体验中的“生命诗性乐境”作了进一步的哲学提升。下面，我们先从孟子的两段言论中去寻找其人格审美理论的依据：

> 孟子曰：“君子所性，仁义礼智根于心，其生色也，睟然见于面、盎于背、施于四体。四体不言而喻。”（《孟子·尽心上》）

朱熹注：“上言所性之分，与所欲所乐不同，此乃言其蕴也。仁义礼智，性之四德也。根，本也。生，发见也。睟然，清和润泽之貌。盎，丰厚盈溢之意。施于四体，谓见于动作威仪之闲也。喻，晓也。四体不言而喻，言四体不待吾言，而自能晓吾意也。盖气禀清明，无物欲之累，则性之四德根本于心，其积之盛，则发而着见于外者，不待言而无不顺也。程子曰：‘睟面盎背，皆积盛致然。四体不言而喻，惟有德者能之。’此章言君子固欲其道之大行，然其所得于天者，则不以是而有所加损也。”[1]

此即表明植根于孟子性善论与性善修习论的人格审美体验境

---

[1] 朱熹：《四书章句集注》，中华书局1983年版，第355页。

界，是现实地实现了“仁义礼智”之后的人格境界。《孟子·尽心下》又记载：

> 浩生不害问曰：“乐正子，何人也?”孟子曰：“善人也，信人也。”“何谓善？何谓信?”曰：“可欲之谓善。有诸己之谓信。充实之谓美。充实而有光辉之谓大。大而化之之谓圣。圣而不可知之之谓神。乐正子，二之中，四之下也。”

对于“善、信、美、大、圣、神”，朱熹注：“天下之理，其善者必可欲，其恶者必可恶。其为人也，可欲而不可恶，则可谓善人矣。凡所谓善，皆实有之，如恶恶臭，如好好色，是则可谓信人矣。张子曰：‘志仁无恶之谓善，诚善于身之谓信。’力行其善，至于充满而积实，则美在其中而无待于外矣。和顺积中，而英华发外；美在其中，而畅于四支，发于事业，则德业至盛而不可加矣。大而能化，使其大者泯然无复可见之迹，则不思不勉、从容中道，而非人力之所能为矣。张子曰：‘大可为也，化不可为也，在熟之而已矣。’程子曰：‘圣不可知，谓圣之至妙，人所不能测。非圣人之上，又有一等神人也。’”[1]

可见，孟子的六层递进的人格境界的落实处还是在于他的人格论，而其人格论的立足点仍是儒家之“仁”。由此，他评价乐正子：“二之中，四之下也。”朱熹注：“盖在善信之闲，观其从于子敖，则其有诸已者或未实也。张子曰：‘颜渊、乐正子皆知好仁矣。乐正子志仁无恶而不致于学，所以但为善人信人而已；颜子好学不

[1] 朱熹：《四书章句集注》，中华书局1983年版，第370页。

倦，合仁与智，具体圣人，独未至圣人之止耳。’”[1] 可见，孟子和浩生不害的对话说的其实是一个理想的人格应该具备的六个层面上的品格：其一“善”，其二“信”，为实用和道德伦理上的要求；其三“美”，其四“大”，为心灵美和行为美层面上的要求；其五“圣”，其六“神”，就达到了不是一般的知识、理性、技术等层次，而是进入一种出神入化的美学境界了。故朱熹引尹氏注，曰：“自可欲之善，至于圣而不可知之神，上下一理。扩充之至于神，则不可得而名矣。”[2]

孟子确定这六个等级的标准是“仁义”。下面，我们试将孟子人格审美体验的六层“生命诗性乐境”分而述之。

一、“理、义之悦我心”——“善”之生命诗性乐境

对于“善”，孔子曾提出：“知之者不如好之者，好之者不如乐之者”，说明人仅知善之可贵未必肯积极去追求，能“好之”才会积极去追求；仅好善而加以追求，自己犹与善为二，有时不免因懈怠而与善相离；只有到了以善为乐，则善已渗入己身，子思学派则继承并发扬了此观点，说“于乐处便是诚实为善”，(《语类》卷 24) 此时行善与得乐浑然一体，认为当伦理规范的实行成为个体情感的自觉要求及其满足，这才是人生的最高境界。孟子则换了另一种表述的方式，认为人如果能够只追求符合仁义的东西（“可欲”），那就是“善”。所以如上文，朱熹注：“天下之理，其善者必可欲，其

[1] 朱熹：《四书章句集注》，中华书局 1983 年版，第 370 页。
[2] 朱熹：《四书章句集注》，中华书局，1983 年版，第 370—371 页。

恶者必可恶。其为人也，可欲而不可恶，则可谓善人矣。”[1] 故欲为善人者，首先要学会恰当的取舍。

如前文所述，儒家讲善、美顺应人性。孟子也承认人性中最基本的欲望：

> 口之于味也，有同耆焉；耳之于声也，有同听焉；目之于色也；有同美焉。（《孟子·告子上》）

但既然不是所有的欲望都“可欲”，那么在取舍过程中，“心”的作用被孟子再次强调：

> 至于心，独无所同然乎？心之所同然者何？谓理、义也，圣人先得我心之所同然耳。故理、义之悦我心，犹刍豢之悦我口。（《孟子·告子上》）

朱熹注“然，犹可也。草食曰刍，牛羊是也；谷食曰豢，犬豕是也。程子曰：‘在物为理，处物为义，体用之谓也。孟子言人心无不悦理义者，但圣人则先知先觉乎此耳，非有以异于人也。’程子又曰：‘理义之悦我心，犹刍豢之悦我口，此语亲切有味。须实体察得理义之悦心，真犹刍豢之悦口，始得。’”[2]

由此，由“理、义”以达“悦我心”的“善”的人格境界时，其带给别人的审美体验亦是“喜”。

---

[1] 朱熹：《四书章句集注》，北京：中华书局，1983 年版，第 371 页。

[2] 朱熹：《四书章句集注》，中华书局 1983 年版，第 330 页。

鲁欲使乐正子为政。孟子曰："吾闻之，喜而不寐。"公孙丑曰："乐正子强乎？"曰："否。""有知虑乎？"曰："否。""多闻识乎？"曰："否。""然则奚为喜而不寐？"曰："其为人也好善。""好善足乎？"曰："好善优于天下，而况鲁国乎？夫苟好善，则四海之内，皆将轻千里而来告之以善。夫苟不好善，则人将曰：'訑訑予既已知之矣。'訑訑之声音颜色，距人于千里之外。士止于千里之外，则谗谄面谀之人居，国欲治，可得乎？"（《孟子·告子下》）

整个这一段，记孟子为弟子乐正子将为政而欢喜兴奋，并坦言兴奋的原因是因为乐正子"好善"，能听取善言。故当个体经心性修习由"理、义"以达"悦我心"时，即到达"善"，它通向人格审美体验的"乐"，这就是儒家人格境界之"生命诗性乐境"的第一层面。

二、"以善及人"——"信"之生命诗性乐境

对于"信"，朱熹引程子注曰："士之所难者，在有诸己而已。能有诸己，则居之安，资之深，而美且大可以驯致矣。徒知可欲之善，而若存若亡而已，则能不受变于俗者鲜矣。"[1] 而上文在论述孔子的"学之乐境"时，已引朱熹对"乐"之注："程子曰：'以善及人，而信从者众，故可乐。'又曰：'说在心，乐主发散在

[1] 朱熹：《四书章句集注》，中华书局1983年版，第370页。

外。’”[1] 故由自身的善推己及人，那就是“信”。它要求个体人格的真实、可靠。为人处世要遵循已经内化为自身所固有的仁义而不背离它（“有诸己”），故孟子云：

大人者，言不必信，行不必果，惟义所在。（《孟子·离娄下》）

朱熹注：“必，犹期也。大人言行，不先期于信果，但义之所在，则必从之，卒亦未尝不信果也。尹氏云：‘主于义，则信果在其中矣；主于信果，则未必合义。’王勉曰：‘若不合于义而不信不果，则妄人尔。’”[2]

这里，孟子强调了人格中的言行一致的品质，此为君子立足社会的根本要求。孟子又云：

道在迩而求诸远，事在易而求诸难。人人亲其亲、长其长而天下平。（《孟子·离娄上》）

朱熹注：“亲长在人为甚迩，亲之长之在人为甚易，而道初不外是也。舍此而他求，则远且难而反失之。但人人各亲其亲、各长其长，则天下自平矣。”[3] 所以，人格中“信”之品质，就要由自身求善起步，推己及人。故孟子又云：

---

[1] 朱熹：《四书章句集注》，中华书局1983年版，第47页。
[2] 朱熹：《四书章句集注》，中华书局1983年版，第292页。
[3] 朱熹：《四书章句集注》，中华书局1983年版，第281—282页。

子路，人告之以有过则喜。禹闻善言则拜。大舜有大焉，善与人同。舍己从人，乐取于人以为善。自耕、稼、陶、渔以至为帝，无非取于人者。取诸人以为善，是与人为善者也。故君子莫大乎与人为善。（《孟子·公孙丑上》）

朱熹注：“喜其得闻而改之，其勇于自修如此。濂周子曰：‘仲由喜闻过，令名无穷焉。今人有过，不喜人规，如讳疾而忌医，宁灭其身而无悟也。噫!’程子曰：‘子路，人告之以有过则喜，亦可谓百世之师矣。’书曰：‘禹拜昌言。’盖不待有过，而能屈己以受天下之善也。言舜之所为，又有大于禹与子路者。善与人同，公天下之善而不为私也。己未善，则无所系吝而舍以从人；人有善，则不待勉强而取之于己，此善与人同之目也。舜之侧微，耕于历山，陶于河滨，渔于雷泽。取彼之善而为之于我，则彼益劝于为善矣，是我助其为善也。能使天下之人皆劝于为善，君子之善，孰大于此。此章言圣贤乐善之诚，初无彼此之闲。故其在人者有以裕于己，在己者有以及于人。”[1]

孟子以子路、禹、舜为例证，说明“闻过则喜”“闻善言则拜”“取诸人以为善”“与人为善”，都是可以发扬的好品行，其所以好，是因为其内涵是孔子所提倡的达仁之道：忠恕之心。由此，孟子提出的“君子莫大乎与人为善”的命题对后儒人格的塑造影响深远。

另外，由善及信，则“诚”极其重要。“诚”在上文已作详尽论述。孟子顺承了儒家“诚”的思想，说：

---

[1] 朱熹：《四书章句集注》，中华书局1983年版，第239页。

居下位而不获于上，民不可得而治也。获于上有道：不信于友，弗获于上矣；信于友有道：事亲弗悦，弗信于友矣；悦亲有道：反身不诚，不悦于亲矣；诚身有道：不明乎善，不诚其身矣。是故诚者，天之道也；思诚者，人之道也。至诚而不动者，未之有也；不诚，未有能动者也。（《孟子·离娄上》）

朱熹注："获于上，得其上之信任也。诚，实也。反身不诚，反求诸身而其所以为善之心有不实也。不明乎善，不能即事以穷理。无以真知善之所在也。游氏曰：'欲诚其意，先致其知；不明乎善，不诚乎身矣。学至于诚身，则安往而不致其极哉？以内则顺乎亲，以外则信乎友，以上则可以得君，以下则可以得民矣。'诚者，理之在我者皆实而无伪，天道之本然也；思诚者，欲此理之在我者皆实而无伪，人道之当然也。至，极也。杨氏曰：'动便是验处，若获乎上、信乎友、悦于亲之类是也。'此章述中庸孔子之言，见思诚为修身之本，而明善又为思诚之本。乃子思所闻于曾子，而孟子所受乎子思者，亦与大学相表里，学者宜潜心焉。"[1]

因为内心诚实而充满了极大的快乐，这也通向了孔子强调的审美体验，是深层次的精神愉悦。故"信"是儒家人格境界第二层面之"生命诗性乐境"。

三、"充实"之"三乐"——"美"之生命诗性乐境

何谓"美"？如果在"善"与"信"的基础上把仁义的原则扩大到自己的全部人格（"充实"），这就不仅具备了善与信的品格，

[1] 朱熹：《四书章句集注》，中华书局 1983 年版，第 282 页。

而且连外部的容貌、举止、风度也都能体现出仁义的原则，那就可以达到“美”。上文我们以“文质彬彬”来论述孔子之“生命诗性乐境”的内外充实之美，孔子的“文质彬彬”虽已注重人格塑造的内外结合，但其仍带有比较浓重的礼乐色彩；《中庸》之“诚于中，形于外”，虽也开启了孟子的“充实”之美，但《中庸》的“诚”更多的是抽象的理论论述。到了孟子，他则从具体、感性的审美情感出发，更能把握“充实”之“美”的人格境界之内涵。下面，我们且从其“三乐”论一窥之：

> 孟子曰：“君子有三乐，而王天下不与存焉。父母俱存，兄弟无故，一乐也。仰不愧于天，俯不怍于人，二乐也。得天下英才而教育之，三乐也。君子有三乐，而王天下不与存焉。”（《孟子·尽心上》）

朱熹对此“三乐”分别做如下注解：“一乐”（父母俱存，兄弟无故）：“此人所深愿而不可必得者，今既得之，其乐可知。”“二乐”（仰不愧于天，俯不怍于人）：“程子曰：‘人能克己，则仰不愧，俯不怍，心广体胖，其乐可知，有息则馁矣。’”“三乐”（得天下英才而教育之）：“尽得一世明睿之才，而以所乐乎己者教而养之，则斯道之传得之者众，而天下后世将无不被其泽矣。圣人之心所愿欲者，莫大于此，今既得之，其乐为何如哉？”[1]

在这里，“乐”可读为“lè”或“yuè”，读“yuè”时可与“悦”通，实指内心的快乐。如前文所述，“乐”乃“性”之一，它与

[1] 朱熹：《四书章句集注》，中华书局1983年版，第354页。

"情"密切关联。不管是哪种读法，它都是表现了君子内心的一种愉快的心情和感受。上文我们梳理了楚简《性》篇对情、心、性、道关系的着重讨论，此乃对孔子有关"真情实感"思想的进一步解释和发挥，其中，《性》篇还特别指出"情"的重要性，进一步明确地提出了价值判断："情"是好的，凡有"真情实感"的人，是可信赖的。继承此说，孟子也非常看重人的情感，特别是道德情感，他说：

人之所以异于禽兽者几希，庶民去之，君子存之。（《孟子·离娄下》）

朱熹注："几希，少也。庶，众也。人物之生，同得天地之理以为性，同得天地之气以为形；其不同者，独人于其间得形气之正，而能有以全其性，为少异耳。虽曰少异，然人物之所以分，实在于此。众人不知此而去之，则名虽为人，而实无以异于禽兽。君子知此而存之，是以战兢惕厉，而卒能有以全其所受之理也。"[1]

所以，"庶民去之，君子存之"的也就是道德情感。孟子又从耳、目等感性欲望之相同进而证明人心也有相同之处，这相同之处就是"悦理义"之心。"悦"是一种心理情感，"悦理义"之心就是一种普遍的道德情感。所谓"悦"，是"自悦"，不是"他悦"，即是自己对自己的道德自律的喜悦，它是以情感的形式表现出来的，寻求人的存在的价值和意义，这就必须回到人的情感生活，保存和培养良好的情感，孟子所谓"悦理义"之"悦"，即是情感体验

[1] 朱熹：《四书章句集注》，中华书局1983年版，第293—294页。

活动。

由此可见，孟子所说的“三乐”直接与人内在的真实情感相连。朱熹注：“林氏曰：‘此三乐者，一系于天，一系于人。其可以自致者，惟不愧不怍而已，学者可不勉哉?’”[1]“父母俱存，兄弟无故”，此乃天伦之乐，此乐的根源在于浓郁的血缘亲情；“仰不愧于天，俯不怍于人”，此乃道德伦理自律之乐，此乐的根源在于人格的操守为个体带来对道德自律和存在价值、意义认可的喜悦情感；“得天下英才而教育之”，是一种胸怀天下，化育万物，无功利牵绊的精神至上的快乐，此乐的根源在于对自身存在的价值和意义得以延续和传承的欣慰。

凡此“三乐”，都是来源于个体内在的真情实感，与外在的功利没有必然的关联。由此可见，孟子确认个体人有了此类“三乐”的情感愉悦时，其内心充实，进入儒家人格境界之“美”之“生命之诗性乐境”的层面。

四、“充实而有光辉”——“大”之生命诗性乐境

充实之美只是孟子美学的基点，比之更高一层的境界，则是“充实而有光辉之谓大”。上文由人性内涵的二重性“大体”和“小体”作了辨析，进而确立人性本善。而孟子的性本善实为心性修习论。由此，孟子提出了“我善养吾浩然之气”的理论。“浩然”指盛大流行貌。“浩然之气”就是指盛大流行于全身乃至全宇宙之正气。孟子解释为：

---

[1] 朱熹：《四书章句集注》，中华书局1983年版，第354页。

其为气也，至大至刚，以直养而无害，则塞于天地之间。其为气也，配义与道，无是，馁也。是集义所生者，非义袭而取之也。行有不慊于心，则馁矣。我故曰，告子未尝知义，以其外之也。（《孟子·公孙丑上》）

朱熹注：“至大初无限量，至刚不可屈挠。盖天地之正气，而人得以生者，其体假本如是也。惟其自反而缩，则得其所养；而又无所作为以害之，则其本体不亏而充塞无间矣。程子曰：‘天人一也，更不分别。浩然之气，乃吾气也。养而无害，则塞乎天地；一为私意所蔽，则欲然而馁，却甚小也。’谢氏曰：‘浩然之气，须于心得其正时识取。’又曰：‘浩然是无亏欠时。’馁，合而有助之意。义者，人心之裁制。道者，天理之自然。馁，饥乏而气不充体也。言人能养成此气，则其气合乎道义而为之助，使其行之勇决，无所疑惮；若无此气，则其一时所为虽未必不出于道义，然其体有所不充，则亦不免于疑惧，而不足以有为矣。集义，犹言积善，盖欲事事皆合于义也。袭，掩取也，如齐侯袭莒之袭。言气虽可以配乎道义，而其养之之始，乃由事皆合义，自反常直，是以无所愧怍，而此气自然发生于中。非由只行一事偶合于义，便可掩袭于外而得之也。慊，快也，足也。言所行一有不合于义，而自反不直，则不足于心而其体有所不充矣。然则义岂在外哉？告子不知此理，乃曰仁内义外，而不复以义为事，则必不能集义以生浩然之气矣。”[1]

可见，“浩然之气”是最伟大、最刚强的气，要用正义去培养

[1] 朱熹：《四书章句集注》，中华书局1983年版，第231—232页。

它，一点也不能伤害它。浩然之气必须和义与道相配合，没有义、道的配合就没有力量。浩然之气是一个人一以贯之的行义与道的积累所产生的，不是偶然行为所产生的，因此，养吾浩然之气的人不能做一点有愧于心的事，需要抵御感官的诱惑，要不断修养。仁义礼智根于心而充满至大至刚的浩然之气，就能够：

> 居天下之广居，立天下之正位，行天下之大道。得志与民由之，不得志独行其道。富贵不能淫，贫贱不能移，威武不能屈。此之谓大丈夫。（《孟子·滕文公下》）

朱熹注：“广居，仁也。正位，礼也。大道，义也。与民由之，推其所得于人也；独行其道，守其所得于己也。淫，荡其心也。移，变其节也。屈，挫其志也。何叔京曰：‘战国之时，圣贤道否，天下不复见其德业之盛；但见奸巧之徒，得志横行，气焰可畏，遂以为大丈夫。不知由君子观之，是乃妾妇之道耳，何足道哉？’”[1]

孟子强调了要抵御住外界的利诱，坚守“仁义”之道的重要意义。所以，他又说：

> 天下有道，以道殉身；天下无道，以身殉道。未闻以道殉乎人者也。（《孟子·尽心上》）

朱熹注：“殉，如殉葬之殉，以死随物之名也。身出则道在必

[1] 朱熹：《四书章句集注》，中华书局1983年版，第265—266页。

行，道屈则身在必退，以死相从而不离也。以道从人，妾妇之道。”[1]

很明显，孔子主张“天下有道则见，无道则隐”（《论语·泰伯》），“道不行，乘桴浮于海”（《论语·公冶长》）。其“行道”还是有条件的。曾子则提出“天下无道，循道而行”，将“行道”推到无条件的地步，而孟子之“天下有道，以道殉身；天下无道，以身殉道”，更是把孔子“行道”思想推到一个无以复加的绝对地步，这无疑是儒家人格境界论的一个巨大的发展。

所以，惟有时刻都守住自身的节操，保持自己人格的独立，体现一种刚直不阿的人格气概，那就是充实而有光辉的“大”的人格境界美了。此种人格境界必然也是“生命之诗性乐境”，它接近于西方美学中的“崇高”。

五、“大而化之”——“圣”之生命诗性乐境

“圣”是“大而化之”，即集大成而为楷模之意，是一种使人景仰的人格美。当个人达到“圣”时，就可以用道德人格化育天下。故赵岐注：“大行其道，天下化之，是谓圣人。”“圣人”是在“大人”的基础之上的一种提升，“大人”如果能做到以身作则那就接近“圣人”。故孟子特别强调“以身作则”的作用，他说：

> 人不足与适也，政不足（与）间也。惟大人为能格君心之非。君仁，莫不仁。君义，莫不义。君正，莫不正。一正君而国定矣。（《孟子·离娄上》）

---

[1] 朱熹：《四书章句集注》，中华书局1983年版，第362页。

朱熹注："赵氏曰：'适，过也。间，非也。格，正也。'徐氏曰：'格者，物之所取正也。书曰：'格其非心'。'愚谓间字上亦当有与字。言人君用人之非，不足过适；行政之失，不足非间。惟有大人之德，则能格其君心之不正以归于正，而国无不治矣。大人者，大德之人，正己而物正者也。程子曰：'天下之治乱，系乎人君之仁与不仁耳。心之非，即害于政，不待乎发之于外也。昔者孟子三见齐王而不言事，门人疑之。孟子曰：'我先攻其邪心，心既正，而后天下之事可从而理也。'夫政事之失，用人之非，知者能更之，直者能谏之。然非心存焉，则事事而更之，后复有其事，将不胜其更矣；人人而去之，后复用其人，将不胜其去矣。是以辅相之职，必在乎格君心之非，然后无所不正；而欲格君心之非者，非有大人之德，则亦莫之能也。'"[1]

孟子的性善论的伦理道德的本质是说人性不是生而道德完善，而是说人天生有善的可能性，将"四端"发展到"四德"是要经过个人努力的，并不是自然而然的。所以他认为"圣人"也就是能把"四端"发展到最完全程度的人，使人在人性上向"圣"的境界提升，即止于至善，如此，"圣人"就可以用道德人格化育天下。以上引文就表述了这种思想。同样的意思还见于：

> 孟子曰："形色，天性也；惟圣人，然后可以践形。"(《孟子·尽心上》)

[1] 朱熹:《四书章句集注》，中华书局1983年版，第285—286页。

朱熹注："人之有形有色，无不各有自然之理，所谓天性也。践，如践言之践。盖众人有是形，而不能尽其理，故无以践其形；惟圣人有是形，而又能尽其理，然后可以践其形而无歉也。程子曰：'此言圣人尽得人道而能充其形也。盖人得天地之正气而生，与万物不同。既为人，须尽得人理，然后称其名。众人有之而不知，贤人践之而未尽，能充其形，惟圣人也。'杨氏曰：'天生烝民，有物有则。物者，形色也。则者，性也。各尽其则，则可以践形矣。'"[1]

故圣人是比一般人能"尽人道"的人。所以，在孔子的言论里，"圣人"高远而不可达，他说："圣人，吾不得而见之矣；得见君子者，斯可矣。"（《论语·述而》）孟子则不然，他认为人人既然都天生有"四端"，那都可以成为"圣人"。他说：

> 规矩，方员之至也。圣人，人伦之至也。欲为君尽君道，欲为臣尽臣道，二者皆法尧舜而已矣。不以舜之所以事尧事君，不敬其君者也；不以尧之所以治民，贼其民者也。孔子曰："道二：仁与不仁而已矣。"（《孟子·离娄上》）

朱熹注："至，极也。规矩尽所以为方员之理，犹圣人尽所以为人之道。法尧舜以尽君臣之道，犹用规矩以尽方员之极，此孟子所以道性善而称尧舜也。法尧舜，则尽君臣之道而仁矣；不法尧舜，则慢君贼民而不仁矣。二端之外，更无他道。出乎此，则入乎

[1] 朱熹：《四书章句集注》，中华书局 1983 年版，第 360—361 页。

彼矣，可不谨哉?”[1]

在孟子看来，不论君臣，只要尽人伦，学尧舜，也就是人人都尽到了自己的“道”，就可以成为“圣人”。所以孟子认为“人皆可以为尧舜”。而人如何达到尧舜的圣人境界呢？孟子特别探讨了这个问题。他以“舜之居深山之中”为例，认为“学”乃成圣的重要一环。因为生而所具之善端的呈现，也往往需要以闻见“善言”、“善行”为机缘。由此，孟子以舜为天下大孝之榜样，说：

> 天下大悦而将归己。视天下悦而归己，犹草芥也，惟舜为然。不得乎亲，不可以为人；不顺乎亲，不可以为子。舜尽事亲之道而瞽瞍厎豫，瞽瞍厎豫而天下化，瞽瞍厎豫而天下之为父子者定，此之谓大孝。(《孟子·离娄上》)

朱熹注：“言舜视天下之归己如草芥，而惟欲得其亲而顺之也。得者，曲为承顺以得其心之悦而已。顺则有以谕之于道，心与之一而未始有违，尤人所难也。为人盖泛言之，为子则愈密矣。瞽瞍，舜父名。厎，致也。豫，悦乐也。瞽瞍至顽，尝欲杀舜，至是而厎豫焉。书所谓‘不格奸亦允若’是也。盖舜至此而有以顺乎亲矣。是以天下之为子者，知天下无不可事之亲，顾吾所以事之者未若舜耳。于是莫不勉而为孝，至于其亲亦厎豫焉，则天下之为父者，亦莫不慈，所谓化也。子孝父慈，各止其所，而无不安其位之意，所谓定也。为法于天下，可传于后世，非止一身一家之孝而已，此所以为大孝也。李氏曰：‘舜之所以能使瞽瞍厎豫者，尽事亲之道，

[1] 朱熹:《四书章句集注》，中华书局 1983 年版，第 277 页。

其为子职，不见父母之非而已。昔罗仲素语此云：‘只为天下无不是底父母。’了翁闻而善之曰：‘惟如此而后天下之为父子者定。彼臣弑其君、子弑其父者，常始于见其有不是处耳。’”[1]

可见，孟子认为，一个人的道德修养达到了“圣人”这个等级，他的人格美就能对社会风尚产生极其深远的影响，就能“大而化天下”。舜以身作则，重孝而轻天下，这个榜样的力量是无穷大的。他又说：

> 圣人，百世之师也，伯夷、柳下惠是也。故闻伯夷之风者，顽夫廉，懦夫有立志；闻柳下惠之风者，薄夫敦，鄙夫宽。奋乎百世之上；百世之下，闻者莫不兴起也。（《孟子·尽心下》）

伯夷、柳下惠之风，使百世之下的人为之感动奋发，这就是“圣人”的人格美化育天下的功能。强调人格美的这种功能，强调“圣人”的人格美可以影响社会风尚，这是孟子美学的一个重要思想。“圣”之“大而化之”，其实很接近前面子思学派推出的儒家“诚”之生命诗性乐境之“天人合一”之美了。此为孟子人格审美理论中的第五层次的“生命之诗性乐境”。

六、“圣而不可知之“——“神”之生命诗性乐境

当孟子把“圣人”的人格美的这种功能涂上一层神秘的色彩，则为他所谓之“神”。

[1] 朱熹：《四书章句集注》，中华书局 1983 年版，第 287—288 页。

“神”是“圣而不可知之”，即非人力所能成就之意。孟子说的“神”，是指圣人的道德修养所达到的化育天下的神秘境界，“神”表现了对伟大人物人格力量的顶礼膜拜，如后人对尧、舜、禹、周公一类人物的赞叹。大、圣、神一级比一级美，“神”是美的最高境界。“圣”、“神”逐渐与大自然以及宇宙本身达到天人合一境界。

上文已述，“天人合一”的真实含义是合一于至诚、至善，达到“致中和，天地位焉，万物育焉”、“可以赞天地之化育，则可以与天地参矣”的境界。即是生命乐境的极致，至美的境界。圣人所要达到的最高理想境界，就是教化人们自觉修养，犹如美好善良的天造福于人类一样。如此，孟子把儒家“诚”的思想发挥到极致，说：

> 万物皆备于我矣。反身而诚，乐莫大焉。强恕而行，求仁莫近焉。（《孟子·尽心上》）

朱熹注：“此言理之本然也。大则君臣父子，小则事物细微，其当然之理，无一不具于性分之内也。诚，实也。言反诸身，而所备之理，皆如恶恶臭、好好色之实然，则其行之不待勉强而无不利矣，其为乐孰大于是。强，勉强也。恕，推己以及人也。反身而诚则仁矣，其有未诚，则是犹有私意之隔，而理未纯也。故当凡事勉强，推己及人，庶几心公理得而仁不远也。此章言万物之理具于吾身，体之而实，则道在我而乐有余；行之以恕，则私不容而仁可得。”[1]

---

[1] 朱熹：《四书章句集注》，中华书局1983年版，第350页。

朱熹所释之“万物之理具于吾身，体之而实，则道在我而乐有余”很具体地体现了孟子之“天人合一”的思想。此外，孟子还说：

霸者之民，驩虞如也；王者之民，皞皞如也。杀之而不怨，利之而不庸，民日迁善而不知为之者。夫君子所过者化，所存者神，上下与天地同流，岂曰小补之哉？（《孟子·尽心上》）

朱熹注：“驩虞，与欢娱同。皞皞，广大自得之貌。程子曰：‘驩虞，有所造为而然，岂能久也？耕田凿井，帝力何有于我？如天之自然，乃王者之政。’杨氏曰：‘所以致人驩虞，必有违道干誉之事；若王者则如天，亦不令人喜，亦不令人怒。’此所谓皞皞如也。庸，功也。丰氏曰：‘因民之所恶而去之，非有心于杀之也，何怨之有？因民之所利而利之，非有心于利之也，何庸之有？辅其性之自然，使自得之，故民日迁善而不知谁之所为也。’君子，圣人之通称也。所过者化，身所经历之处，即人无不化，如舜之耕历山而田者逊畔，陶河滨而器不苦窳也。所存者神，心所存主处便神妙不测，如孔子之立斯立、道斯行、绥斯来、动斯和，莫知其所以然而然也。是其德业之盛，乃与天地之化同运并行，举一世而甄陶之，非如霸者但小小补塞其罅漏而已。此则王道之所以为大，而学者所当尽心也。”[1]

此段讲圣人教化人们的过程神奇而充满不为人所知的奥妙，其

[1] 朱熹：《四书章句集注》，中华书局1983年版，第352—353页。

化育天下是在浑然不知的状况下完成。这样的境界当然是人格美的最高境界——“神”了。“神”乃生命诗性乐境的终极呈现。

从孔子到思、孟，论美都是讲生命的境界。生命的最高境界就是以人合天，完满实现天道、人性的至善、至真亦即至美的境界。这种以天人之学、生命之学为基准的、以追求生命的完满、至乐为理想、将至真、至善、至美统合为一的美学，我们命之为“大美学”。故孟子在这里所说的“神”更多是一种生命的境界，不完全是艺术的境界。后来到了庄子，“出神入化”之“神”就已经完全是一种艺术的极境了。

可见，孟子通过个体人对“仁”的现实实现，由“善”及“神”，六级依次递进，深刻地呈现了儒家人格美的境界——生命的诗性乐境，从而把先秦儒家的人格审美理论全面建构和完善了。

第五章　荀子的人格审美理论

如前文所述，儒家的学说发展到孟子，已经把孔子尚且含糊的人性说明朗化为“人性本善”；并且，孟子继承曾子重视“心正身修”的思想，使“心”与“身”构成了一种对立统一的关系，上升为其思想体系中重要的哲学范畴。可以说，由曾子到孟子的“思孟学派”的思想是一脉相承的。

历史行进到公元前313年，另一个儒家思想的集大成者——荀子出生了。荀子继承前儒之学说，并善于取百家之长，融会贯通，在发展古代唯物主义传统的同时，建立起自己独特的思想体系。他的思想从社会脉络方面出发，偏向经验及人事，重视社会秩序及人后天的努力，对神秘主义持反对态度。若把孔、孟、荀的中心思想做个对比，则可分别概括为“仁”、“义”、“礼”。荀子仍以孔子为尊，但并不认同以孟子和子思为首的“思孟学派”的哲学思想，其自认子弓与自己才是真正继承孔子思想的学者。荀子一直主张人性本恶，在人性恶的基础之上，提出要由圣王及礼法的教化，通过“化性起伪”使人格提高。下面分别对荀子的人格审美理论的外延和内涵论述之。

第一节　荀子天人二分的哲学思想

孔子亦曾主张自然之天，但有时也信天命；墨子则完全相信鬼神的存在；到了老庄，虽然承认天就是自然，但它没有意志，不能赏善罚恶，这确是人类思想史上的一大进步，但他们仅知道自然的力量，不知道人能利用并征服自然而为人用。荀子则提出了极有价值的“人定胜天”理论，在其最具进步意义的《天论》篇中，他说：“强本而节用，则天不能贫，养备而动时，则天不能病；修道而不贰，则天不能祸。……故明于天人之分，则可谓至人矣。”[1] 既然天不会随着人的主观意愿而改变，那么期盼老天爷的赐予是靠不住的。所以，荀子进一步提出了“制天命而用之”的思想，认为只有在认识自然规律的前提下，人才可能发挥主观能动性来对大自然进行改造并为人所用。无疑，荀子的这一系列另辟蹊径且充满理性和富于唯物论性质的思想，在先秦诸子关于天道观的争辩中闪耀着独特的光芒。

此外，《天论》篇中还有一段非常精彩的文字：

> 大天而思之，孰与物蓄而制之？从天而颂之，孰与制天命而用之？望时而待之，孰与应时而使之？因物而多之，孰与骋能而化之？思物而物之，孰与理物而勿失之也？愿于物之所以生，孰与有物之所以成？故错人而思天，则失万物之情[2]。

---

[1] 徐耕白主编：《诸子集成·荀子集解》，岳麓书社 1996 年版，第 224 页。
[2] 徐耕白主编：《诸子集成·荀子集解》，岳麓书社 1996 年版，第 232 页。

这样一段人定胜天的极具启蒙性的思想，首次给予先秦时人以信心和鼓励甚至力量，让先秦时人初次相信可以凭借自身的力量去改造和征服大自然，相信人类的命运是掌握在自己手里的。在先秦尚且畏天的时代背景之下，荀子天人二分的伟大思想犹如彗星划过夜空般，具有划时代的重要里程碑意义。

第二节　性有二重的人本理论

荀子以性恶论为其人性论之立论，这与孟子的性善论截然相反。他多次批判孟子的立论不对，而根源就在于孟子不谙人性。由此，他在《性恶》篇中说：

> 凡性者，天之就也，不可学，不可事。礼义者，圣人之所生也。人之所学而能，所事而成者也。不可学、不可事而在人者谓之性，可学而能、可事而成之在人者谓之伪。是性伪之分也[1]。

他认为，人性具有与生俱来的、质朴的自然属性，“凡性者，天之就也，不可学，不可事，……而在人者，谓之性”[2]，承认人的先在欲望，犹如告子所言之“食色，性也。”（《孟子·告子上》）[3] 所以人性就是“生而有好利焉”、“生而有疾恶焉”、“生

[1] 徐耕白主编：《诸子集成·荀子集解》，岳麓书社 1996 年版，第 315 页。
[2] 徐耕白主编：《诸子集成·荀子集解》，岳麓书社 1996 年版，第 315 页。
[3] 徐耕白主编：《诸子集成·孟子正义》，岳麓书社 1996 年版，第 494 页。

而有耳目之欲，有好声色焉。”（《荀子·性恶》）[1] 而人性的“善”则是后天人为（即“伪”）的，“人之性恶明矣，其善者伪也。”（《荀子·性恶》）[2] 只有通过后天环境和教化学习的结果才可以导向“善”。“人性本恶”是荀子全部学说的基础，所以，荀子在《性恶》篇和《礼论》篇论述了后天教化和学习的重要性。

但不管是孟子的“性善论”还是荀子的“性恶论”，他们的终极目的都是指向儒家的最高理想：“修身齐家治国平天下。”（《礼记·大学》）[3] 相对于孟子的温情，荀子的理论更显得犀利并直面鲜血淋漓的现实。如果说孟子的学说更具理想性，那么荀子的性有二重的人本理论则更具有现实性。

第三节　全、粹唯美的人格修养

荀子的美学思想是建立在他的性恶论的基础上的。荀子由孔子、孟子均承认人的感官快感所认可的形式美出发，认为人的天性中就包含了感官对于快感对象的喜爱，故应给予认可。由此，墨子的“非乐”成为他批评的对象。另外，由孔、孟亦重视道德美、理义美出发，荀子提出了“乐道”、“美善相乐”、道德之“不全不粹之不足以为美”等主张，以此论证只有符合礼义规范的快感满足才是可取的美。当然，荀子的“性本恶”与孟子的“性本善”截然不

[1] 徐耕白主编：《诸子集成·荀子集解》，岳麓书社 1996 年版，第 315 页。
[2] 徐耕白主编：《诸子集成·荀子集解》，岳麓书社 1996 年版，第 316 页。
[3] 朱熹：《四书章句集注》，中华书局 1983 年版，第 3 页。

同，故其导向的美学理论与孔孟相比较，也彰显出不同的特性。

（一）求乐爱美：人之本性

美感能让审美主体产生愉悦感，人的自然天性中就有求乐爱美的欲求，《荀子·乐论》就论述了音乐可以给人带来快乐感："夫乐者，乐也，人情之所必不免也，故人不能无乐。"[1] 另外，荀子在《王霸》篇、《性恶》篇、《荣辱》篇中对人所爱好的快乐对象都有不同程度的论述。

从五官感受出发，荀子认为人相应的快乐对象为"綦色"、"綦声"、"綦味"、"綦臭"、"綦佚"五个方面。从"心"出发，荀子认为心理追求及其对象集中体现为"利'，包括物利与名利（《荀子·王霸》）[2]。

受法家思想的影响，同时也得力于荀子自身对现实人性的客观观察，他关于人的身、心自然欲求、属性的论述，引入对人的主体快感的说明。由此，他的"心好利"的论点与孟子的"心悦理义"的论点成了楚河汉界。再者，他对五官愉悦感的论述范围明显是对孔、孟局限于目、耳、口三觉范围的扩大，这样的快感与美感关系的论述，进一步奠定了中国古代美学传统中的美感与快感相融的理论基础。同时，"心好利"则是功利美思想的较早表述。我们也应注意到，荀子关于审美的论述，几乎都立足于他对感官美、功利美的感知、喜好、追求的论述中，所以在荀子那里，"美感"是"感而自然"、"不待事而后生之"的"人情所必不免"的天性，不需具体的"社会实践"的参与，故人天性中对形式美、功利美的爱好和

---

[1] 徐耕白主编：《诸子集成·荀子集解》，岳麓书社 1996 年版，第 276 页。

[2] 徐耕白主编：《诸子集成·荀子集解》，岳麓书社 1996 年版，第 154—155 页。

追求，是无可抹杀的客观存在。所以，荀子从不合人性的角度对宋钘主张的“寡欲”、墨子主张的“非乐”都予以了否定。

从批评宋钘的“寡欲”论（《荀子·正论》）[1]出发，荀子认为人对“五綦”的欲求都是“欲多”的表现，既然欲多是客观的存在，那么叫人“欲寡”就好像叫爱美色的人不喜欢西施这样的美女一样荒唐可笑。墨子的“非乐”论从维护“民利”的角度出发，要求“王公大人”减少对音乐的喜好从而减少对“民利”的亏夺。荀子认为，快乐为“人情之所必不免”，“民有好恶之情而无喜怒之应则乱”（《荀子·乐论》）[2]，而音乐是让人快乐的重要途径之一，故曰：“我以墨子之‘非乐’也则使天下乱。”[3]同理，荀子也批评了墨子“节用”、“尚俭”的观点，因为人心的天性趋利避害，墨子之“不富不厚之不足以管下”、“节用”的结果是造成“贤者不可得而进”、“能者不可得而官”之类的“赏不行”现象，而且要造成“威强”之势也必须有一定的财用作保证，否则便“罚不行”，故曰：“不威不强之不足以禁暴胜悍也。”[4]因而，荀子认为墨子主张的“节用”只会因赏罚不行而“使天下贫”（《荀子·富国》），有百害而无一利。所以他批评墨子：“墨子蔽于用而不知文。”（《荀子·解蔽》）[5]

（二）全粹唯美——人格修养的境界

荀子肯定了人的天性、权利中有对形式美、功利美的爱好和欲

[1] 徐耕白主编：《诸子集成·荀子集解》，岳麓书社1996年版，第250页。
[2] 徐耕白主编：《诸子集成·荀子集解》，岳麓书社1996年版，第277页。
[3] 徐耕白主编：《诸子集成·荀子集解》，岳麓书社1996年版，第134页。
[4] 徐耕白主编：《诸子集成·荀子集解》，岳麓书社1996年版，第135页。
[5] 徐耕白主编：《诸子集成·荀子集解》，岳麓书社1996年版，第282页。

求，所谓“欲不可去”（《荀子·正名》），但他也认识到人心之“欲不可尽”（《荀子·正名》）[1]，由此他认为要在一定程度上监管天性和权利，因为放纵欲望会导致社会动乱。故《荀子·乐论》曰：“故人不能不乐，乐则不能无形，形而不为道，则不能无乱。”[2] 这就涉及爱美与向善如何相与同步的问题。既然“去欲”与“尽欲”对社会的稳定都不利，那么，“欲”如何才能合理、合法地存在？经过思考，荀子提出了“养欲”、“节欲”论。他说：“欲虽不可尽，可以近尽也；欲虽不可去，求可节也。”（《荀子·正名》）[3] 又指出：“人生而有欲，欲而不得，则不能无求；求而无度量分界，则不能不争；争则乱，乱则穷。先王恶其乱也，故制礼义以分之，以养人之欲，给人之求。”（《荀子·礼论》）[4] 由此，荀子在《乐论》篇论述了乐对后天教化所起的重要作用，他把乐对养性情的作用概括为：“孰知夫礼义文理之所以养情也！”（《荀子·礼论》）[5] 由此可见，“礼义文理”或者说是“礼乐”乃节欲、养情的最佳途径。在确保社会稳定和谐的“礼义”范围内去爱美乐，实现欲望，才可能实现真正的美善统一。当然，这种后天的“礼义”是与人的天然欲望相矛盾的，它是道德教化的产物。荀子把这种改造自然人性的道德修养过程叫做“伪”。

既然道德美非天生，那么后天的学习尤显重要，故学习就成了《荀子》开篇《劝学》谈论的首要问题。荀子所言之学习指向的是

---

[1] 徐耕白主编：《诸子集成·荀子集解》，岳麓书社 1996 年版，第 310 页。
[2] 徐耕白主编：《诸子集成·荀子集解》，岳麓书社 1996 年版，第 276 页。
[3] 徐耕白主编：《诸子集成·荀子集解》，岳麓书社 1996 年版，第 310 页。
[4] 徐耕白主编：《诸子集成·荀子集解》，岳麓书社 1996 年版，第 253 页。
[5] 徐耕白主编：《诸子集成·荀子集解》，岳麓书社 1996 年版，第 253 页。

道德修养。若个体能通过修养实践，使自己的道德礼义趋向完整、纯粹的境界，则愈加接近“美”，这就是荀子所认为的最佳的生命境界——亦即孔子所言之人格修养境界。荀子在《劝学》篇中以蒙鸠、射干、麻蓬、白沙等多种物象的渐变为例，说明了这个道理。

他认为若要成就君子人格的全粹之“美”，则个体必须具备纯粹而完备的道德素质，内在欲望要与外在社会道德理性的要求相符。由前文所述，“化性起伪”，先天之“性”须经由后天的“伪”（即礼义教化）才可能得以升华并具备君子人格美的内涵。荀子在这里讲的是人格修养问题，同时也是审美情感和审美观的培养问题。升华和具备君子人格美的衡量标准就是荀子所言之“全”和“粹”，这就是荀子所认为的人格修养的最高境界。

在具体的类比中，荀子把人分成“善者少不善者多”、“涂巷之人”、儒家所谓之“圣人”三种。第一种级别最低，如桀、纣、盗跖之流，亦即平日里所说的“坏人”；第二种善恶对半，这种人较为常见，亦即我们常说的“中民”；第三种则是“全之尽之”、有善无恶之人。所谓“全之尽之”，即“全粹”，指通过后天的学习修养，道德仁义遍布个体身心的角角落落，此修养者高度自律、慎独，对体内的各种原始欲望得以轻松驾驭，孔子所言之“非礼勿视，非礼勿听，非礼勿言，非礼勿动”（《论语·颜渊》）[1] 都可以轻松做到。这种道德美即荀子所说的一种人格美。类似的论述在《不苟》、《乐论》、《非相》篇也有所涉及。

另外，自然事物也可以因“比德”而具有美。荀子在《法行》篇、《宥坐》篇、《尧问》篇、《赋》篇中明确提出“比德”概念，

---

[1] 徐耕白主编：《诸子集成·论语正义》，岳麓书社 1996 年版，第 317 页。

说明君子人格美应蕴含的玉之温润、水之善德、土之甘为人下、云之中规中矩、蚕之“功被天下”。

由以上论述可见，荀子认为，人性虽本恶，但经后天的人为的努力，当个体人在具备了儒家的君子人格美时，其道德礼义就可以达到“全、粹”唯美的境界——亦即儒家的人格修养境界。

第四节　顺性养欲——人格修养的泛化

如前所述，荀子认为人性本恶，人必须通过后天的学习和自身的修养来达到全、粹唯美的人格修养境界。但值得一提的是，荀子似乎要比孔子、曾子、孟子等这些先辈更开明一些，他不像孔子那样板着脸说教“非……勿……”（《论语·颜渊》）[1]，也不像孟子“吾善养吾浩然之气”那样刚烈让人震撼（《孟子·公孙丑上》），[2] 而更像一个洞穿人性的智者，以一颗包容之心，在认定“人性本恶”的基础上，提出了“顺性养欲”说，使人格修养得以泛化。

首先，他肯定了人的欲望大致有三种：

（1）情感本能。“性之好、恶、喜、怒、哀、乐谓之情。”（《荀子·正名》）[3]

（2）感觉认知本能。“目辨白黑美恶，耳辨音声清浊，口辨酸咸甘苦，鼻辨芬芳腥臊，骨体肌理辨寒暑疾养，是又人之所常生而

[1] 徐耕白主编：《诸子集成·论语正义》，岳麓书社1996年版，第317页。
[2] 徐耕白主编：《诸子集成·孟子正义》，岳麓书社1996年版，第126页。
[3] 徐耕白主编：《诸子集成·荀子集解》，岳麓书社1996年版，第299页。

有也。”（《荀子·荣辱》）[1]“凡以知，人之性也。”（《荀子·解蔽》）[2]

(3) 生理需要本能。“若夫目好色，耳好声，口好味，心好利，骨体肤理好愉佚，是皆生于人之情性者也，感而自然，不待事而后生之者也。”（《荀子·性恶》）[3]“饥而欲食，寒而欲暖，劳而欲息，好利而恶害。”（《荀子·荣辱》）[4]

人的情感本能无所谓恶，《中庸》以“喜怒哀乐之未发，谓之中”[5] 承认人的情感是中性的。不仅如此，儒家有重视乐教的传统，而乐教正是顺应人的情感达到“化”的目的。

人的感觉本能也无所谓恶，相反，这种本能是“学”的基础、“善假于物”的基础，由此“化性起伪”方得以实现。荀子本人确实把人能认识各种事物的潜在能力和实行各种社会规范的潜在能力看作是他所讲的人性的内容，其实，人的天赋素质之中只要有感觉认知的本能即可，至于“实行各种社会规范的潜在能力”则是从天赋素质向社会规范推进了一步——这一步可以理解为对感觉认知本能的发展，这种发展正是人的社会化和教育的题中之义。

荀子虽然持“性恶论”，明确“人生而有欲”的事实，但是，荀子也不认为所有的欲望都应当得到满足。他认为，只有顺着人的本性，以礼法来“养”它，这样，人活着才可以随心所欲，情兴尽致，但一切又在情理之内，规矩之中，这就是所谓的“人格修养”

[1] 徐耕白主编:《诸子集成·荀子集解》，岳麓书社 1996 年版，第 43—44 页。
[2] 徐耕白主编:《诸子集成·荀子集解》，岳麓书社 1996 年版，第 295 页。
[3] 徐耕白主编:《诸子集成·荀子集解》，岳麓书社 1996 年版，第 317 页。
[4] 徐耕白主编:《诸子集成·荀子集解》，岳麓书社 1996 年版，第 43 页。
[5] 朱熹:《四书章句集注》，中华书局 1983 年版，第 18 页。

的泛化。因而，荀子关于审美心态的看法耐人寻味，内涵颇深。他认为，“平愉”乃正常的审美心态，只有在这种“平愉”的审美心态的导引下，审美主体才可以面对各种不同的审美对象自得其乐，即“无万物之美而可以养乐”（《荀子·正名》）[1]。

在这里，“无万物之美而可以养乐”这一总结性的命题，已经触及审美的创造性和美感的对象化如何能产生美的问题。荀子认为无论是“养口”、“养鼻、“养目”、“养耳”抑或“养体”的“养”原是依赖于华美奢侈的外在物质的，而“养心”的美原是“富有天下”、“声名若日月”的“执列之位”。所以，即便前五者所依赖的这些外在物质都不存在了，反之是粗茶淡饭、粗布麻鞋、茅屋芦席、卑微的社会地位等等，但若保持一份“平愉”的心境，仍然可以做到孔子赞叹颜回的人格美境界：“贤哉，回也！一箪食，一瓢饮，在陋巷，人不堪其忧，回也不改其乐。贤哉，回也!”（《论语·雍也》）[2] 这既是对孔子开创的君子人格美的一脉相承，亦是对美的心态创造从而自得其乐这一难为人知的美学现象的进一步说明。反之，若无“平愉”的审美心态，那么任何事物在个体面前都是没有美感产生的。《正名》篇言：“心忧恐则口衔刍豢而不知其味，耳听钟鼓而不知其声，目视黼黻而不知其状，轻暖平簟而体不知其安。故向万物之美而不能嗛也。”[3] 不仅“向万物之美而不能嗛”，而且会“向万物之美而盛忧，兼万物之利而盛害”[4]。所以，在非“平愉”的心态之下，“美”变成了“丑”。

---

[1] 徐耕白主编：《诸子集成·荀子集解》，岳麓书社 1996 年版，第 311 页。
[2] 徐耕白主编：《诸子集成·论语正义》，岳麓书社 1996 年版，第 146 页。
[3] 徐耕白主编：《诸子集成·荀子集解》，岳麓书社 1996 年版，第 311 页。
[4] 徐耕白主编：《诸子集成·荀子集解》，岳麓书社 1996 年版，第 311 页。

《荀子·修身》篇中也通过论述以调和血气来保养身体、用修养自身的品行来洁身自好以符合美德的法度，强调在对待顺境和逆境时礼义与诚信的重要性。礼法在荀子的审美理论的构建中尤其重要。可见，荀子认为，按照礼法制度去“顺性养欲”的话，生命的境界当然也是诗性的，这是他的人格修养泛化的体现之一。

同样的思想，在《荀子·修身》篇还有更详尽的论述。该篇针对不同的人提出要顺性养欲，这是调和性情、培养好思想的好办法，这和孔子的“因材施教”在理论上是一脉相承的。

可见，荀子认为，能“顺性养欲”的人，使得人格修养泛化，同时也是真正得道的人——他们不为外物所困惑，那么这就和孔子所言之“七十而从心所欲，不逾矩”（《论语·为政》）[1] 相去不远了。

所以，通过“顺性养欲”使人格修养境界泛化而得道的人，才真正是有境界的人，遵循礼法、原则办事，不必刻意去做，也不必勉强去做，思考问题轻松愉快，处理事情得心应手。这就是荀子所推崇的人格修养的泛化。

第五节 积善隆德——人格修养的完成

如上文所述，一方面荀子认为人性本恶，另一方面荀子又认为礼义道德是人区别于动物的根本，荀子的《非相》篇、《王制》篇、《劝学》篇中均提出了礼义于人的重要性，是区分人与禽兽的重要

---

[1] 徐耕白主编：《诸子集成·论语正义》，岳麓书社1996年版，第28页。

标准。可见，在判断人性善恶的标准上，荀子和孟子是相同的，或者说都是对孔子“仁”论的一脉相承。

但是，明显荀子和孟子是有区别的。在孟子的理论中，人有善端，而善端要转化为现实的善性，则必须认真地“学”与“求”，否则就会“放”而“失”；只有不断地“学”与“求”，才能使潜在的“善性”在生活实践中实现、完成。而在荀子那里，人的道德何来？在荀子的理论中，这就是人何以能成就其“伪”的问题，用教育学的话说，就是德育何以可能的问题。答案是，虽然荀子持性恶论，但他并不否认人有向善的能力，也就是说，人性无善，但却存在认识善的智慧和实践善的物质基础，人性中固有的东西决定了人性是可塑的，不是固定的。在荀子的人性论中，我们也可以看到固有与可塑的辩证关系。正如荀子自己所说：“然而涂之人也，皆有可以知仁义法正之质，皆有可以能仁义法正之具，然则其可以为禹明矣。”（《荀子·性恶》）[1]“凡以知，人之性也；可以知，物之理也”[2]，所以，人可以“以可以知人之性，求可以知物之理而无所疑止之，则没世穷年不能遍也”（《荀子·解蔽》）[3]。向善的可能性是由认知本能决定的，而情感本能也可以加以利用，这正是荀子的高明之处。因为在人性恶的基础上同样可以成为圣贤，于是荀子的培养目标就和孟子达成了一致，而荀子所论述的在人性恶的基础上同样可以成为圣贤的境界，亦即本文所要论述的“全粹唯美的人格修养境界”。

如前文所述，基于“性本恶”说，荀子认为要达到这种“全”、

[1] 徐耕白主编：《诸子集成·荀子集解》，岳麓书社 1996 年版，第 321 页。
[2] 徐耕白主编：《诸子集成·荀子集解》，岳麓书社 1996 年版，第 295 页。
[3] 徐耕白主编：《诸子集成·荀子集解》，岳麓书社 1996 年版，第 295 页。

"粹"唯美的人格修养境界，必须要经过人为的后天努力和锻炼，后天的学习对人性之美的形成至关重要。"性伪合"，美之人性才得以出现。但显而易见，由性恶论带来的另外一个问题就是，既然人性之美关键是在后天的学习，而后天的环境并不是永恒不变的，那么，人的善能否长久地植根于人？对此，荀子以"渐"和"积"作出了回答。所谓"注错习俗"（《荀子·儒效》）[1]、"蓬生麻中，不扶而直"（《荀子·劝学》）[2] 的外在环境的作用就是"渐"；个体不断努力，注重知识和道德的积累就是"积"。如果注意"渐"和"积"，人就能"长迁于善"、"长迁而不返其初了"。此外，从荀子"学不可以已"的观点，从他对师法的重视、对礼义道德的功利主义解释可以看出，荀子对这个问题并不像孟子那样自信和肯定，因为孟子可以肯定地扩充善性，而荀子只能被动地防止恶。所以，人的善能否长久地植根于人，是性恶论必然要面对的一个诘问，这个诘问促进了个体对如何应对外铄的德性方法的思考，这使得"恶"可以为完善教育手段、选择教育内容、反思学习步骤等提供更大的内在动力。在"被动地防止恶"的过程中，人的主动性也有了用武之地。

由此，荀子的《劝学》篇为后世留下了许多脍炙人口的名言，如：

> 君子曰：学不可以已。青，取之于蓝而青于蓝；冰，水为之而寒于水。[3]

---

[1] 徐耕白主编：《诸子集成·荀子集解》，岳麓书社 1996 年版，第 104 页。
[2] 徐耕白主编：《诸子集成·荀子集解》，岳麓书社 1996 年版，第 1 页。
[3] 徐耕白主编：《诸子集成·荀子集解》，岳麓书社 1996 年版，第 1 页。

积土成山，风雨兴焉；积水成渊，蛟龙生焉；积善成德，而神明自得，圣心备焉。故不积跬步，无以至千里；不积小流，无以成江海。骐骥一跃，不能十步；驽马十驾，功在不舍。锲而舍之，朽木不折；锲而不舍，金石可镂。[1]

蓬生麻中，不扶而直。[2]

除了强调要达到“全”、“粹”唯美的人格修养境界必须注重后天的持久性的学习外，荀子还强调后天的修身。在这一点上，他有与曾子、子思相通的地方。《荀子·修身》篇中强调了隆师而亲友、受谏而能诫对君子修身的重要性，这与孔子的“见贤思齐焉，见不贤而内自省也”（《论语·里仁》）[3] 的思想亦是一脉相承的。可见荀子在其“性本恶”的思想前提下，非常重视后天的学习修养对达到“全”、“粹”唯美的人格修养境界的重要性。

自孔子以降，曾子、子思、孟子都提出了各自对“道”的不同见解。《论语》中言及“道”者不下数十处，但无一处作出了形而上的抽象阐释，总括起来，孔子所言“道”的含义就是“人伦日用”所应遵循的原则，或社会的规范，亦体现了孔子所认可的真理或信仰。他一生都在追求真理，甚至“朝闻道，夕死可矣”。（《论语·里仁》）[4] 到了曾子、子思时，他们在言语上没有对“道”作太多的解释，而是以其自身独立的人格和坚定不移的精神阐释了他们对“道”的理解。孟子更是以“富贵不能淫，贫贱不能移，威

[1] 徐耕白主编：《诸子集成·荀子集解》，岳麓书社 1996 年版，第 5 页。
[2] 徐耕白主编：《诸子集成·荀子集解》，岳麓书社 1996 年版，第 1 页。
[3] 徐耕白主编：《诸子集成·论语正义》，岳麓书社 1996 年版，第 100 页。
[4] 徐耕白主编：《诸子集成·论语正义》，岳麓书社 1996 年版，第 94 页。

武不能屈，此之谓大丈夫”（《孟子·滕文公下》）[1] 的刚强的精神捍卫了儒家“道”的完整性。

但是，自先秦以降，各家学派对“道”的解释众说纷纭。而作为一个自称自己才是真正继承孔子思想的儒家学者，荀子文化自觉集中体现在他对道的自觉捍卫和解蔽上，在这一点上，他有许多和曾子、子思、孟子的相似之处。而在他对道的自觉捍卫和解蔽的过程中，他也通过论证“积善隆德”，使其人格修养得以完成。

在《荀子·解蔽》篇中，他对各家各派代表人物的观点一一批评，认为他们仅仅“观于道之一隅”而未能熟悉道的整体。他批判墨子重实用而忽略了礼乐，宋子之情欲寡淡而轻视人的先天情欲，慎子执着于法却忽略了执法的贤能，申子痴迷于权势而忽略了人和，惠子一心构建虚辞却忽略客观事实，庄子尊崇天道却轻视人为的重要意义等等。他认为整体的道既体现常理，又极尽变化，不可能单单从一个方面去概括它，而以上诸子都只是执着于道的一方面，只有孔子达到了“仁知且不蔽，故学乱术，足以为先王者也。一家得周道，举而用之，不蔽于成积也。故德与周公齐，名与三王并，此不蔽之福也”（《荀子·解蔽》）[2]。荀子对孔子的推崇实质上是对尧舜禹汤文武周公之道的推崇，这体现出了荀子的一种深厚的历史文化意识和自觉卫道的担当精神。荀子还明确提出他的文化使命是：“上则法舜、禹之制，下则法仲尼、子弓之义，以务息十二子之说，如是则天下之害除，仁人之事毕，圣王之迹著矣。”

---

[1] 徐耕白主编：《诸子集成·孟子正义》，岳麓书社 1996 年版，第 276 页。
[2] 徐耕白主编：《诸子集成·荀子集解》，岳麓书社 1996 年版，第 283 页。

（《荀子·非十二子》）[1] 荀子以降，后儒那种自觉卫道的道统精神是在其儒家文化使命的自觉担当精神中逐渐演变而来，之后，对道统精神的继续和发扬遂成为儒家标志性的旗帜。而对于荀子而言，达“道”的境界当然就是“全”、“粹”唯美的人格审美境界。

如此，逐步地“积善隆德”，亦即完成了荀子的人格修养境界的阐释。

---

[1] 徐耕白主编：《诸子集成·荀子集解》，岳麓书社1996年版，第66页。

第六章　《周易》与儒家人格审美理论

孔子与《周易》的关系十分复杂，这一直是学界在探讨的论题。李镜池先生曾经推测“可见孔子没有拿《易》来教；人说孔子以《六经》教弟子，恐怕在西汉才有这个说法”[1]。根据郭沂先生的说法，诸如《论语》、《史记》、《汉书》等书中记载的的确是有一定道理的，孔子到了晚年才开始研习《周易》[2]。

《周易》在内容上分为“经”和“传”，“经”据说是周文王所做，主要包括了四百五十卦。而“传”主要是孔子还有孔门弟子所做，具体包括《文言》、《彖传》上下、《象传》上下、《系辞传》上下、《说卦传》、《序卦传》、《杂卦传》，一共是七种十篇，又被称为“十翼”，是对经文的注解，以及占卜方法的论述。这里面蕴含着丰富的人格美学思想。

第一节　孔子学《易》的过程与原因

孔子在《论语》中提到自己晚年才开始学习《周易》，孔子学

[1] 李镜池：《周易探源》，中华书局 1978 年版，第 396 页。
[2] 参见郭沂：《郭店竹简与先秦学术思想》，上海教育出版社 2001 年版。

习《周易》的具体过程如何？新出土的帛书《要》为我们提供了答案，文献中孔子和子贡的对话所讨论的正是这个问题：

> 夫子老而好《易》，居则在席，行则在橐。子赣曰："夫子它日教此。弟子曰：'德行亡者，神灵之趋；知谋远者，卜筮之繁。'赐以此为然矣。以此言取之，赐缗行之为也。夫子何以老而好之乎?"夫子曰："君子言以矩方也。前羊而至者，弗羊（祥）而巧也。察其要者，不诡其德。《尚书》多勿矣，《周易》未失也，且又（有）古之遗言焉。予非安其用也。""赐闻于夫子曰：'孙（逊）正而行义，则人不惑矣。'夫子今不安其用而乐其辞，则是用倚（奇）于人也，而可乎?"子曰："校（缪）哉，赐！吾告女（汝）。《易》之道……故《易》刚者使知瞿（惧），柔者使知刚，愚人为而不忘（妄），渐人为而去诈。文王仁，不得其知以成其虑。纣乃无道，文王作。讳而避咎，然后《易》始兴也。予乐其知……"子赣曰："夫子亦信其筮乎?"子曰："吾百占而七十当，唯周梁山之占也，亦必从其多者而已矣。"子曰："《易》，我后其祝卜矣，我观德义耳也。幽赞而达乎数，明数而达乎德，又仁〔守〕者而义行之耳。赞而不达于数，则其为之巫，数而不达于德，则其为之史。史巫之筮，乡之而未也，好之而非也。后世之疑丘者，或以《易》乎？吾求其德而已，吾与史巫同涂而殊归者也。君子德行焉求福，故祭祀而寡也；仁义焉求吉，故卜筮而希也。祝巫卜筮而后乎。"

这里涉及了孔子对《易》态度的转变，根据子贡的问话，我们可以清晰地知道孔子早年并不热衷于谈论《易》，他认为："没有道德的人才会通过占卜，去依靠神灵；那些想要谋划深远的人，才占卜得十分频繁。"也有学者认为后半句可能是脱字了，翻译成："没有深谋远虑的人，才会占卜得十分频繁"。但不管怎么样，根据前半句我们可以知道，在孔子看来占卜这些东西是属于"怪力乱神"的形而下学的东西，并不值得花费太多的精力。重要的是一个人的德行。但是到了晚年孔子却开始喜好《易》甚至达到了在家的时候就放在座席旁边，外出时就随身携带的地步。孔子详细解释了自己喜好《易》的原因，主要包括两点：避免过错；塑造德行。关于前一点孔子说道："君子说话要讲究能够起到矫正的作用。要能够剪除凶邪而得福，消除灾殃而避祸。看《周易》占卜能够一定程度上约束人们的行为，消灾免祸，从这个角度讲大概也并没有违反君子所遵循的德行。"另外，关于塑造人的德行，孔子说道："《易》中的道理，正反相成，能够让性格刚毅的人懂得适时退让，应机而变。能够使性格柔弱的人懂得刚强果敢，能够让那些愚蠢的人不能随便行事，慎言慎行，能够让有心计的人减少诈伪之行为。"很明显，孔子是关注《易》中所蕴含的"形而上"的东西，所谓的"玩其辞"，他看中的不是占卜带来的随机的结果，而是如何运用这些结果去约束个人的行为，如何根据卦辞的阐释去提升人们的道德修养。

孔子还特意提到了他和那些巫师、祝史不同："《易》这件事，我是跟在祝史后面的，我看中的是卦中蕴含的德行的东西。在冥冥之中告诉我们关于德行的启示，并且要按照这些仁义去做事情……我跟那些巫师祝史所用的方法相同，但是最后目的不同。"巫师在某种程度上是依靠偶然性的结果去强化人们心中已经有的决定，起到的是加强信念的作用，其中掺杂了一些神秘主义的东西，他们不离开卦的演绎与阐释。史官则是如实地记录占卜的内容与当下事件的成败，是否符合占卜的结果。而孔子则是从这些事实的记录以及实际的运用中抽离出更为规律的、普遍性的东西，并且运用到人格塑造与社会治理之中去。因此，可以说孔子对《易》是阐释学意义上的，而我们这里谈到的孔子《易》经思想中的人格审美理论也是通过对原文的合理阐释得来的。

第二节　今本《易传》中的儒家人格审美理论

《周易》自诞生以来，就有无数的仁人先贤对其进行解释，各类注疏之作可以说是数不计数，尤其是现代以来，人们又开始运用各种新的科学方法以及理论对其进行阐释。而从文学、美学角度进行诠释的著作也有很多。从上文的分析中可以知道孔子对于《易》的理解重视德义，轻视占卜。《易传》中蕴含着丰富的人格审美理论。下面，就从今本《易传》中的《系辞》、《彖》、《象》、《文言》及《说卦》、《序卦》、《杂卦》来探讨儒家的人格审美理论。

一、从《系辞》看儒家人格审美理论

《系辞传》是《易传》七种十篇中十分重要的一篇文献，它是早期《易》阐释的论文，内容涉及了很多方面。如对成书年代、成书意图的推测，对《周易》“观物取相”思维方式的揭示，对乾坤两卦的深入探讨，部分爻辞的阐释等等。目前学界普遍认同该篇作者为孔子及其后学，笔者也认同此观点。并且《系辞传》里的内容

也可以和《论语》中的内容相对照。

至于《周易》的成书及其演变，后人如宋儒朱熹[1]、清人皮锡瑞[2]等都有论述。所谓《系辞》，原指卦辞和爻辞，即《周易》经文。而《史记》所称孔子作序的《系辞》则是指卦辞爻辞，而非今本《系辞》。今本《系辞》由两部分组成。第一部分为孔门弟子所记录的孔子有关《周易》的言论。分布在三处：其一，朱熹《周易本义·系辞上》第八章的“鸣鹤在阴，其子和之”至“易曰：‘负且乘，致寇至’，盗之招也”；其二，朱熹《周易本义·系辞上》第十二章的“易曰：‘自天佑之，吉无不利’”至“是以‘自天佑之，吉无不利’也”一段；其三，朱熹《周易本义·系辞下》的第五章，即自“易曰：‘憧憧往来，朋从尔思’”至“易曰：‘莫益之，或击之，立心勿恒，凶’”。这一部分大致为孔子对卦爻辞的评论，文字较为简短，符合记言体的特点，显然是《论语》类文献。

除此之外的，为第二部分，基本可以确认为孔子的《易序》佚文。它有着一以贯之的文风，逻辑严密、文字组织性强，且语段较长可以大致确认为一人手笔。由此我们可以确认，孔子的《易序》是为其前原《周易》文献即《系辞》（卦爻辞）、《彖》、《象》、《文言》、《说卦》等所作的总序，《彖》、《象》其名甚至在他的行文中多次提到了。

《周易·系辞上》曰：“书不尽言，言不尽意。”虞翻注曰：“谓书易之动，九六之变，不足以尽《易》之所言。言之，则不足以尽

[1] 参见朱熹《周易本义》。
[2] 参见《经学通论》，中华书局1954年版，第12页。

庖牺之意也。”[1] 这里所提到的“书”，即为《周易》，《周易》的语言即为此处的“言”，是对“变”的记录与思考；“意”则是“庖牺氏”最初画八卦所要阐述的含义。“然则圣人之意，其不可见乎”的“圣人”指的就是“包（一作庖）牺氏”。该处特意使用疑问句，可见语言的重要性已然为他们所认识。《周易·系辞下》曰：“古者庖牺氏之王天下也，仰则观象于天，俯则观法于地。观鸟兽之文，与地之宜。近取诸身，远取诸物。于是始作八卦，以通神明之德，以类万物之情。”[2] 庖牺氏是采取“观象”的方式来进行八卦的绘画。以《九家易》及荀爽的注释为依据，李道平阐述道：“雷风日月在天，所以‘观象于天’……山泽在地，所以‘取法于地’。……‘成象之谓干，效法之谓坤’，所以天称象，地称法也。”[3] 因此，“观象”中的“象”首先表达的含义是：天象，它充满变化而又具体。

我们把《系辞》中所体现的儒家人格审美理论归纳为如下三点：

（一）君子应顺应天地自然规律，养成贤德

《系辞》篇首曰：

“天尊地卑，乾坤定矣。卑高以陈，贵贱位矣。动静有常，刚柔断矣。方以类聚，物以群分，吉凶生矣。在天成象，在地

[1] 李道平撰，潘雨廷点校：《周易集解纂疏》，中华书局 1998 年版，第 609、621 页。

[2] 阮元校刻：《十三经注疏·春秋左氏传》，中华书局 2003 年版，第 86、2128 页。

[3] 李道平撰，潘雨廷点校：《周易集解纂疏》，中华书局 1998 年版，第 609、621 页。

成形，变化见矣。是故刚柔相摩，八卦相荡，鼓之以雷霆，润之以风雨；日月运行，一寒一暑。乾道成男，坤道成女。乾知大始，坤作成物。乾以易知，坤以简能；易则易知，简则易从；易知则有亲，易从则有功；有亲则可久，有功则可大；可久则贤人之德，可大则贤人之业。易简，而天下之理得矣；天下之理得，而成位乎其中矣。”

该篇开头就提到世上有天有地，天尊地卑，乾坤定位，这是世间不变的法则。然后提到了阴阳交感变化而天地万物化生，最后提到了天所象征的德行与地所象征的德性。《易》有三易，即不易，变易，简易。这里天高地低，阴阳二分，贵贱有位，万事万物都有固定的位置，这就是不易。而从万物创始的角度以及万物相互转化的角度来看，世间又充满了变动，万物为阴阳两气相生而成，并且事物自身也处在生老病死、不断循环之中，这正是变化，即变易。而其中最为根本的规律就是简单的两条，乾道与坤道，前者可概括为“易”，后者可概括为“简”，朱熹《周易本义》：“人之所为，如乾之易，则其心明白，而人易知；如坤之简，则其事要约，而人易从。”这就是说万事万物的道理最终还是简单明了的。尚秉和《周易尚氏学》对乾坤二道也作了解释，他认为这是在告诉人要不断积极进取，用自己的仁德感化教育他人，同时要懂得谦逊并顺势而行。接下来《系辞》继续讲述“自然之道”：“鼓万物而不与圣人同忧，盛德大业至矣哉！富有之谓大业，日新之谓盛德。”这里提到了“自然之道”是鼓动万物，它与圣人之道不同。不同的人也作了解释。这就是说，天地万物云行雨施，化育万物是自然而然的过程，而圣人不同，他心理始终有忧患意识、责任意识，要努力提升自己的品德，不能放松。在孔子及其后学看来，《周易》这部书籍最重要的不是趋吉避祸，而是效仿自然之德，来塑造自己的德性。文中提到，君子要“玩其辞”，也就是说从卦辞、爻辞之中体悟更深的道理，而不仅仅是把它视为一部占卜之作。如果一个人真能够将书中的德性运用自如，那么就可以做到“自天祐之，吉无不利”。

在该篇的结尾孔子及其后学还对《周易》成书的时代及年代做了适当的推测，“《易》之兴也，其于中古乎？作《易》者，其有忧患乎?”这也是较早的对《周易》六十四卦以及卦辞、爻辞作者的推测。他们认为这本书最终确立大概在商末周初，主要的动机是周文王担心国家有祸乱，表达了一种忧患思想。按照这种说法，那么在他们看来这本书就更不是与鬼神相通的神秘的占卜之书，只有当权者才能拯救自己。因此，书中是借用抽象的卦象来传达人们应该如何做人处事，所以我们可以从中挖掘出十分丰富的人格美学思想。正如文中所总结的：“易简之善配至德”。

（二）君子当善悟圣人卦象并善于变通

《易》又被称为“变”的哲学，在书中讲述了很多关于“变”的道理。“黄帝、尧、舜氏作，通其变，使民不倦，神而化之，使民宜之。《易》穷则变，变则通，通则久。”圣人穷则思变，并将自己所悟到的道理写进了书中。

《系辞上》末段云：

> 子曰：“圣人立象以尽意，设卦以尽情伪，系辞焉以尽其言，变而通之以尽利，鼓之舞之以尽神。”……是故夫象，圣人有以见天下之赜，而拟诸其形容，象其物宜，是故谓之象。圣人有以天下之动，而观其会通，以行其典礼，系辞焉以断其

吉凶，是故谓之爻。极天下之赜者存乎卦；鼓天下之动者存乎辞；化而裁之存乎变；推而行之存乎通；神而明之存乎其人；默而成之，不言而信，存乎德行。

《系辞下》首段亦云：

八卦成列，象在其中矣；因而重之，爻在其中矣；刚柔相推，变在其中矣；系辞焉而命之，动在其中矣。吉凶悔吝者，生乎动者也；刚柔者，立本者也；变通者，趣时者也。吉凶者，贞胜者也；天地之道，贞观者也；日月之道，贞明者也；天下之动，贞夫一者也。……爻也者，效此者也；象也者，像此者也。爻象动乎内，吉凶见乎外；功业见乎变，圣人之情见乎辞。

这里讲述了卦、象、爻与吉凶的关系，阴阳刚柔处在不断的变化运动之中，人不会一直处于不顺，同时也不会总是一帆风顺。明白了这样的道理之后，君子就能够随时内心平静，波澜不惊。在身处逆境之时也能够坚守住内心的道德，对光明的前途充满了自信。而处于顺境时，又能够居安思危，懂得继续修炼自己的德性。在《系辞》之中孔子及其后学们分析了一些爻辞以及卦象，在对这些内容进行阐释的过程中，表达了这种懂得通变，应机而动的道理。

《周易》六十四卦的第四十卦是“解”卦，该卦的上六爻辞中指出：“上六：公用射隼于高墉之上，获之，无不利。”字面意思就是王公发射箭矢来射击窃居在高城上的恶隼，一击而成，无往而不利。孔子及其弟子在《系辞》之中对此作了发挥：“子曰：‘隼者，禽也；弓矢者，器也；射之者，人也。君子藏器于身，待时而动，何不利之有？动而不括，是以出而有获，语成器而动者也。’”是说一个藏器在身上的君子要懂得待时而发，遇到合适的机会就努力去抓住，不要等到情况变化了才行动。我们知道没有固若金汤的城池，也没有铁打的江山，一切都处于发展变化之中，懂得变的道理，人就不会固守，而是与时俱进，居安思危。文中明确提到："凡是倾危的，都是曾经享乐并稳居其中的；凡是那些灭亡了的，都是曾经认为可以永久生存下去的；凡是败乱的，都是曾经认为统治得井井有条的。因此，君子一定要懂安居不忘倾危，生存不要忘记灭亡，整顿不忘了败乱。"最后作者又用《否》卦九五的爻辞继续告诫："其亡其亡，系于苞桑。"即心中总是能够想到灭亡，懂得自己警示自己，这样就能够像挂在桑树上一样安然无恙了。勾践"卧薪尝胆"的故事也是这个道理。

综上所述，孔子想要表达的观点为：《周易》的玄妙之处在于言有尽而意无穷。《易传》中所显现的圣人所建立之卦象，其以象征的方式表达深奥精微之含义。所以，若能精通圣人所设置的六十四卦，则将宇宙万物复杂变化的真伪尽在掌控之中矣！所以，儒家人格审美理论中，就要求君子要善于领悟圣人所设置卦象之蕴含的道理以鼓舞群众，坚定信念，并善于变通和运用，以尽量发挥其神奇的作用。

（三）君子须讲诚信，慎言慎行

孔子及其后学在《系辞》中还表达了一个重要的思想，就是君子应该谦虚处下，懂得慎言慎行。书中选取了"解"卦中六三爻辞"负且乘，致寇至"进行分析，"负也者，小人之事也。乘也者，君子之器也。小人而乘君子之器，盗思夺之矣。上慢下暴，盗思伐之矣。”就是说一个德性不够的小人，他却乘坐本该是君子乘坐的车去招摇过市，这样就会招来盗贼，引起祸乱。因此，人要懂得谦虚，守本分，不要去妄想自己当下无法得到的东西，现在有很多的人不是慎言慎行、谦虚处下，而是在自己能力不行的条件下，欲通过一些不太正当的手段去得到自己梦寐以求的东西，或者升到了一定的高位，但是因为自己的德性不够，因此，这样的状态很难长久，勉强保持也会觉得心里惴惴不安，每天很疲惫不快乐，更重要的是，其他的人不会给你好的评价。

文中还提到另一条爻辞，“鸣鹤在阴，其子和之。我有好爵，吾与尔靡之。”作者继续就此发挥强调君子应该谨言慎行，发出良好的言论，这样才会吸引更多的人。在现实生活中也是如此，如果一个人总是对他人冷嘲热讽，恶语相向，那么他很快就会失去真正的朋友。所以文中讲：“言论出于自身，要施加给百姓；行为发于近处，远方的人也能看见：言论和行为，犹如君子的‘门户’的机要一般。‘门户’机要的启发，恰似或荣或辱的关键，言论和行为，是君子用来鼓动天地万物的，岂能不慎重呢？”

同时，作为君子还应该懂得谦虚的道理，“德言盛，礼言恭；谦也者，致恭以存其位者也。”“大过卦”的初六爻为：“初六，藉用白茅，无咎”（大意是：用洁白的茅草衬垫来承放献给尊者的礼物，必然能够没有咎害）。《系辞》的作者解释说：“礼物直接放在地上也是可以的，为何还要用茅草衬垫呢？这是敬爱谨慎的行为。茅草虽然微薄，却起到了十分重要的作用。”可见，谦逊的重要作用。

二、从《彖》、《象》看儒家人格审美理论

《彖》、《象》也是《易传》七种十篇中的两篇，他们各自分上下，散落在今本的《周易》之中，与经文并行，也被称为《彖传》、《象传》。《彖》是根据卦数而来，解释全书的六十四卦，包括卦名、卦辞还有卦的主旨。彖，根据学者的解释，就是“断”，即断定一卦的主旨大意。《象》分别解释六十四卦以及三百八十六则爻辞的象征意义。主要是将这些内容与君子的言行、道德相互勾连。《彖》、《象》也普遍认为是孔子所做，其中同样蕴含着深刻的人格美学思想。

（一）《彖》之儒家人格审美理论：君子以得正中之道则心无挂虑

《彖》辞里集中表达的儒家人格审美理论就是，君子有谨守中正之道。具体而言就是君子应该行得端，做得正，无论所在的是什么样的位置都要谨守这一点。

在第六卦“讼”卦中这一点体现的比较明显。该卦是下坎、上乾，坎象征的是水，水往东流，而乾象征着天，天道西转，该卦天与水相违背而行，因此象征着产生争论、诉讼。整个卦以及各爻辞都是围绕着如何解决诉讼纠纷来展开的。这一卦的卦辞是：“有孚窒惕，中吉；终凶，利见大人，不利涉大川。”（《讼》卦象征争讼：是诚信被窒塞、心有惕惧所致，持中不偏可以获得吉祥）《彖》辞针对“有孚窒惕，中吉”继续重申了“中正”的重要性，即“说明阳刚前来处险就要保持适中”。有学者认为这是对应的第二爻而发出的议论，第二爻是阳，出于初爻、三爻两个阴爻之间，阳刚代表的就是正义，而且该爻又处于下卦的中间位置，按照爻辞解释就是说下面的人以公平正直与上相争。卦辞说尽管如此却没有招来祸患

就是因为，处于阳刚的第二爻处于中间的位置，即它能够做到公正。同时也告诉人们，与下与上争一定要适可而止，并且要懂得公正无私。孔子说："审案子，我跟其他人差不多。一定要说有区别，我想就是我能够使天下不再有人诉讼。"儒家希望的就是社会和谐，人与人相亲相爱，因此致力于从血缘亲情角度出发防患于未然，彻底地解决争论诉讼问题。但是如果真遇到了诉讼，儒家最为强调的是国君以及涉及诉讼的人都能够公正，对待讼事要持有"中"。再来看另外一卦，"师"卦，《彖传》解释道："'师'就是部署众多的意思；'贞'是守持正固的意思。能够让众多的部下都坚守正道，这样就可以作君主了。譬如刚健的居中者在下面相应和尊者，履行兵伐之类的危险之事也是师出有名，合情合理的，凭着这些来统领天下，势必获得吉祥，又哪里能够有害处呢?""兵者，不祥之器。"儒道两家都是不愿意动用武器、战争的，但是真正遇到了兵戎之事，《彖》辞所强调的首要的原则还是坚守中道，强调战争一定要具有正义性。

除此之外，还有"履"卦以及"同人"卦的彖辞强调中正的品格，"履"卦《彖》辞说："'小心行走在虎尾巴之后，猛虎不咬人，亨通'。又如阳刚居中的守正之人，小心践行'天子'之位而行为无瑕疵，于是出现道德光明。"国君要时刻谨慎小心，慎言慎行，中正不偏，如同"履虎尾"一样小心。"同人"卦的《彖》辞直接点名了君子应该谨守中正美德才能够和同于人，"禀性文明而又强健，行为能够中正又相互应和，这是君子和同于人的纯正美德。只有这样的君子才能够统一天下。"

（二）《象》之儒家人格审美理论：天行健，君子以自强不息；地势坤，君子以厚德载物

象传，分为大象、小象。大象是解释卦象立义的，小象是解释六爻辞的。在孔子为《周易》写的《象传》里，最能体现儒家人格审美理论的是来自《乾卦》和《坤卦》的一句话："天行健，君子以自强不息，地势坤，君子以厚德载物。"这个句子，分别出自乾坤两卦的"大象"。

> 《乾卦》：象曰：天行健，君子以自强不息。

象：《周易》中的"象"字，即"形象"、"象征"之意。《系辞》里的"象"字有各种含义。有的指各种现象、物象，如"见乃谓之象"、"天垂象"、"在天成象"等。有的指卦爻之象，如"八卦成列，象在其中矣"、"八卦以象告"、"君子所居而安者，易之象也"等。有的用动词，如"天垂象，见吉凶，圣人象之"的后一"象"字、"象其宜物"之"象"。这种意义的"象"有时写作"像"，亦《系辞下传》所谓："象也者，像此者也。"但作为经传之名，则有两义：一、指《周易》的卦爻和卦爻辞，《系辞下传》："《易》者，象也。"《左传》昭公二年叙韩宣子适鲁"见《易象》与《鲁春秋》"，均指此，故宋人项安世《周易玩辞》谓"凡卦辞皆曰象、爻象的象征意义。这里指第二义。凡六十四卦所附"《象》曰"云云，均属此例。《象传》又有《大象传》、《小象传》之分：前者每卦一则，释上下卦象，《正义》谓"总象一卦，故谓之《大象》"；后者每卦六则，释六爻爻象（《乾》、《坤》两卦分别多一则释"用九"、"用六"），《正义》谓"释六爻之《象辞》，谓之《小象》"。

本则即属《乾》卦的《大象传》。《大象传》主要是从上下的卦象出发，以此作为基础并将之与社会人事相互勾连，挖掘抽象卦象的象征意义。即《折中》所谓："专取两象以立义。"

天行健：此释《乾》卦上下"乾"均为"天"之象，说明"天"健行周流，永不衰竭。《集解》引宋衷曰："昼夜不懈，以健详其名。"《正义》："行者，运动之称；健者，强壮之名。"

以：介词，其后省略一"之"字，可释为"因此"、"像这样"，以引出下文推阐释的结果（余六十三卦《大象传》"以"字之义均仿此）。自强不息：指"君子"效法《乾》卦"健行"之象，立身、行事始终奋发不止。《正义》："此以人事法天所行，言君子之人用此卦象自强勉力，不有止息。"

《坤卦》：

象曰：地势坤，君子以厚德载物。

地势坤：此释《坤》卦上下"坤"皆为"地"之象。《说卦传》谓坤象取地、其义为顺（该句可译为：《象传》说：大地的气势厚实和顺；君子因此而增厚美德、容载万物），《大象传》即依此为说。《集解》引宋衷曰："地有上下九等之差，故以形势言其性也。"《王注》："地形不顺，其势顺。"案，尚先生据宋衷、王弼注，以为两家均未引《说卦传》"坤，顺"为诂，可证"宋、王本之皆作'地势顺'"；又云："盖'坤'古文作'巛'，而'巛'为'顺'之假字，故宋、王皆读'巛'为'顺'。自《正义》改作'坤'，而'顺'字遂无由识。"（《尚氏学》）此说可备参考。

厚德载物：厚，用如动词，犹言"增厚"。这是说明"君子"效法“地”厚实和顺之象，增厚其德以载万物。林希元《易经存疑》曰：“惟其厚，故能无不持载。故君子以之厚德，以承载天下之物多矣。”

而据帛书《周易》，“乾”为“键”，“天行健”乃“天行键”，“键”乃“乾”之古字，而“键”又训为“健”，串在一起：

> 天，行矣，乾（键）。乾，健也。

据帛书《周易》，“坤”为“川”，“势”乃“执”，“地势坤”乃“地执川”，“川”乃“坤”之古字，而“川”又训为“顺”，串在一起：

> 地，执也，坤（川）。坤，顺也。

“地”也有“原初的肯定性的强力”，“执”执力为“势”，所以“地执坤”变成了“地势坤”。“执”：执持、执守；“势”：“势力”、“形势”，坤之义大矣哉。人参赞天地化育，参入“存在者之整体”，又能“复”，而得以“见天地之心”。天、地、人，三才而两之，中道而行，何惑之有？

> 天行矣，乾。乾，健也。君子以自强不息。
> 地执也，坤。坤，顺也。君子以厚德载物。

《象》辞努力进行了发挥，将其与君子行事规范相勾连，并引申出“自强不息”、“厚德载物”的意义。告诉我们，在任何情况下都要坚守信念，不断奋斗完善自身品格，同时也要在完善成就自己德性的同时，用自己的德行去影响他人。

三、从《文言》看儒家人格审美理论

《文言》也是《易传》七种十篇中的重要组成部分，由前后两节组成，分别附在了“乾”、“坤”两卦的后面，《文言》就是用文进行修饰，至于为何单独只有“乾”、“坤”进行修饰，孔颖达引庄氏的观点给出了答案，即“乾”、“坤”两卦是《周易》的开始，作为六十四卦的门户，集中解说了这两卦，其他的卦也有的放矢了。这部分主要体现的是儒家要求君子要积累德性，并要谦逊化民。

该文首先指出了乾卦的卦德是，“元、亨、利、贞”，子夏分别用“始、通、利、正”来对这四者做了简单的解释，作为“天”的象征，乾卦具有元始、亨通、和谐、坚贞等特点，《文言》的作者继续发挥，将他们与君子的品德相联系。一个君子如果能够具备仁，那么就可以作为人们的尊长；如果要寻求亨通，那么就要具备礼；有利于万物的和谐，就是做到了义；保持坚贞的节操，才能够使自己的德性持久并影响更多的人。《文言》继续将乾卦从下到上处于不同爻位的爻辞做了详细解释，从里面生发出对君子人格的具体要求，所谓“君子以成德为行，日可见之行也”，就是说君子对于自己德性的修养一日不能怠慢。接着作者从第一爻“初九，潜龙勿用”开始解释。处于这个阶段的君子就好像是一条潜藏起来的龙，虽然是具有成为君子的潜质，但是德性尚未彰显，还需要假以时日，因此君子要努力学习知识，明辨是非，与人相处宽宏大量，不断增益自己的德性。第二个阶段，即“见龙在田，利见大人。”这时候君子已经迈出了重要的一步，虽然距离成功尚远，但是前途一片光明。接下来，九三这个位置是下卦三爻中的最上方，所谓向上修行还有很长距离，而放弃又不甘心，也就是上不即天，下不即地的地位，《文言》认为越是处于这个位置的人就越要懂得把握好自己，要终日小心谨慎，居安思危。九四爻相比之前更近了一步，但是“行百里者半九十”，仍然距离最上方的两个天位的爻差一步，是一跃而起还是继续在渊，就在于能否继续坚持修行。接下来就是九五爻，这时候君子德性已经完备，并且处于一个很不错的位置，能够按照天道来要求自己。最后一卦是“亢龙有悔”，《文言》告诫君子不要只知道前进而不知后退，要适可而止，持盈诫满。由此，可以清晰看出，作者对君子的修德的要求。

另外，今本《坤文言》较《乾文言》更为自由，格式上也有细小差别，但同样十分重视对“坤”卦爻辞内涵的阐释，并与个人的修养相互关联起来。

“坤”主要是以柔顺为品德，引申到了个人的品行之上就是重视敬爱、谦逊的美德。“君子敬以直内，义以方外，敬义立而德不孤。”这里就明确提出来，君子应该懂得恭敬，内心正直，处理事情要适宜，做到了这一点就可以“德不孤”，即有其他人来相应自己，孔子说的“德不孤，必有邻”就是这个道理。有道德的人一定会有很多志同道合的朋友来支持你。“坤”卦象征的就是地道、臣道、妻道，总体而言就是教会人懂得恭敬，谦卑处下，以柔克刚。

第三节　《易传》中的道家思想

《易传》中蕴含的思想与道家思想也有很多相似之处。具体而言，有以下几点，万物相辅相成的认识论，对柔顺、谦逊德性的强调，观物取象的思维方式等。

首先，在《道德经》中老子认为天下的万事万物都是相对的，他最擅长的就是采用相反相成的角度来看待事物，他提到，有跟无是相对的，难与易是可以相互转化的，长短比较而存在，高下相对，这些最常见的东西，就是不变的东西，即“恒也”。《易传》同样发挥了这样的思想，从最为简单的方面来看，构成《周易》一书的元素“阴”和“阳”就是一对相对的概念，由这两个因素出发，形成了阴爻或者阳爻，每三个爻构成一卦，共有八种组合方式，形成了八卦。这八卦分别为乾、坤、震、巽、坎、离、艮、兑，对应着自然界的八种事物，天、地、雷、风、水、火、山、泽。其中也是两两相对。而八卦两两相重又组成了六十四卦，其中也有很多相对的卦。比如否卦与泰卦，乾卦与坤卦，既济卦与未济卦等。由此可见，在早期先民的认识中，自然世界以及人类社会处处充满矛盾对立，男女、冷热、昼夜等等，这是最直观而朴素的观察。

其次，对尚俭、守柔的重视。老子《道德经》最为赞美的就是柔顺之德，认为刚而易折。相传在老子快一百岁的时候，孔子向老子问道，老子却不说话，孔子疑惑不解，这时老子向孔子伸了伸舌头。孔子依旧不解。过了一会儿老子又向孔子展示一下自己几乎掉光了的牙齿。孔子瞬间明白，柔弱胜刚强，坚硬的牙齿也抵不过时间的侵蚀，而柔软的舌头却能够存在得较为长久。老子告诫人们不要自矜要懂得谦虚守柔，所谓：“不自伐故有功；不自矜故长。夫唯不争，故天下莫能与之争。”并要求做到“知其雄，守其雌。”而《周易》中也处处蕴含着这样的道理，“坤”卦就是告诫人们要谦退守柔，这一点上文已经提到不再赘述。

最后，两部书都十分注重观物取象。《道德经》经常采用一些意象来传达柔顺之德。比如老子最为看重水，水天下之至柔，但是却能够水滴石穿。老子还经常用“赤子”作喻来强调道德纯真，质朴无杂的样子。《象传》的思维方式就是观物取象，仰观于天，俯察于地，根据自然鸟兽的行迹来选取合适的物象来阐发道理，即“近取诸身，远取诸物。”《象传》采用了很多具体的形象来象征阐释卦辞与爻辞，如“师”卦，《象传》解释卦辞，“说地中有水，师。”就是说这一个卦是下坎，上坤，地下有水，即地中蕴含并聚集着丰富的水源，这就是军队集合的象征。“比”卦刚好相反，是下坤，上坎，这里《象传》解释卦辞：“地上有水，比。”这就是说水在地表，水和地相亲无间，象征着关系的亲密。

可见，《易传》中的确有很多思想与道家是相通的。

第七章 《大学》、《中庸》对儒家人格修养与审美境界的升华

《大学》、《中庸》原为《礼记》第四十二篇、三十一篇，约为秦汉之际儒家作品。有学者指出，两部作品的作者分别为曾子、子思。南宋时期朱熹撰《四书集注》，将之与《论语》、《孟子》合为“四书”。不管作者是谁，这两本书中蕴含着丰富的人格美学理论。《中庸》提出“五达道”、“三达德”、“慎独自修”、“至诚尽性”等内容，对个人心性修养、道德提升意义重大。而《大学》中明明德、亲民、止于至善的三纲领和格物、致知、诚意、正心、修身、齐家、治国、平天下的八条目为后代推崇。

第一节 《大学》中的人格美学思想

《大学》正文虽然仅仅两千多字，但在古人的认识中它却是极为重要的一本书。朱熹说：“某要人先读《大学》，以定其规模；次读《论语》，以立其根本；次读《孟子》，以观其发越；次读《中

庸》，以求古人之微妙处。”[1]“定其规模”指的是确定一个人眼界之高低，胸中格局之大小。无论是做人还是做学问，最重要的是心胸开阔，志存高远。当你为长远宏大的目标而奋斗之时，你才能忘记当下，跳出小我，才不会将小的得失挂在心间。《大学》首先告诉我们的就是要具有远大的胸襟与抱负。

《大学》中说：“古之欲明明德于天下者，先治其国；欲治其国者，先齐其家；欲齐其家者，先修其身；欲修其身者，先正其心；欲正其心者，先诚其意；欲诚其意者，先致其知。致知在格物。物格而后知至，知至而后意诚，意诚而后心正，心正而后身修，身修而后家齐，家齐而后国治，国治而后天下平。”即君子最终是要以“平天下”为己任。有人说大家都去平天下，那么谁来做平凡的小事情？何为小？何为大？“子曰：‘赤也为之小，孰能为之大？’”（《论语·先进》）在孔子看来职业有“小大之别”。的确如此，正所谓“闻道有先后，术业有专攻”，不同的职业是有差别的，在社会生活中发挥的作用也不同，古代也有“劳力者”，“劳心者”之别。每个人经历不同，教育背景不同，自我要求、职业期待也不同，最后会在社会中扮演不同的职业角色。《大学》告诉我们的就是人要有一种做大事的胸襟与气魄，即使自己身份卑微，也要时时刻刻胸中装有远大的志向。一个人如果能够随时不忘国家社会，就能不甘于平庸，纵使在最普通的岗位上也能够铸就辉煌，成就一番传奇。南宋诗人陆游在《病起书怀》中说：“病骨支离纱帽宽，孤臣万里客江干。位卑未敢忘忧国，事定犹须待阖棺。天地神灵扶庙社，京华父老望和銮。出师一表通今古，夜半挑灯更细看。”“位卑未敢忘忧国”就是

---

[1]《朱子语类》卷第十四《大学一·纲要》

告诉我们要具有一种使命感与责任感，时刻将自己与国家、社会相联系。陆游即使在病中仍然心系天下，“僵卧孤村不自哀，尚思为国戍轮台。夜阑卧听风吹雨，铁马冰河入梦来。”这就是古代知识分子的豪气。“子曰：‘君子固穷，小人穷斯滥矣。’”（《论语·卫灵公》）为何君子能够忍受住穷困与不得志，关键就在于君子具有远大的理想与抱负，这样他的视野就更加宽广，看得就比一般人要远，他会具有一种全局观，从来不会将一时的穷困放在胸中，更不会为一些小的事情而产生情绪上的大起大落，所谓“不以物喜，不以己悲”。杜甫在自己房屋在风雨中摇摇欲坠时，仍然心心念之思之的是：“安得广厦千万间，大庇天下寒士俱欢颜，风雨不动安如山!”（杜甫《茅屋为秋风所破歌》）这就是“圣人”身上所彰显出来的人格魅力。反之，一个富商或者说一个高官，如果仅仅贪图小利，胸无大志，蝇营狗苟，那么他活着也仅仅是浪费手中的资源和机会，不会对整个社会进步做出一点儿贡献。并且他会害怕自己失去名利，格局的狭窄会使他斤斤计较，可悲地度过自己的一生。

“千里之行，始于足下。”具有了远大的理想与抱负之后，更需要扎扎实实地实行。《大学》的“三纲领”，“八条目”不仅仅教我们要志存高远，更要求我们脚踏实地。它详细教我们成就一番事业的门径。王弼讲“以无为本”、“举本统末”，《大学》讲“物有本末，事有终始。知所先后，则近道矣。”本不立，如何谈其他，要成就事业，修身就是本，自身强大之后才能应对内心的迷茫与外来的冲击，才能以自己去影响他人。“德”是修身最基本也最核心的要求，“明明德”就是要成就自己的道德。怎么提升自己的道德？乐羊子妻曾教育自己的夫君说“夫子积学，当日知其所亡以就懿德”，也就是不断学习，每天知道自己所不知道的，然后增益自己的道德。古人学习的内容即“四书五经”等儒家经典，这些经典为我们提供了具体的标准与方法。

首先，诚意。“诚”就是诚实，不欺骗。老子讲“信言不美，美言不信”（《老子·八十一章》），也就是说真实的话语往往是质朴无文的，而过多的修饰往往会使得意思扭曲而使人感觉话语虚伪不真实。从为人处世角度讲，即要求我们达到心与身的统一，言与行的统一。所谓“谓诚于中，形于外，故君子必慎其独也。”（《大学》）真正的君子，无论在任何时候内心与外在都是统一的，而小人则不然，他们往往外表装得很善良，但内心却充满淫邪，所谓“相由心生”，心灵的状态会反映在外表上。要想做君子，并不是仅仅做到统一就行了，而是要统一于“善”，在身与心、言与行方面都要严格要求自己，使之达到真正“统一”，这才是最高境界的“诚”。我认为最高的道德境界即将道德要求内化为生理感受，即经过不断修养，人能够在做坏事时，生理上产生一种恐惧、厌恶，甚至浑身发抖、不舒服，这样就算是道德修养到了一定程度。

其次，修身。《大学》指出：“故好而知其恶，恶而知其美者，天下鲜矣。故谚有之曰：‘人莫知其子之恶，莫知其苗之硕。’此谓身不修不可以齐其家。”这里提出了修身的要求，即要客观地、全面地评价他人。评价他人时会从自己的好恶出发，人们对于自己亲爱的人会有偏爱；对于自己厌恶的人会有偏恨；对于自己敬畏的人会有偏向；对于自己同情的人会有偏心；对于自己轻视的人会有偏见。扩而广之，对一件事情的看法也会受到个人喜怒哀乐情绪的影响，从而失去理智的判断。这里对人的认识能力提出了新的要求，我们要永远保持着一种警醒，当看到自己喜欢的人或事情时，要提醒自己居安思危，所谓“福兮祸之所伏”，遇到自己讨厌的人或事情时，要看到好的一面，寻求转机，所谓“祸兮福之所倚”。从我们自身的学习角度讲，遇到困境或者难题，不应该心烦意乱，而是应充满欢喜，在对新问题的解决中自己会增长新的知识和能力，何乐而不为呢？这也是强者的思维模式。

最后，财散则民聚。这里涉及了对金钱的态度。《大学》云：“德者本也，财者末也。外本内末，争民施夺。是故财聚则民散，财散则民聚。”之前看过一篇文章，讲的是“贫穷思维”的危害，穷不可怕，可怕的是养成一种“穷的思维”，主要表现就是做事情小气，在不该计较的地方与人斤斤计较，急功近利等。小气没有任何好处，你以为你将日常生活中的一点点“小钱”都节省起来了，比如吃饭尽量让他人掏腰包，但从长远角度看，你失去的更多。朋友会因为你的小气逐渐离开你，正所谓“财散则民聚”，因为付出本来就是相互的，没有人会搭理一个“只进不出”的人，小气的你还会因为害怕失去钱财，而不敢尝试一些新的东西，这样就失去了更多的机会，变得更加保守，人生的路也越走越窄。急功近利，则是过分看重结果和利益，而忽视其他方面。所谓“过犹不及”，做过了与做不到有啥区别，都不会成功，太在意利益往往会“利令智昏”，会因为各种小的细节而与成功失之交臂。“财散则民聚”，告诉我们做人一定要大气，要拿得起放得下，不纠结于小的得失成败。这就是一个君子应该有的胸襟与气度。

第二节 《中庸》对人格修养的启迪

在重建人格美的建议里，先秦儒家还提出了一个非常重要的概念：“慎独”。

“慎独”源于儒家的《大学》、《中庸》。《大学》亦云：“所谓诚其意者：毋自欺也，如恶恶臭，如好好色，此之谓自谦，故君子必慎其独也！小人闲居为不善，无所不至，见君子而后厌然，舍其不善，而著其善。人之视己，如见其肺肝然，则何益矣。此谓诚于中，形于外，故君子必慎其独也。”《中庸》中说：“道也者，不可须臾离也，可离非道也。是故君子戒慎乎其所不睹，恐惧乎其所不闻。莫见乎隐，莫显乎微，故君子慎其独也。”

东汉郑玄曾经对“慎独”做出解释，他说：“小人闲居而不善，无所不至也，君子则不然，虽视之不见，听之无声，犹戒惧恐怖自修正，是其不须臾离道也。慎独者，慎其闲居之所为。小人于隐者，动作言语自以为不见睹、不见闻，必肆尽其情也，若有规听之者，是以为显见甚于众人之中为之。”[1] 从字面意思来看，“慎独”就是“谨慎地独处”，为何说在一个人的时候要谨慎呢？因为在人前，有很多人在看，人就自然而然注意自身的言行。而在人后，没有人关注了，最真实的本性就会显现出来。这样就分出了君子与小人，君子“不须臾离道”是说无论在任何时候都能够正襟危坐，而小人则是“肆尽其情”。

朱熹在《大学章句》中说：“独者，人所不知而己所独知之地也。言欲自修者知为善以去其恶，则当实用其力，而禁止其自欺。使其恶恶则如恶恶臭，好善则如好好色，皆务决去，而求必得之，以自快足于己，不可徒苟且以殉外而为人也。然其实与不实，盖有他人所不及知而己独知之者，故必谨之于此以审其几焉。……此言

---

[1]《十三经注疏·礼记正义》，北京大学出版社 1999 年版，第 1422 页。

小人阴为不善，而阳欲舍之，则是非不知善之当为与恶之当去也；但不能实用其力以至此耳。然欲舍其恶而卒不可舍，欲诈为善而卒不可诈，则亦何益之有哉！此君子所以重以为戒，而必谨其独也。”[1] 在《中庸章句》中，朱熹又注：“独者，人所不知而己独知之地也。言幽暗之中，细微之事，迹虽未形而几则已动，人虽不知而己独知之，则是天下之事无有著见明显而过于此者。是以君子既常戒惧，而于此尤加谨焉，所以遏人欲于将萌，而不使其滋长于隐微之中，以至离道之远也。”[2] 朱熹将“慎独”中的“独”进行了新的解释，他将这个“独”扩充了任何自己知道而他人不知道的地方。这就是说即使是在众人之中，自己藏起来的不良的心思都要引起注意，并且将这些恶念消灭。“独”由之前的实在的空间扩展到了精神空间，心里的想法如果是正大光明的，就可以让大家知道。而在一些内心不想让他人看到的地方，则要谨慎，这是对自己德行提出的更高的要求。朱熹强调“‘慎独’之‘独’，亦非特在幽隐人所不见处。只他人所不知，虽在众中，便是独也”。朱熹还说“这独又不是恁地独时，如与众人对坐，自心中发一念，或正或不正，此亦是独处。”[3]

20 世纪 70—90 年代，马王堆汉墓出土了帛书《五行》，郭店楚简《五行》也开始出土，这些新的文献为我们解释“慎独”提供了新的材料。探讨此问题的有庞朴、廖名春、梁涛等人。廖名春认为“‘慎独’就是不重外表，只重内心’”[4]；梁涛认为《大学》中的

---

[1] 朱熹：《四书章句集注》，中华书局 1983 年版，第 7 页。
[2] 朱熹：《四书章句集注》，中华书局 1983 年版，第 18 页。
[3] 朱熹：《四书章句集注》，中华书局 1983 年版，第 18 页。
[4] 参见廖名春：《‘慎独’本义新证》，载《学术月刊》，2004 年第 3 期。

“慎独”一个是指“诚其意”，一个是强调“诚于中”。也就是要时刻遵守内心的“诚”[1]。

故《大学》、《中庸》里提出的“三纲领”、“八条目”及“慎独”的思想，对儒家人格境界与审美境界的重构具有重要的指导性意义。

---

[1] 参见梁涛:《朱熹对‘慎独’的误读及其在经学诠释中的意义》，载《哲学研究》，2004 年第 7 期。

第八章　《乐记》与儒家审美人格精神

《乐记》是先秦儒家音乐思想的总结。该书系统论述了音乐的本源、音乐的功能以及儒家音乐标准等问题。书中所提出的论述和命题，构成了全书美学思想的主干，对我们理解儒家人格审美精神有很大的帮助。儒家认为音乐是塑造理想人格、治理社会的重要手段。从本源上来看，音乐与人的情感密切相连，因而能调和人内心情感，使之发而有节；为了发挥音乐的教化功能，儒家将宗法道德观念与音乐形式相联系，让人们在对音乐的审美感受中，领悟并接受儒家思想，提升人的精神境界。

《乐记》作者明确区分“郑声”与“古乐”，并将后者列为典范，极力推崇和谐有序、纯正无邪的音乐，强调音乐是用来驱除人的奸恶之心从而使之返归正道的。

第一节　儒家乐教与人格精神

目前所能见到的《乐记》共十一篇，保留在《礼记》《史记》中。关于《乐记》的作者与成书时代，学界至今尚无定论，郭沫若在《公孙尼子与其音乐理论》一文中认为《乐记》的作者是公孙尼子，成书时代在先秦时期；叶朗先生认为《乐记》是汉代人的编著，反映了汉人一些思想，但主要内容还是战国末年以前的思想。另外，1993年出土的郭店楚简中《性自命出》的内容与《乐记》很多部分相类似，这也证明了《乐记》思想是在战国的背景下产生的，因此我们可以肯定《乐记》中的内容也是代表了先秦时期的思想。

《乐记·乐本》开篇论述音乐的起源："凡音之起，由人心生也。人心之动，物使之然也。感于物耐动，放行于声。声相应，放生变，变成方，谓之音。比音而乐之，及于戚羽旄，谓之乐。"音乐是起源于外物对人心的触动，人发出声，但还不是审美艺术，声要高低错落，和谐婉转，这样就是"音"。这种"音"再配上舞蹈动作就是音乐。声音为人的情感提供了通道，人的喜怒哀乐等情感都可以通过音乐来释放出来。在社会之中总会有各种矛盾，人在各种情况之下会产生各种情绪，而负面情绪的累加会危害社会稳定。"夫物之感人无穷，而人之好恶无节，则是物至而人化物也。人化物也者，灭天理而穷人欲者也。于是有悖逆诈伪之心，有淫泆作乱之事。是故强者胁弱，众者暴寡，知者诈愚，勇者苦怯，疾病不养，老幼孤独不得其所，此大乱之道也。"朱子对此解释为："好恶之节，天之所以与我也，而至于无节；宰制万物，人之所以为贵也，而反化于物。天理唯恐其存之不至也，而反灭之；人欲唯恐其制之不力也，而反穷之。"[1] 这就是说人如果不能控制自己物质的

[1] 朱熹撰，朱杰人严佐之刘永翔主编：《朱子全书》第23册，上海古籍出版社，安徽教育出版社，2002年版，第32264页。

欲望，就会被欲望彻底控制，即所谓："为物所累"，这样人的虚伪欺诈之心就会兴起，社会就会失去秩序。礼乐的目的就是为了防止这种现象的发生，"是故先王之制礼乐，人为之节。衰麻哭泣，所以节丧纪也；钟鼓干戚，所以和安乐也；昏姻冠笄，所以别男女也；射乡食飨，所以正交接也。礼节民心，乐和民声，政以行之，刑以防之，礼乐刑政，四达而不悖，则王道备矣。"礼是用来区别社会中的等级，起到规范限制作用。而乐则是通过人对人的情感进行抒发宣泄，消除社会中的危险敌对的情绪。"乐"直接作用人的内心，陶冶人的心性，舒缓人的情感，能够平静暴戾之气，因此说"乐至则无怨"，这是君子人格养成的第一步。

在儒家看来，音乐是形式和内容的统一，将音乐与伦理道德密切相联系，视作为教化的重要手段。"凡音者，生于人心者也。乐者，通伦理者也。是故知声而不知音者，禽兽是也。知音而不知乐者，众庶是也。唯君子为能知乐。"这里区分了由高到低的几个等级，只能够听到声音却不懂歌曲的是禽兽；只懂得歌曲却无法真正通晓并欣赏乐的只是普通人；只有君子才能够懂得乐的真正意义。因此，《乐记》又说："是故不知声者，不可与言音。不知音者，不可与言乐。知乐则几于礼也。礼乐皆得，谓之有德，德者，得也。"再结合"乐者，通伦理者也"一句就可以看出，并不是人人都能够懂得乐的真谛，真正的音乐是和道德伦理相贯通的。普通人仅仅能够懂得歌曲旋律的婉转高妙，却缺乏深刻体会乐曲中内涵的能力。对于他们而言，音乐与食物一样都仅仅是满足耳目口腹之欲望而已。而君子的任务就是引导大家透过现象看本质，通过对音乐的欣赏最终体悟到大道，从而提升民众的道德。这同时也是先王制礼作乐的初衷。"是故乐之隆，非极音也。食飨之礼，非致味也。清庠之瑟，朱弦而疏越，一倡而三叹，有遗音者矣。大飨之礼，尚玄酒而俎腥鱼，大羹不和，有遗味者矣。是故先王之制礼乐也，非以极口腹耳目之欲也，将以教民平好恶，而反人道之正也。”演奏《清庙》之乐的瑟跟普通的没有什么两样，但是该乐曲演奏完毕后却余音绕梁，引发人的联想，让人回味无穷。而举行大飨礼之时，放在俎上的生鱼，大羹也没有经过佐料的调和，却能让人感受到余味无穷。因为礼乐形式所承载的儒家仁义忠孝的观念才是君子真正所喜爱的东西。《论语·述而》：“子在齐闻《韶》，三月不知肉味，曰：‘不图为乐之至于斯也。’”朱熹集注：“盖心一于是，而不及乎他也。”[1] 孔子在齐国听到了韶乐，三个月都吃不出肉的味道，这当然是夸张的说法。普通人可能也有过这样的经历，沉浸在艺术的天地之中无法自拔，获得了心灵的快慰与道德的荡涤，忘记甚至超越感官的享乐。韶乐，是古代歌颂虞舜的一种音乐，该乐曲主旨就是歌颂虞舜的功德，乐曲古朴和谐，婉转悠扬，孔子在《论语·八佾》曾经描述过该乐曲的演奏过程：“乐其可知也：始作，翕如也；从之，纯如也，皦如也，绎如也，以成。”一般人可能无法理解这朴素的乐音，但孔子对音乐的感悟、理解能力极高，他能够从中感受到虞舜那种高尚的道德情操，获得精神境界的提升，因此赞叹道：“尽美矣，又尽善也。”

由此可以看出儒家音乐是形式与内容的统一，音乐在形式上“发以声音，而文以琴瑟，动以干戚，饰以羽旄，从以箫管。”可以悦人耳目，给人以美的享受。另一方面，“德者，性之端也。乐者，德之华也。”人们听到音乐内心高兴，欣喜，进而更容易接受音乐

[1] 朱熹：《四书章句集注》，中华书局1983年版，第96页。

所承载的儒家伦理道德。“乐教”与“诗教”一样，化民于无声之中，让民众在对美的体验与欣赏之中，塑造内心情感，提升道德素养。《论语·雍也》：“子曰：‘知之者不如好之者，好之者不如乐之者！”朱熹在《四书章句集注》引尹氏的话：“知之者，知有此道也。好之者，好而未得也。乐之者，有所得而乐之也。”[1]“好之”说明在理性认识上已经了解它的重要性，而“乐之”则是在道德理性之中又融入了情感的成分，因为内心感到愉快而喜欢。孔子说“吾未见好德如好色者也”也是这个意思，音乐之所以重要就在于它融合了道德理性与审美感性，能够导引人进入“乐之”的境地。

《乐记》认为音乐的内涵更重于形式，在《乐记·乐情》中提到“乐者，非谓黄钟、大吕、弦歌、干扬也，乐之末节也，故童者舞之。铺筵席，陈尊俎，列笾豆，以升降为礼者，礼之末节也，故有司掌之。乐师辩乎声诗，故北面而弦。宗祝辨乎宗庙之礼，故后尸。商祝辨乎丧礼，故后主人。是故德成而上，艺成而下；行成而先，事成而后。是故先王有上有下，有先有后，然后可以有制于天下也。”在儒家看来乐律、弹瑟歌唱、手执干戚而舞动等等这些形式方面的因素都是次要的，儿童都可以来表演舞蹈，而真正重要的是德行。《乐记》的这种观念来自于孔子，《论语·阳货》：“礼云礼云，玉帛云乎哉？乐云乐云，钟鼓云乎哉？”朱熹注曰：“敬而将之以玉帛，则为礼；和而发之以钟鼓，则为乐。遗其本而专事其末，则岂礼乐之谓哉？”[2]面对礼乐形式与内涵的冲突，孔子认为仁的意义要大于礼乐这类的形式。空守着形式是没有任何意义的，真正

[1] 朱熹：《四书章句集注》，中华书局1983年版，第89页。
[2] 朱熹：《四书章句集注》，中华书局1983年版，第178页。

的礼乐是发自内心的。

《乐记》不仅将德与乐联系起来，以此来在音乐的欣赏中提升人们的道德素质，而且将乐与礼相联系，通过音乐来进一步规范等级秩序，使人们自觉接受孝悌礼法观念，最终成为彬彬有礼的君子。

“礼辨异，乐和同”，这是荀子就已经提出的命题。《乐记》主要就是发挥荀子的这个命题，着重从“礼”和“乐”的相辅相成关系角度着重论述“乐”在维护礼法等级秩序中的作用。《乐记·乐论》指出：“是故乐在宗庙之中，君臣上下同听之，则莫不和敬；在族长乡里之中，长幼同听之，则莫不和顺；在闺门之内，父子兄弟同听之，则莫不和亲。故乐者，审一以定和，比物以饰节。节奏合以成文，所以合和父子君臣，附亲万民也。是先王立乐之方也。”礼义规定了君臣父子等秩序，防止相互争夺，即“礼者为异”。同时不同的等级之间，也要有交流互动，防止相互怨恨，即“乐者为同”。因此，“乐”是为了让人们更好的接受这一套伦理秩序，尊上爱下，养成良好的德行。因此，统治者极其重视“乐教”的作用，并努力在“乐教”中传递这些等级宗法观念，加强人们的内在修养。

第二节　儒家音乐美学与批评标准

按照古人的观念，人由阴阳之气冲和而成，感官与外物相接处，人心就会产生各种情感，这种能够产生情感的能力就是“人之性”，不同情境下人会产生喜怒哀乐等情感，在这些不同情感的驱使下所发出的声音自然是不同的。“是故其哀心感者，其声噍以杀；其乐心感者。其声哗以缓，其喜心感者，其声发以散；其怒心感者，其声粗以历；其散心感者，其声直以廉；其爱心感者，其声和以柔。六者非性也，感于物而后动。”有感而产生悲哀之心的，发出的声音就急促而低沉；快乐之心发出的声音就宽舒而徐缓；愤怒之心发出的声音就会粗犷而严厉等等。

反过来，承载情感的音乐也能够影响听者的感情。正如孔颖达在《乐言》疏上写道：“乐出于人而还感人，犹如雨出于山而还雨山，火出于木而还燔木。”《乐记》说：“凡奸声感人，而逆气应之；逆气成象，而淫乐兴焉。正声感人，而顺气应之；顺气成象，而和乐兴焉。”这里“奸声”则是能够引发人们懒惰邪僻作风的音乐。《乐记》认为：“声音之道，与政通。”从积极方面讲，统治者可以通过音乐内容来了解各地的风俗民情，可以“观风俗、知得失”，音乐可以作为“补察时政”的手段。《汉书·艺文志》：“故古有采诗之官，王者所以观风俗，知得失。”[1] 从消极方面来看，亡国之音，淫邪之音等一切有违儒家标准的音乐都会让民众忘乎所以，引发社会危机。因此，他们要加强辨别与控制。儒家将“和”作为音乐的标准，排斥奸邪哀怨、不合礼制的“乱世之音”。

第一，淫邪之音不符合规范，超过了人能接受的限度，使人内心和气紊乱，进而扰乱天地之和。公元前 522 年，周景王想造一套名叫“无射”的大型编钟，大臣单旗劝谏，一方面认为此举劳民伤财，另一方面则提到音乐不能够超越一定的限度，否则会损害人的感官。“且夫钟不过以动声，若无射有林，耳弗及也。夫钟声以为

---

[1] 班固：《汉书》，岳麓书社 2009 年版，第 384 页。

耳也，耳所不及，非锺声也。犹目所不见，不可以为目也。……若视听不和，而有震眩，则味入不精，不精则气佚，气佚则不和。”《吕氏春秋》提出了“声出于和，和出于适”的命题，同样认识到音乐之适与主体之适的关系，声音过大过小、过清过浊，都会刺激人的生理感官，引起身体上的不适。伶州鸠同样劝诫，提出音乐要以“和”作为标准。“夫有和平之声，则有蕃殖之财。于是乎道之以中德，咏之以中音，德音不愆，以合神人，神是以宁，民是以听。若夫匮财用，罢民力，以逞淫心，听之不和，比之不度，无益于教，而离民怒神，非臣之所闻也。”《礼记·乐记》提出，哀怨之声“感条畅之气，灭平和之德”。阮籍《乐论》亦云：“诚以悲为乐，则天下何乐之有？天下无乐，而有阴阳调和，灾害不生，亦已难矣。乐者，使人精神平和，衰气不人。天地交泰，远物来集，故谓之乐也。今则流涕感动，嘘唏伤气，寒暑不适，庶物不遂，虽出丝竹，宜谓之哀，奈何俯仰叹息，以此称乐乎？”阮籍的乐论受儒家思想影响较深。他在《乐论》中明确反对悲怨之声，推崇阴阳调和之乐，他认为，凡是不合乎“中和”之德，不表现愉悦之情的，就会导致阴阳失和，这样的音声，只能称之为哀，不能构成审美对象。

第二，悲怨之音是衰世亡国之音，嗜好者往往导致亡国杀身。他们列举历史上夏桀、商纣和秦二世等人的衰亡，原因就在于嗜爱哀怨之音。北朝刘昼《辨乐》一文指出：“哀乐之心感，则憔杀哗缓之声应，濮上之音作，则淫铁邪放之志生。故延年造倾城之歌，汉武思靡嫚之色，雍门作松柏之声，齐滑愿未寒之服。荆柯入秦，宋意击筑，歌于易水之上，闻者镇目，发直穿冠；赵王迁于房陵，心怀故乡，作山水之讴，听者呜咽，泣涕流连，此皆淫映、凄怆、愤厉、哀思之声，非理性和情德音之乐也。”宋儒周敦颐也说：“后世礼法不修，政刑苛紊，纵欲败度，下民困苦，谓古乐不足听也。代变新声，妖淫愁怨，导欲增悲，不能自止。故有贼臣弃父，轻生败伦，不可禁者矣。”（《通书·乐上》）这些正统乐论都认为悲怨之音使人产生轻生败伦的想法，破坏社会道德秩序，必须坚决加以摒绝。

如上文所述，“桑间、濮上之音”会放大人的感官欲望，进而让人在欲望的追寻中无法自拔，堕落为感官的奴隶。这一点道家深有感触，《道德经·第十二章》：“五色令人目盲，五音令人耳聋，五味令人口爽，驰骋畋猎，令人心发狂。”

庄子同样对人被物欲所控制的现象深恶痛绝，他认为这是在抛弃自己的生命。在摈弃物欲超越自身欲望这一点儒家和道家是相通的。但是关于超越自身欲望之后人最终的归宿，儒道两家却给出了不同的理路。道家更讲求心灵的自由与精神逍遥。而儒家则是从集体大义出发，要求人遵守社会伦理道德。儒家所推崇的“先王之乐”、“知世之音”是前代帝王人格精神的象征，蕴含着丰富的道德理想，能够引导人进入更高的精神境界。

司马迁《史记·孔子世家》记载：孔子学鼓琴师襄子，十日不进。师襄子曰：“可以益矣。”孔子曰：“丘已习其曲矣，未得其数也。”有间，曰：“已习其数，可以益矣。”孔子曰：“丘未得其志也。”有间，曰：“已习其志，可以益矣。”孔子曰：“丘未得其为人也。”有间，（曰）有所穆然深思焉，有所怡然高望而远志焉。曰：“丘得其为人，黯然而黑，几然而长，眼如望羊，如王四国，非文王其谁能为此也！”师襄子辟席再拜，曰：“师盖云文王操也。”据《史记》和《韩诗外传》记载，孔子曾向春秋时期的乐师师襄学琴。

孔子学鼓琴于师襄子，十日不进。这里文王就是“天道”的一种象征，文王通过对音乐的创作，把自己对天地万物的理解，也就是“道”注入了音乐之中，这种音乐不仅仅是节奏旋律的高低变化，更重要的是在演奏时可以追思文王的精神。因此，在演奏这首音乐时，孔子能够自觉提升自身的人格。

《乐记》也明确提出先王的“礼乐”是崇尚质朴的，主要的宗旨为“非以极口腹耳目之欲也，将以教民平好恶而反人道之正也”。即不是为了满足人的耳目之欲而是用来导引人进入正道。在《乐记·魏文侯》：

> 魏文侯问于子夏曰：“吾端冕而听古乐，则唯恐卧；听郑卫之音，则不知倦。敢问：古乐之如彼何也？新乐之如此何也？”子夏对曰：“今夫古乐，进旅退旅，和正以广。弦匏笙簧，会守拊鼓，始奏以文，复乱以武，治乱以相，讯疾以雅。君子于是语，于是道古，修身及家，平均天下。此古乐之发也。今夫新乐，进俯退俯，奸声以滥，溺而不止；及优侏儒，糅杂子女，不知父子。乐终不可以语，不可以道古。此新乐之发也。今君之所问者乐也，所好者音也！夫乐者，与音相近而不同。”文侯曰：“敢问何如？”子夏对曰：“夫古者，天地顺而四时当，民有德而五谷昌，疾疢不作而无妖祥，此之谓大当。然后圣人作为父子君臣，以为纪纲。纪纲既正，天下大定。天下大定，然后正六律，和五声，弦歌诗颂，此之谓德音；德音之谓乐。”

从中可以看出，《乐记》的作者同样推崇的是具有内在道德精神的“古乐”，这种音乐在形式上古朴有礼，旋律和谐有度，舞蹈进退有矩，符合礼义法度，让人内心产生一种敬畏之情，激发人们对先王道德的想象。而“新乐”则极尽悦耳目之能事，单纯以满足感官为最终旨归，缺乏道德内涵，让人彻底沉浸其中无法自拔，表演形式上“及优侏儒，糅杂子女，不知父子”，自由散漫，不讲礼法，最终只会让社会失去礼法纲纪，混乱不堪。《乐记》这种对音乐美学的批评标准对后世的影响是深远的。

刘勰指出，在尧舜之治下，人民生活安宁陶怡，于是内心的愉悦发为声歌，与“乱世之音怨以怒”不同，所以乐之本体在人之内心，而不是表面的音声之和。

后来，嵇康从“至和无声”的音乐本体论出发，否定了传统儒家的有声之乐。《声无哀乐论》一开始就引出论难之语：“有秦客问于东野主人曰：闻之前论曰：‘治世之音安以乐，亡国之音哀以思’。夫治乱在政，而音声应之。故哀思之情，表于金石。安乐之象，形于管弦也。”儒家认为音乐从主体来说，是被动地感受声音。从音声本身来说，则是人的情感的表现。嵇康认为音声既然是“至和”，没有具体规定性的，也就不含哀乐之情，哀乐之情只是人的主观态度评价，与音乐本身没有关系。就这一点来说，嵇康强调音声的不确定性是有一定道理的，但他过分主张音乐的本体之“和”，忽略了其中寓含的情感内容，提倡“音声有自然之和，而无系于人情”，“和声无象，哀心有主”，这就走向了极端。实际上，音乐的情感是在审美活动过程中产生的，就其层次结构来说，离不开客观的要素与主观的想象体验相结合。

由此，嵇康又提出了：“以大和为至乐”的观点。嵇康所孜孜探求的“至和”就是一种高超的精神境界，听音乐其实就是听自己的内心，嵇康的琴是弹给自己的听的，不是愉人，而是愉己。在空灵的音乐之中，在最为质朴的乐音之中，他以其丰富的内心感受到了比常人更多的信息。在《赠兄秀才人军诗》中，嵇康写出了自己陶醉于音乐的至和境界："春木载荣，布叶垂阴，习习谷风，吹我素琴。""藻祀兰池，和声激朗，操缦清商，游心大象。"这种琴诗自乐的境界，彰显着嵇康高超的人格，是对于司马氏手下那些伪饰名教之人的最大讽刺。它既有别于当时人拼命追求的荣利之途，也不同于儒家的修身扬名，而是一种逍遥游放的人生美境，是天人相合、身心俱"和"的精神之境。在《答向子期难养生论》中，嵇康明确地提出自己的"和"与儒家思想不同。孔门中人"或修身以明活，或显智以惊愚，藉名尚于一世，取准的于天下。又勤诲善诱，聚徒三千，口倦谈议，身疲磬折，形若救孺子，视若营四海，神驰于利害之端，心骛于荣辱之途，俛仰之间，已再抚宇宙之外者。若此之于内视反听，爱气尚精，明白四达，而无执无为，遗世坐忘，以室性全真，吾所不能同也。"（《答向子期难养生论》）嵇康认为，孔子所讲的道德，是以"口倦谈议，身疲磬折"，神形俱伤、驰逐名物为前提的，根本不能达到"和"的境界。嵇康还指出，有的儒生循规蹈矩，雍容周旋，服膺仁义，也算不得臻于"和"域："或有行窬曾闵。服膺仁义，动由中和，无甚大之累，便谓仁理已毕，以此自臧，而不盈喜怒，平神气，而欲郤老延年者，未之闻也。"（《答向子期难养生论》）嵇康明确地将他的"大和"与儒家的"中和"相对照，认为后者只是使人"动由中和"、"无甚大累"，归根结底受礼法的束缚，而他的"大和"，却是"顺天和以自然，以道德为师友；玩阴阳之变化；得长生之永久，任自然而托身，弃天地而不久"，由个体的自由解放，达到与道周始，摒弃俗累的理想人格境界。尽管这种人格在现实中不能实现，但在音乐的“大和”境界中却得到了升华。从这一点来说，嵇康音乐美学的最高范畴“和”，反映了魏晋名士的理想人格精神，与刘劭、王弼等人的论“和”正相契合，这种思想将“和”作为反抗尘俗、实现人格自由的审美境界，从而大大拓展了古典美学“和”的精神境域，是对中国古典美学的重要贡献。

第九章　先秦儒道人格审美理论比较

如前所述，夷人文化受到华夏文化潜移默化的影响，必然使自身文化逐步“华夏化”。自春秋始，列国文化大量交汇融合，这一时期的首要鲜明特征，便是各种文化快速发展、迅速崛起。春秋早期，发源于长江流域的荆楚文化发展势头正盛，是当时除发源于黄河流域的华夏文化外最具实力、饱含特色的地域文化。这两种发展水平最高的地域文化，孕育出当时最伟大的思想家——老子与孔子。儒家文化讲究礼乐对人的规范与引导，以培养彬彬有礼的君主作为目标，要求人们恪守仁义礼智信等道德，在自我的道德约束中，逐渐脱离生物欲望，人格力量得以彰显。道家审美文化讲求的是个性的逍遥与解放，追求自然质朴的美学境界，向往精神的独立。通过对比儒道两家的审美人格理论，在差异中我们能够更加清楚的理解先秦儒家美学的特质。

第一节　道家人格审美理论

自周代初年周公制礼作乐开始，礼乐就大行于世，到了春秋时期，礼乐仍然在社会生活中占有十分重要的作用。儒家用血缘人伦亲情来充实了礼乐形式的内涵，确立了君臣父子之礼。《礼记·乐记》中说："故礼以道其志，乐以和其声，政以一其行，刑以防其奸。礼、乐、刑、政，其极一也，所以同民心而出治道也。"[1]然而，随着时代的发展这种礼乐等级制度的弊端也逐渐显现，礼乐仪式丧失了最初的功能，逐渐成为统治阶级讲求排场、恣意享乐的口实，"礼乐之治"异化了。道家冷静客观地分析这种文明异化的现象，认为人如果不控制自己感官欲望就会陷入这种享乐之中无法自拔，因此他们更讲求回到人性最初的无知无欲的状态。"大道废有仁义，慧智出有大伪，六亲不和有孝慈，国家昏乱有忠臣。"道家认为，"礼乐"是一种繁文缛节，拘锁人的身心、违背人性自然的东西，真正的乐应该是合乎自然，顺乎人性，超越一切人为的形式、规范。故此，老子提出"大音希声"的美学思想。庄子又进一步加以推论阐释，并且具体化为"至乐无乐"的美学命题。所谓"至乐"，庄子又称之为"大声"，它与一切以感性经验为基础的，以感官愉悦或政治功利为目的的世俗之"乐"根本不同。所以庄子说："钟鼓之音，羽旄之容，乐之末也。"（《天道》）"大声不入于里耳，《折扬》、《皇华》，则嗑然而笑。是故高言不止于众人之心。"（《天地》）为什么呢？因为在庄子看来，一切人为的以感性为基础的、诉诸人的官能的艺术形式和艺术形式的构成要素，都是对自然的物性的破坏。"纯朴不散，孰为牺尊！白玉不毁，孰为硅璋！""五色不乱，孰为文采！五声不乱，孰应六律！"（《骈拇》）这些世俗的艺术品，都是以破坏物性为代价而创造出来的。他还进而把世

[1]《十三经注疏·礼记正义》，北京大学出版社2000年版，第1253页。

俗的艺术形式及其要素之违反自然、破坏物性，概括为五个方面。他说："夫失性有五：一曰五色乱目，使目不明；二曰五声乱耳，使耳不聪；三曰五臭薰鼻，困惾中颡；四曰五味浊口，使口厉爽；五曰趣舍滑心，使性飞扬，此五者，皆生之害世。"（《天地》）他说这些人为的，以违背自然、破坏物性为代价而创造出的由世俗艺术的艺术要素构成的艺术品，就像人用"囊槛"关"虎豹"一样，把人的身心牢牢地束缚住了。儒家提倡的与"礼"相辅而行的"乐"，就是束缚身心，扭曲人性的典型，而《折扬》、《皇华》之类，只是满足官能需求的俗乐，则引诱人"趣舍声色"，也同样伤性、害生，因而都应予批判、否定。真正的"乐"，应该是顺乎自然，合乎物性、人性的"乐"，也就是"至乐"。所以说，与前文儒家一直强调要通过礼乐来以养成"君子"人格，"修身以道，修道以仁"的人格审美理论相比，道家的人格审美理论更强调了一种顺乎自然，合乎物性、无为而无不为的思想。

一、道家的宇宙哲学与美学本体论

"道"这一逻辑范畴是老庄哲学的起点与基础，儒家之"道"从内容上讲仅限于伦理道德范畴，是国家、个人行事的依据和准则。从逻辑层次上来讲，只是一些具体的形而下的东西。道家之"道"无论是在内容上还是在深度上都远远超越了儒家之"道"。道家的"道"，无所不包，无所不有，超越一切具体实物，甚至都无法给它命名，因为名实相对，所有具体的名称都应该是有所指的，无论是具体的还是抽象的，但是"道"却无法用已有的名称来涵盖，所谓："有物混成，先天地生。寂兮寥兮，独立而不改，周行而不殆，可以为天地母。吾不知其名，强字之曰道，强为之名曰大。大曰逝，逝曰远，远曰反。”从层次上来讲，道家之“道”要凌驾于所有其他具体的“道”之上，具体的事物、道理都是“器”，并且是由“道”派生而来，即“道生一，一生二，二生三，三生万物，万物负阳而抱阳，冲气以为和。”（四十二章）道生万物的“生”，指从“道”衍化万物的过程。老子喜欢用“朴”来比喻“道”（“朴”的本义是指未经人为加工的自然之木），如“朴虽小，天下莫不臣”（三十二章），“朴散则为器”（二十八章），“道生万物”就是从无形、无象的混沌中生化出有形、有象的万物，是从无规定性的“道”产生出有规定性的事物。“道”、“器”是相对的，老子继续用“有无”来说明“道”与“器”的关系，所谓“有无相生，难易相成”，“无”是“有”存在的依据，而“无”又无法直接体悟得到，只能够通过具体的事物来感知，“无”的作用虽然看不见，但是却比“有”更为根本，“三十辐共一毂，当其无，有车之用。埏埴以为器，当其无，有器之用。凿户牖以为室，当其无，有室之用。故有之以为利，无之以为用。”老子以十分形象的比喻告诉我们“无”的作用，车轮中心的木制圆圈车轴是中空的，正是因为中空才能够插入车轴，使其围绕车轴转动。器皿、房屋只有空的时候才能够有装东西的作用。老子用这种哲学思辨的方式引导人们进行深入思考，并且超越形式，回归到内心最初始的状态。

老子的宇宙论和万物生化论，为庄子所继承。庄子说：

> 夫道，有情有信，无为无形，可传而不可受，可得而不可见。自本自根，未有天地，自古以固存。神鬼神帝，生天生地。在太极之先而不为高，在六极之下而不为深，先天地生而不为久，长于上古而不为老。（《大宗师》）

“夫昭昭生于冥冥，有伦生于无形，精神生于道，形本生于精，而万物以形相生。”庄子在这里勾勒的宇宙生成图式是：“道（无形）——精（有伦）——形（有形万物）”，这与老子设置的“道生一，一生二，二生三，三生万物”的宇宙生成论具体过程虽然不尽相同，但实质一致，均视“道”为宇宙万物的终极性本原。

在这样的哲学背景之下，老子建立了自己的美学观。在他看来，最美的就是“道”，符合“道”就是“美”，这种“美”的特征是超越形式的，具体而言就是越简单，越质朴，越自然就越接近真正的美。“大白若辱，大方无隅，大器晚成，大音希声，大象无形。”“听之不闻名曰希。”庄子讲：“而皆曰乐者，吾未之乐也，亦未之不乐也。果有乐无有哉？吾以无为诚乐矣，又俗之所大苦也。故曰：‘至乐无乐，至誉无誉。’”老庄心目中的美是超越具体形式的，儒家那种繁缛的礼乐形式，所谓的“丝竹管弦”、“八佾之舞”在他们看来是粗浅、乏味的。对于一个精神世界极其丰富的人来说，越是平和简单的音乐，就越能够引发他无尽的遐想。音乐形式的简单给审美者充分调动想象、知觉与情感带来了极大的空间。阮籍在《清思赋》中体验到的与这种境界相通，“余以为形之可见，非色之美；音之可闻，非声之善。昔黄帝登仙于荆山之上，振咸池于南口之冈，鬼神其幽，而夔牙不闻其章。女娃耀荣于东海之滨，而翩翻于洪西之旁，林石之陨从，而瑶台不照其光。是以微妙无形，寂寞无听，然后乃可以睹窈窕而淑清”。萧统在《陶渊明传》中说道：“明不解音律，而蓄无弦琴一张，每酒适，辄抚弄以寄其意。贵贱造之者，有酒辄设。”[1] 陶渊明自己解释

[1] [清] 严可均辑：《全上古三代秦汉三国六朝文》，中华书局1958年版，第2069页。

道："但识琴中趣，何劳弦上声"，[1] 陶渊明重视的并不是弹具体的哪首曲子，他在意的不是琴上的声音，而是心中的音律，这里所达到的境界和老子所讲的"大音希声"的道理殊途同归。

二、道家的人生观与人格审美的内容

道家的人生观与他们对儒家礼乐文明异化的批判是紧紧联系在一起的。春秋战国时期处于社会大变革、大动荡时期，西周的礼乐文明发展到此时越发显示出其虚伪无力的一面。随着生产力的提高，礼乐等规范贵族等级的形式，更多的成为了君主炫耀并满足个人私欲的口实与工具。君主在吃、穿、用等各个方面都追求奢华的享受，民不堪驱使，生活困苦不堪。《国风·豳风·七月》记载了普通农民一年到头不断为公家贵族奔走操劳的场景，"九月筑场圃，十月纳禾稼。黍稷重穋，禾麻菽麦。嗟我农夫，我稼既同，上入执宫功。昼尔于茅，宵尔索綯，亟其乘屋，其始播百谷。二之日凿冰冲冲，三之日纳于凌阴。四之日其蚤，献羔祭韭。九月肃霜，十月涤场。朋酒斯飨，曰杀羔羊，跻彼公堂。称彼兕觥：万寿无疆！"老子面对这种礼乐文明异化的状况，进行了深刻地批判："天地不仁，以万物为刍狗；圣人不仁，以百姓为刍狗"、"大道废，有仁义；智慧出，有大伪；六亲不和，有孝慈；国家昏乱，有忠臣。"在老子看来，天地自然运转是客观的，与君主本身的德行并没有关系，这就直接将"皇天无亲，唯德是辅"这样的思想斥责为虚妄之说，老子看透了君主是将"仁义"、"道德"作为统治工具的伎俩，越讲仁义越说明这个社会距离最原始的古朴民风越远，他希望回到

[1] [唐] 房玄龄等撰：《晋书》，中华书局1974年版，第2463页。

最初始的状态，提出："绝圣弃智，民利百倍；绝仁弃义，民复孝慈；绝巧弃利，盗贼无有。此三者，以为文，不足。故令有所属：见素抱朴，少私寡欲，绝学无忧。"在老子看来，最好的社会就是人民满足基本生活，欲望很少："小国寡民。使有什伯之器而不用；使民重死而不远徙；虽有舟舆，无所乘之；虽有甲兵，无所陈之。使人复结绳而用之。至治之极。甘其食，美其服，安其居，乐其俗，邻国相望，鸡犬之声相闻，民至老死不相往来。"

集中力量对儒家礼乐文明进行批判只是道家的一个方面，更重要的是道家为人们提供了心灵安顿之所，这一点在庄子思想中体现得尤为明显。庄子更多地描述了道家理想的人格状态，这种理想的人格状态同样也是心灵的自由与解放。老子开其端，"含德之厚者，比于赤子。蜂虿虺蛇弗螫，攫鸟猛兽弗搏。骨弱筋柔而握固，未知牝牡之合而朘作，精之至也。终日号而不嗄，和之至也。知和曰常，知常曰明，益生曰祥，心使气曰强。物壮则老，谓之不道，不道早已。""赤子"就是小孩子，他没有成人世界那么多瞻前顾后的考虑，将喜怒哀乐表现于外，毫不压制自己的情感。随心随性，任情而发。庄子哲学从内容到方法再到表述方式都近乎审美体验。它把"道"引向心灵，构成审美的人生境界，从而使对道的契合与追求审美自由相结合，成为一种人生境界的哲学；它所关注的是人的精神生命的自由、扩展。它把人生所能臻至的最高境界描述为超越一切物质的、肉体的、名声的、逻辑的、富贵穷达的局限，而达到绝对。这便是庄子哲学和美学的统一，所以"道"在庄学中既是宇宙本原、美的本体，又是人生至高境界。庄子说"至人无己""神人无功""圣人无名"（《庄子·逍遥游》），所谓理想的"至人"，"真人"不仅是纯自然的，抛弃了任何私欲俗识、虚假道德的人，而且是自由的、浪漫的、逍遥飘逸的，摆脱了社会一切束缚和任何人生负累的自由的人；能够“乘天地之正，而御六气之辩，以游无穷。”（《庄子·逍遥游》）“至人”达到的这种“恶乎待”（无待）的境界是真正自由的，因而这也是最高的人生境界。庄子是从人生和审美接近道的。在庄子“至乐无乐”这一美学命题中，就是把审美看作是一条超越社会苦难和自我局限的自由之路。

庄子不仅提出了通向自由的人生之路，还提供了具体的途径，具体而言就是“忘”。“忘”就是要求人们排除各种主观的欲念、成见以及各种外在的约束，保持内心如同镜子一般澄净，从而对“道”进行体悟。庄子进一步把老子的“涤除玄览”理论发展成为“心斋”、“坐忘”的精神追求，也就达到了“无己”、“丧我”、“外生”、“外物”、“外天下”的境界。这种方法同样是审美关照的方式，“庖丁为文惠君解牛，手之所触，肩之所倚，足之所履，膝之所踦，砉然响然，奏刀騞然，莫不中音。合于桑林之舞，乃中经首之会。”庄子用“庖丁解牛”来说明人“由技进道”的过程，处在“技”的层面之时，还不能够完全胜任这项工作，自己的身体还不太协调，头脑要将全部的精力考虑如何操控自己的手和脚，这样解牛自己费力，而且观看的人也毫无美感可言。而随着能力不断提升，技艺越发纯熟，掌握了规律之后，人就由“必然王国”向“自由王国”飞跃，人不仅能够轻松完成这些事情，而且还能够有更多的精力去体验这一个过程中的美好，超越了现实进入一种十分自由快乐的境地，“提刀而立，为之四顾，为之踌躇满志，善刀而藏之”。由这些“解牛”的技艺可以联想到文学史、艺术史上众多大师的创作实践，都表明了高度自由的境界正是审美的境界。在道家的审美过程中，人们可以借最富于自由创造性的审美活动，实现对人自身局限的突破，以及对外在的功利价值、社会压力、等级秩序等等的消解和超越，成为通往人的高度自由的重要桥梁。道家思想家们对社会现实持最为清醒的、理性的批判态度，坚决反对人的异化，执着追寻个体存在的意义，肯定生命的自由与快乐的绝对价值。这种世界观使他们在现实生活中能蔑视传统、笑傲王侯、重自然、轻人事，以一种超脱的审美态度去对待生活中的进退荣辱，乃至生死。

三、道家人格审美的层次

在道家的美学中，“美”由低到高可以依次分为三个层次：形态美、本质美和本体美。其具体涵义如下：

（一）形态美。形态美在道家看来是最为低层次的美。它是指世俗所追求的，我们现实生活之中能够看得见、摸得着的美。这种美有具体的形式、样态，上文所提到的“丝竹管弦”、“八佾之舞”就是音乐的具体形态，这些繁缛的音乐形式在道家看来就是最粗浅的表层的美。同时这种形态美，也是道家美学中最低层次的美。就对主体的作用而言，这种美只会满足人的肉体感官，而如果将这些作为生存的唯一目标，就会给个体生命、社会、人生带来严重后果。“五色令人目盲，驰骋田猎令人心发狂，难得之货，令人行妨，五味使人之口爽，五音使人之耳聋。是以圣人之治也，为腹不为目，故此彼取此。”对肉欲感官的追求是非但不会使人的精神境界有提升，反而会麻木人的感官，引发人们加强外界刺激的需要，久而久之，人的身体就会受到损害，而且会对外界事物逐渐麻木，内心会无比的空虚。

老子说：“信言不美，美言不信。善者不辩，辩者不善。知者不博，博者不知。圣人不积，既以为人己愈有，既以与人己愈多。天之道，利而不害；圣人之道，为而不争。”如果语言是真实的就不需要太多华丽的修饰，巧言令色往往是为了掩盖事情的真相，最真实的、本质的道理往往是最为质朴的。庄子同样认为形态美具有强烈的主观性和片面性，如他在《山木篇》中说：

阳子之宋，宿于逆旅。逆旅人有妾二人，其一人美，其一人恶。恶者贵而美者贱。阳子问其故。逆旅小子对曰："其美者自美，吾不知其美也；其恶者自恶，吾不知其恶也。"

庄子甚至说一切模仿物象的形式之美都是人性异化的产物，而且进一步加剧了社会的纷争。他说：

骄于明者，乱五色，淫文章，青黄黼黻之煌煌。非乎？而离朱是已。多于聪者，乱五声，淫六律，金石丝竹黄钟大吕之声。非乎？而师旷是已……澶漫为乐，摘僻为礼，而天下始分矣。(《骄拇篇》)

因此，老庄主张在审美中要达到对形态美的超越，从而达到美的更高层次——本质美。

（二）本质美。道家认为“道”（恒道）是宇宙万物的终极本原，宇宙万物的千差万别的特殊本质——“德”是“道”的部分的显现。因此，“德”——万物万事的特殊本质，是能体道之本性的东西，是美的。由于“德”既寓于人所能感知的万物万事的形态、形式之内，又根本不同于万物万事的外在形式、具体形态，“德”是形而上的精华，它不能直接满足人的肉体欲求，不能作为人的官能享受的对象，所以“德”之美是超越形式的本质美。

就人而论，庄子则以“德全”、“神全”为美。他甚至认为“德全”、“神全”的精神美是可以超越丑的形体。他在《德充符》中讲了许多形体奇丑无比的人物，对这些人物，上至君主，下至百姓都不因这些人物的形体丑陋而嫌弃他们，相反因领悟到他们的精神之美而对他们表示爱悦之情。如“卫有恶人焉，曰哀骀它。丈夫与之处者，思而不能去也。妇人见之，请于父母口：‘与为人妻，宁为夫子妾’者，十数而未止也。”即所谓：“德有所长，而形有所忘。”这些人优游于形骸之外，是虚静、恬淡与“道”同化的“全德”之人，所以他们是至美的。这种精神美是“神全”、“德全”之美，也即体道的本质美。

（三）本体美。本体美是道家美学中最高层次的美，它是一种终极性的“大美”。老子说：“天下皆知美之为美，斯恶已；皆知善之为善，斯不善已。故有无相生，难易相成，长短相形，高下相倾，音声相和，前后相随。”任何具体的事物都是相辅相成的，同时也是可以转化的，美与丑，长与短，难与易等等，也就是说在现实的生活中并没有什么是绝对的，这引导人们超越这些有形的事物，去追求更高层的精神本体。具体而言，就是修炼自己的内心，不断提升自身的精神层次，审美水平，这样即使是最普通的形式也能给主体带来最美妙的精神享受。所谓“山水有清音，何必丝与竹”。

庄子则从现实生活中的小与大、寿命的长与短说起：

汤之问棘也是已：“穷发之北有冥海者，天池也。有鱼焉，其广数千里，未有知其修者，其名为鲲。有鸟焉，其名为鹏，背若泰山，翼若垂天之云，抟扶摇羊角而上者九万里，绝云气，负青天，然后图南，且适南冥也。斥鴳笑之曰：'彼且奚适也？我腾跃而上，不过数仞而下，翱翔蓬蒿之间，此亦飞之至也。而彼且奚适也？'"此小大之辩也。（《逍遥游第一》）

小与大、长与短都是相对的，进而庄子认为，无论是"其翼若垂天之云"的大鹏，还是一跳几米高的燕雀，这些生物都是"有所待"，这里的"有所待"就是指无法超越他们所属种类的极限，如大鹏起飞仍需要向上的云气。在庄子看来，真正的自由无所待，就是精神的自由。"若夫乘天地之正，而御六气之辩，以游无穷者，彼且恶乎待哉？故曰：至人无己，神人无功，圣人无名。"

庄子向往的是天地之间的"大美"，这种美只有精神高度自由，超越现实的功利才能够体验得到："天地有大美而不言，四时有明法而不议，万物有成理而不说。圣人者，原天地之美而达万物之理，是故圣人无为，大圣不作，观于天地之谓也。"（《知北游》）

天地的"大美"就是"道"，就是美的本体。"大美"的特征是超形式、超感官、超言象的。圣人观法于天地，从而领会到宇宙人生的最高境界是与道同体的"大美"。所以庄子说：

夫天地者，古之所大也，而黄帝尧舜之所其美也。（《天道》）

可见，《庄子》书中所讲的"大美"或"天地之美"，是"道"的同义词，"本体美"、"纯美"、"至乐"就属于道家美学中最高层次的美的范畴。

四、对道家人格美中的“大美”境界的把握

既然“道”为最高层次的美，那么要把握“道”，其审美规律是什么呢？对于这个问题，庄子在《天运篇》中讲了一个寓言故事：

> 北门成问于黄帝曰：“帝张《咸池》之乐于洞庭之野，吾始闻之惧，复闻之怠，卒闻之而惑。荡荡默默，乃不自得。”帝曰：“汝殆其然哉！吾奏之以人，徵之以天，行之以礼义，建之以大清。夫至乐者，先应之以人事，顺之以天理，行之以五德，应之以自然，然后调理四时，太和万物。四时迭起，万物循生，一盛一衰，文武伦经。一清一浊，阴阳调和，流光其声。蛰虫始作，吾惊之以雷霆。其卒无尾，其始无首。一死一生，一偾一起，所常无穷，而一不可待，汝故惧也。吾又奏之以阴阳之和，烛之以日月之明，其声能短能长，能柔能刚，变化齐一，不主故常，在谷满谷，在阬满阬，塗郤守神，以物为量，其声挥绰，其名高明……吾止之于有穷，流之于无止，予欲虑之而不能也，望之而不能见也，逐之而不能及也……汝委蛇，故怠。吾又奏之以无怠之声，调之以自然之命，故若混沌丛生……汝欲听之，而无接焉，而故惑也。乐也者，始于惧，惧故祟。吾又次之以怠，怠故循。卒之于惑，惑故愚，愚故道，道可载而与之俱也。”

黄帝在广阔的洞庭之野，为北门成演奏《咸池》之乐，一连演奏了三遍。第一遍，北门成听了“惧”；第二遍“怠”；第三遍

“惑”。为什么听三遍，会有“惧”、“怠”、“惑”三种不同的反应呢？这就因为至乐是与天地万物、阴阳四时、人伦自然，相互呼应，相互转化的。当中变化无常，“其卒无尾，其始无首”。第一遍听的时候，掌握不住这种变化，“而一不可待，汝故惧也”。郭象注说：“初闻无穷之变，不能待之以一，故惧然惊听也。”正是这个意思。听第二遍的时候，听者随着声音化去，“止之于有穷，流之于无止”。郭象注说：“随变而往也。”因为能够“随变而往”，所以就“形充空虚，乃至委蛇”。成玄英疏：“夫形充虚空，则与虚空而等量；委蛇任性，故顺万境而无心；所谓隳体黜聪，离形去智也。只为委蛇任性。故惊惧之情怠息。”那就是说，听第二遍之所以“怠”，是因为与物同化，忘智绝虑，一切听之，所以也就不疲于追逐外物，得到退息了。听第三遍的时候，则完全是听之以“自然之命”，“流行散徙，不主常声。”这时，“听之不闻其声，视之不见其形，充满天地，苞裹六极。”人和音乐已能顺应自然，超越了感官所能把握的乐的感性形式，所以“汝欲听之，而无接焉，而故惑也”。这“惑”不是糊里糊涂，而是指摆脱了世俗的体验。经过这一阶段，然后才达到了“愚”。所谓“愚”，是《天地篇》所说的“与天地为合。其合缗缗，若愚若昏”的“愚”，是与道为一；所谓“愚故道”，正是这个意思。只有达到了这一境界，《咸池》之乐对于北门成来说才是“至乐”，即“体道之乐”，因而，北门成听乐的过程其实是个悟道过程。从有乐到无乐、至乐，逐步达到人、乐、道相契、相合的过程，也就是道家人格审美理论中“大美”的审美规律。

在了解“大美”的审美规律后，我们可以知道，“大美”的审美把握方式，就是要求主体内心逐步净化，摆脱肉体感官、世俗私欲的一切束缚，最后达到与“道”契合的境界，因而获得最高自由，体悟到最高层次的美。对“大美”（本体美）的审美把握方式就是对“道”的把握方式。那么，道家是如何把握“道”的呢？

道家把“道”看作超感官、超理性、超言象的绝对实在，因此，人把握“道”，既不需要也不可能借助感性经验和概念、推理的方式，而只能是德（人的本质）与“道”的契合，即所谓“玄同”。《老子》五十章说：

> 知者弗言，言者弗知，塞其兑，闭其门，挫其锐，解其纷，和其光，同其尘，是谓玄同。

“玄同”亦谓“涤除玄览”，《老子》十章说：

> 载营魄抱一，能无离乎？搏气致柔，能如婴儿乎？涤除玄览，能无疵乎？

“涤除玄览”包括两层意思：一是说主体的净化是把握“道”的前提。净化就是排除感官经验，涤除一切私欲，结聚精气，使内心达到纯净空明，如同婴儿的境界。范应元《集注》说：“心不虚则不明，不明则不通，谓涤除玄览，使本心精明，如玉之无瑕疵，鉴之无尘垢。”二是说主体对“道”的把握是排除概念的直接契合。蒋锡昌《校诂》说：“玄即无名。玄同即无名之同，犹云同于道也。”

老子提出了“涤除玄览”的概念，而庄子则提出“虚静”、“物化”、“坐忘”、“心斋”等概念来解释对“道”把握。

天道运而无所积，故万物成；帝道运而无所积，故天下归；圣道运而无所积，故海内服。明于天，通于圣，六通四辟于帝王之德者，其自为也，昧然无不静者矣。圣人之静也，非曰静也，善故静也；万物无足以铙心者，故静也。水静则明烛须眉，平中准，大匠取法焉。水静犹明，而况精神！圣人之心静乎！天地之鉴也；万物之镜也。夫虚静恬淡寂漠无为者，天地之平而道德之至，故帝王圣人休焉。休则虚，虚则实，实则伦矣。虚则静，静则动，动则得矣。（《庄子·外篇·天道》）

庄子认为，"虚静"有两个基本要素。首先，是要摈弃现实对内心的干扰。"其耆（嗜）欲深者，其天机浅。"对"道"的追求与审美的超功利心态是相通的。现实的各种名利的干扰都会影响审美心态。朱光潜在《谈美》中提到了对一棵古松欣赏的三种态度，实用的，科学的，审美的。无论是求利的，还是求知的都不是美的态度，越是远离现实，越是超越功利，人就越容易对事物进行审美关照，也就越能够感受到精神的自由。《庄子·田方子》："昔宋元君将画图，众史皆至，受揖而立，砥笔和墨，在外者半，有一史后至，儃儃然不趋，受揖不立，因之舍，公使人视之，则解衣盘礴，赢（同裸）。君曰：'可矣，是真画者也。'"清代恽寿平亦说："作画须有解衣盘礴、旁若无人，然后化机在手，元气狼籍。"[1] 为国君作画，画得好了就会得到高官厚禄，画得不好则有可能身首异

[1] [清] 恽寿平著，张曼华点校、纂注：《南田画跋》，山东画报出版社 2012 年版，第 50 页。

处，因此，众多画师心中惴惴不安，得失之心扰乱了他们的心神。而后来的画师，心境没有被这些想法所干扰，袒胸露臂，率真自然，挥毫泼墨，将全部的精力都集中在艺术创作之中，因此能够“虚静”，能够进入审美想象的境地。《文心雕龙·神思》也说：“是以陶钧文思，贵在虚静，疏瀹五藏，澡雪精神。”[1] 也是启迪人在进行审美观照之前要清空脑袋里各种纷繁复杂的想法，“用志不分，乃凝于神”就是这个道理。第二个要素就是对聪明智慧的摈弃，所谓的“忘知”。庄子说：“有机械者必有机事，有机事者必有机心，机心存于胸中，则纯白不备，纯白不备，则神生不定，神生不定者，道之所不载也。”过多的动用心智就会流于巧，同样会导致人丧失本性。道家最赞成的就是人的朴素之心。

当人们以虚静的心灵去感受天地万物之时，就会进入一种天地与我唯一的境地，庄子用“物化”来形容这种状态，“昔者庄周梦为蝴蝶，栩栩然蝴蝶也。自喻适志与！不知周也。俄然觉，则蘧蘧然周也。不知周之梦为蝴蝶与？蝴蝶之梦为周与？周与蝴蝶则必有分矣，此之谓物化。”这种“物化”就是审美的境界。文学作品、艺术品都会导引我们脱离现实境界，忘记了现实生活的喜怒哀乐，进入一个纯审美的境地，让人的灵魂得到洗礼，心灵得到安顿。

老庄的超越性的人格审美理论对后世中国美学产生了深刻而久远的影响。从陶渊明、王维、韦应物等山水派诗人的创作实践所追求的高古、简淡和司空图《诗品》中所提倡的“色相俱空”的冲淡之美的审美境界，以及严羽《沧浪诗话》提出的“妙悟”的艺术思

---

[1] [梁] 刘勰著，范文澜注：《文心雕龙注》，人民文学出版社 1962 年版，第 493 页。

维方式等来看，我们都可以看出是道家这一美学理论在后世的延续和发展。

第二节　儒道人格审美理论之比较

我们划分先秦时代的各个思想家的主要依据就是各派的价值观，因为在价值观上各派区分是十分鲜明的。一个学派一定是代表着一部分人的利益，他们这部分人的利益反映到思想时就是各种主张，比如墨家尚节用，名家强调名实，法家讲权术等等。各家各派在方法论上却有相一致的地方，不同的主张可以采用相同的途径。因此，价值观而不是方法论是判断这些思想学派的首要方法。

先秦诸子百家争鸣，所谓“道”术为天下列，各家面对着诸侯争霸、百姓流离失所的社会问题，纷纷提出了自己的解决之道。这里不同的社会流派之间并不是井水不犯河水的，一定是相互吸收，并且互动的。这些互动中发生在方法论层面的比较多。比如荀子融汇了各家学说，提出了“性恶论”，这里主要就是他借鉴了其他各家的方法。但是主要的观念还是儒家的，比如他也重视礼乐文明。另外，在诸子的书中我们也可以看到这种相互影响的痕迹，比如在《庄子》之中提到了一些人物包括孔子的弟子等。

九十年代出土了郭店楚墓竹简，在这些出土的文献中有道家的典籍也有儒家的，其中道家的文献一共有四篇分别是《老子》（甲、乙、丙）、《太一生水》、《语丛四》、《说之道》。大部分人认为，儒家和道家之间是差别很大的。这些新的文献给了我们新的认识，儒家和道家之间联系是十分紧密的。

考察司马迁《老子列传》中的说法："世之学老子者则绌儒学，儒学亦绌老子。"[1] 从中可以看出，儒道对立应该是在老子之后，老子的后学开始贬黜儒学。在新出土的《老子》中可以发现，老子并没有过多批判儒家思想，并且对于一些如仁、义、孝、慈等观念也是做了自己的阐释，并且这里的阐释与儒家的理解也是十分接近的。根据《史记》记载，孔子曾经拜访过老子：

> 孔子适周，将问礼于老子。老子曰："子所言者，其人与骨皆已朽矣，独其言在耳。且君子得其时则驾，不得其时则蓬累而行。吾闻之，良贾深藏若虚，君子盛德，容貌若愚。去子之骄气与多欲，态色与淫志，是皆无益于子之身。吾所以告子，若是而已。"孔子去，谓弟子曰："鸟，吾知其能飞；鱼，吾知其能游；兽，吾知其能走。走者可以为罔，游者可以为纶，飞者可以为矰。至于龙吾不能知，其乘风云而上天。吾今日见老子，其犹龙邪！"[2]

儒道之间的差异主要还不是价值观方面的，在方法论上面二者的差别多一点。后来的子思、曾子、孟子的作品中也可以看到道家学派对他们的影响。儒道两家的人格审美理论的比较，可以从几个重要方面来进行。

一、"道"之异同

儒道两家都以"道"为最高标准，但"道"之内涵有所不同。

---

[1] 司马迁：《史记》卷六十三《老子韩非列传第三》。

[2] [汉] 司马迁《史记》卷六十三，《老子韩非列传第三》。

（一）儒家之“道”

上文讨论，春秋时期礼崩乐坏，人被异化和主体性的丧失。孔子很早就注意到了这个现象，他提出的“周监于二代，郁郁乎文哉，吾从周”（《论语·八佾》）。就是试图对这种社会乱象提供一个整治的药方。《礼记·礼运篇》云：

> 孔子曰：“大道之行也，天下为公，选贤与能，讲信修睦，故人不独亲其亲，不独子其子。使老有所终，壮有所用，幼有所长。矜寡孤独废疾者，皆有所养。男有分，女有归。货恶其弃于地也，不必藏于己；力恶其不出于身也，不必为己。是故谋闭而不兴，盗窃乱贼而不作，故外户而不闭，是谓大同。今大道既隐，天下为家。各亲其亲，各子其子，货力为己。大人世及以为礼，城郭沟池以为固，礼义以为纪，以正君臣，以笃父子，以睦兄弟，以和夫妇，以设制度，以立田里，以贤勇知，以功为己。是故谋用是作而兵由此起。禹、汤、文、武、成王、周公由此其选也。此六君子者，未有不谨于礼者也。以著其义，以考其信，著有过，刑仁讲让，示民有常。如有不由此者，在势者去，众以为殃，是谓小康。”

与其说孔子的“大同”、“小康”是对理想社会的憧憬，不如说它们是对从传说时代到夏、商、周三代异化过程所作的系统描述。大同时代，人心是多么纯净朴实！那是一个没有发生异化现象的时代。到了小康社会，私心开始出现了，人的心灵不那么古朴了，所谓“人心不古”，以致“谋用是作而兵由此起”。就是说，随着私有观念和私有制的产生，异化现象就不可避免地发生了。到了春秋时期，情况就更糟了，甚至“臣弑其君者有之，子弑其父者有之”（《孟子·滕文公下》）。

说到底，异化过程就是人心受到人自身所创造的文化的腐蚀与奴役的过程。因此，诸如“为什么文化越发展人心变得越险恶”、“人心到底是什么”、“如何才能克服异化，维护主体性”等问题便自然地萦绕在孔子的心头。

由此，孔子对生命的终极价值做出他的思考。他说：“士志于道，而耻恶衣恶食者，未足与议也”（《里仁》），“君子谋道不谋食。……君子忧道不忧贫。”（《卫灵公》）这里的两个“道”字，是生命的终极价值，它是孔子所追求的最高目标——“志于道”，即对“道”追求的过程，就是人心对生命真正意义体验的过程。孔子认为一个人得道的状态就是一种获得生命价值的状态。孔子本人大概到了七十岁才达到这种境界。他自称：“吾十有五而志于学，三十而立，四十而不惑，五十而知天命，六十而耳顺，七十而从心所欲，不逾矩。”（《为政》）孔子一生追求礼义道德，从一开始的遵守这些礼义，到最后的动静之时都能够合乎礼仪可以说是一种飞跃。此时这些外在的道德的条条框框都融入了自己的心中，孔子做的就是按照自己的心里想的，但是却都合乎道德，合乎礼法，马克思提到的必然王国与自由王国可以拿到这里进行比较。受到外在道德限制的阶段应该就是必然王国阶段，后来这些道德律令内化到了心里之后就已经超越到了自由王国境界。

“君子坦荡荡，小人长戚戚。”（《述而》）“小人”由于没有得“道”，就难免经常局促忧愁，不可自拔；“君子”获得了道，因此能够消散自然。正是因为“道”是生命的终极价值，得到了“道”就体会到了生命的真正意义，或者说攀登上了生命价值的顶峰，所

以，一旦得“道”，即便马上死去，也就毫无遗憾了：“朝闻道，夕死可矣。”（《里仁》）

反复从“道”的角度申述会有些抽象，道这个东西毕竟摸不着看不见，所以孔子为了更好地说明得道的境界，他引入了“乐”的概念。孔子赞叹自己的弟子：“在陋巷，人不堪其忧，回不改其乐。贤哉，回也！”（《雍也》）孔子对自己的评价也大致如此。他说：“饭疏食，饮水，曲肱而枕之，乐亦在其中矣。不义而富且贵，于我如浮云。”（《述而》）又自称：“其为人也，发愤忘食，乐以忘忧，不知老之将至云尔。”（同上）这就是后来反复被人们所传唱的“颜回乐处”。颜回物质条件极其艰苦，但是他却十分快乐。为何这种境界值得人们赞赏呢？这就是因为颜回所追求的是精神上的满足，这让他能够超越一般人。人之所以称之为“人”就是因为他能够超越物质性、生物性，而不受到这些物质条件的限制，说明了颜回人生境界达到了很高的地步。

曾皙将自己的志向概括为：“莫春者，春服既成，冠者五六人，童子六七人，浴乎沂，风乎舞雩，咏而归。”孔子听后，便“喟然叹曰：‘吾与点也’”（《先进》）很多人对这句话做出过解释，有人从尊“礼”的角度解释，朱熹认为这是上巳节，百姓一起去求雨回来的场景，“上巳拔除是也。”“舞雩，祭天祷雨之处”。当然也有一定的道理，不过从这里极强画面感所承载的平静而欢快的感情来看，这一定发生在祥和安定社会之中，在日常生活中人们都懂得礼义，并且这些礼义还能够给大家带来内心的欢乐。这种生命的快乐，这种极其放松的境地，一直为后代所传唱，有人认为这是审美境界，也有人认为这是德性境界，正因为这里只是一个剪影，我们才可能从不同的角度进行阐释，但联系当时的现实，这里更多的是人自觉按照礼义行事之后而产生的快感，这种情况下礼义已经不再是外在的约束，而是一种内在的要求。

在其他的地方孔子也提到了“乐”，“知之者不如好之者，好之者不如乐之者。”（《雍也》）我们学习知识，以知道为目的，不如以爱好作为驱动力，爱好知识不如以学习知识为乐。以知道为目的是功利的，就如同我们学习知识为了准备考试一样，想把所有的考点都记在脑子里，这还是形而下学的阶段，是机械的学习。“好之”，朱熹引用其他人的说法解释为“好而未得也”。就好比五谷，“知之”就是知道的人了解这个可以作为吃的，“好之”就是嗜好它，而“乐之”就是吃饱了并且得到了快乐。从中可以看出，“好之”是一个还没有完成的动作、环节，但只有好才能够达到最后的“乐”，而“乐”就是最终的完成，此时主体与客体合二为一，主体沉浸在客体之中，得到了极大的生命快乐。因此，孔子将“乐”作为重要的人生境界。

李泽厚将这种生命的快乐概括为“乐感精神”[1]，这种精神有两个层面。首先，自我体认的。这种“乐感”是自己体验的结果，不受到世俗他人的影响，孔子曾经感叹：“古之学者为己，今之学者为人”，这就是说古代的人学习都是为了自己，而现在人们学习则是遵行外在的标准，不是为了满足自己的内心。其次，超越性。这种精神是具有一种出世的倾向，在孔子看来，如果外在的环境无法让人实现自己的志向，就可以遗世而独立，采取隐居的方式。

上述生命“乐”的状态，都是诉诸人的精神品格、人的内心，

[1] 参见李泽厚：《华夏美学·美学四讲》，生活·读书·新知三联书店 2008 年版。

在儒家看来一切的一切都是围绕着人的内心的。儒家十分重视生命的体验。当然，孔子言下之“道”自然是儒家人格审美理论中的最高境界了。

（二）道家之“道”

关于道家的“道”，上文已作出部分探讨。“道”作为哲学概念，最早的提出者是老子。老子将其看作是宇宙的本体，是一切事物的根本依据。那么，相对于孔子所提出的“道”是一种生命的终极体验，老子的“道”是一种什么状态呢？我们用老子的“道法自然”来做出解释。简本开宗明义，在第一篇第一章就将其对道的基本理解呈现出来：

> 有状混成，先天地生。寂寥，独立，不改，可以为天下母。未知其名，字之曰道。吾强为之名曰大。大曰逝，逝曰远，远曰反。天大，地大，道大，王亦大。国中有四大焉，王居一焉。人法地，地法天，天法道，道法自然。

那么，“自然”的本义是什么呢？

我们先看“自”字。朱骏声《说文通训定声》云：“自，鼻也。……自之通训当为始，即本义之转注。《方言》十三：‘梁、益之间谓鼻为初，或谓之祖。’《说文》‘皇’、‘篆’下：‘自，始也。’俗以始生子鼻子为自子，后世俗说谓人之胚胎，鼻先受形。”[1] 另外，《韩非子・心度》云：“故法者，王之本也；刑者，爱之自

[1]［清］朱骏声编著：《说文通训定声》，武汉古籍出版社1983年版，第610年。

也。”[1] 亦将“自”与“本”作为同义词。这就是说，“自”字由本义转注为本始、本初。

再看“然”字。王引之《经传释词》卷七曰：“然，状事之词也。若《论语》‘斐然’、‘喟然’、‘俨然’之属是也。”[2] 这个作为“状事之词”的“然”字，相当于今语“……的样子”。

总之，老子思想中的“自然”就是没有经过后天人为修饰的最初状态，《老子》一书中的“赤子”、“朴”也正是这个含义。

这种解释，可在古注里得到印证。今本《老子》二十五章王弼注曰：“法自然者，在方而法方，在圆而法圆，于自然无所违也。自然者，无称之言，穷极之辞也。”所谓“在方而法方，在圆而法圆”，是说一依事物本来的样子。以此为法，就“于自然无所违”了，即不违背事物本来的样子了。由于万事万物各具本态，所以“自然”便是“无称之言，穷极之辞”。该章河上公章句云：“道性自然，无所法也”，亦与此相一致。

老子说：“道恒无为也。”（第二篇第七章）道永远是“无为”的，或者说“无为”是道的永恒特征。诚然，“无为”使我们更容易把握“自然”的意蕴，它们是一对相辅相成的概念。如要保持“自然”，就一定要“无为”。相反，如果“为”，就必然不能保持“自然”。他又说：“化而欲为，将镇之以无名之朴”（同上）；“道恒无名，朴虽微，天地弗敢臣。”（第二篇第十章）从行文看，这里的“朴”皆指道。“朴”为未经任何加工的、完全保持其本来状态的木材。在这里，老子用它来形容道之“自然”，道本来状态。

---

[1] ［清］王先慎撰，钟哲点校：《韩非子集解》，中华书局 2003 年版。
[2] ［清］王引之：《经传释词》，岳麓书社 1984 年版，第 157 页。

此外，老聃还用“素”、“虚”、“中”等概念来阐述“自然”。对此，我们将在下文进一步探讨。

在老子看来，“道”是一种状态，关于“道”的形成，老子用“有状混成”来概括。

那么，道之“自然”即道本来的状态如何呢？由“有状混成”一语我们可以推断，道的本来状态是混沌的。

因此，就其本质特征看，道是混沌的，人们无法彻底认识，对此，人们只能意会，不能言传。甚至，它本来就没有名称。

对于这一点，老子论述颇多。如上文所引：“未知其名，字之曰道。吾强为之名曰大”；“无名之朴”；“道恒无名，朴虽微，天地弗敢臣。”这些论述可以归纳为两方面。首先，从“道”的本体性、永恒性角度来看，它本身就是没有名字的，用任何已有的名称加之于上都是不合适的。其次，我们又必须谈论它，因此，不得已“强为之名”，勉强给它一个名字，这样才可以谈论它，于是我们用“道”、“朴”、“大”等概括。值得注意的是，我们在简本《老子》中还可以读到：“道始无名”（第三篇第九章）。稍加体察不难发现，“道始无名”一语同时涵盖了上述两个方面。一个“始”字明确地透露出这样的信息：“道”起初是没有“名”的，或者说“道”本来是没有“名”的，后来才有了“名”。因此，在这个问题上，“道始无名”是概括性最强的一个重要命题。令人遗憾的是，此语在帛书中讹变为“道褒无名”，今本更篡改为“道隐无名”，以致使这个重要命题失传了两千多年，直到今天简本的出土才得再现。

除此之外，道还有其他重要特征。首章曰：“寂寥，独立，不改。”此句帛本作“寂呵寥呵，独立而不改”，王本作“寂兮廖兮，独立不改”，皆分两句读。但依简本，则“寂寥”、“独立”、“不改”

之间皆应断句，意为道的三个特征。

河上公曰："寂者，无声音；廖者，空无形。""寂寥"，是说道寂静无声，空廓无形。

"独立"强调了"道"的独立，不受其他事物影响。在老子思想体系中，道是最高概念，在道之外，不存在任何别的权威，所以它不可能、也没必要接受其他权威的命令和支配，从而它是卓然独立、无牵无挂的，是一种绝对自由的存在物。

我们知道，在漫长的历史长河中，天一直是宇宙的最高主宰，是最高的人格神。如果说殷周之际宗教批判运动的实质内容是否定了天的这种至高无上的地位的话，那么老子道的地位的确立，又从外在形式上彻底否定了天的这种地位，使天的权威丧失殆尽。看来，在老子思想中，天完全是自然之天、这就恢复了天的本来面貌。老子此举在中国哲学史上具有深远的意义。

柔弱也是道的一个重要特点："弱也者，道之用也"（第一篇第六章）；"物壮则老，是谓不道。"（第一篇第四章））老子最为看重的就是"水"，所谓"水善利万物而不争"，"水"就是柔顺的最典型的概括，坚硬的牙齿在时间的流逝中都掉光了，但是柔软的舌头还在，老子处处告诫人们"处柔"的智慧。朱谦之先生认为，这种思想是在《易经》的影响下形成的："盖得《易》之《坤》者也，《乾》藏于《坤》，故曰弱。""坤"的本义为地，在《易经》中，阴柔为《坤》的本性，所以朱氏说老子的思想取自《坤》卦。

所以，儒道的人格境界中最高最美的状态都是"道"，但儒家之"道"是侧重于生命的终极价值，是要经历了一系列的修炼、体悟才最终有可能达到。孔子自称："吾十有五而志于学，三十而立，四十而不惑，五十而知天命，六十而耳顺，七十而从心所欲，不逾矩。”（《论语·为政》）也就是说在儒家的各种仪礼规范中，最后能得以超越而达到“道”这种最高人格审美境界的可能是微乎其微。道家之“道”强调一种“道法自然”，无为而无不为，认为人格美的最好状态就是不伪，回到自己最本初的样子。“道”在儒家人格审美理论中是努力去到达的一个终点，而在道家人格审美理论中是顺其自然去保持或恢复的一个始点，这就是两家人格审美理论的最主要区别。

二、“德”之异同

儒道两家都重视“德”，但“德”之内涵亦有所不同。

（一）儒家之“德”

孔子说：“天生德于予，桓魋其如予何?”（《述而》）这句话对理解孔子的形上学也很关键。我们知道，在孔子看来，人的生命的本质在于其精神价值，在于品德。那么，“天生德于予”是在说天与人的关系，就是说，人的品德是由作为形而上实体的天赋予的。

在孔子学说中，德是一个涵盖面很广的属概念，一切得自天的内在品格皆可称为德。《论语》载：

> 曾子曰：“慎终、追远，民德归厚矣。”（《学而》）
>
> 子曰：“泰伯，其可谓至德也已矣。三以天下让，民无得而称焉。”（《泰伯》）
>
> 孔子曰：“……三分天下有其二，以服事殷。周之德，其可谓至德也已矣。”（同上）
>
> 子曰：“巧言乱德。”（《卫灵公》）
>
> 子曰：“乡愿，德之贼也。”（《阳货》）

根据朱熹《四书章句集注》的解释："慎终者，丧尽其礼。追远者，祭尽其诚。"[1]孔子认为如果人们都能够做到"慎终"，"追远"那么就可以说是距离"德"不远了。我们知道儒家是十分讲究血缘、礼法的，这里对于丧礼、祭祀祖先之礼仪的强调就充分体现了这一点。在孔子看来，德行最根本应该源于对亲人的敬爱以及先祖的敬畏，这是做人的根本，"仁者，爱人"，关爱亲人，敬爱祖先，再将这份敬爱之心推而广之，也去对其他的人心存恻隐之心，这就是儒家伦理道德的起点。

子贡所说"夫子之言性与天道，不可得而闻也"，一语道破天道与性的关系。以上所谈仁、礼这些天之所生的德，应作人性理解。这是义理之性的层面。

孔子没有明确地说性是善的还是恶的，但从其具体论述来看，义理之性为道德之根据，应该是善的。至于气质之性，似乎有善的一面，如"肆"、"廉"、"直"等等；也有恶的一面，如"荡"、"忿戾"、"诈"等等。这一思路为子思及其后学所继承。

孔子也讲天命。在孔子的学说中，天命即天的赋予。天赋予的一切，都是天之命，当然包括上文所说的人性。除此之外，孔子认为诸如人的前途命运、生死祸福等等也都是由天决定的：

> 子畏于匡，曰："文王既没，文不在兹乎？天之将丧斯文也，后死者不得与于斯文也；天之未丧斯文也，匡人其如予何？"（《子罕》）
>
> 太宰问于子贡曰："夫子圣者与？何其多能也？"子贡曰：

[1]［宋］朱熹撰：《四书章句集注》，中华书局2011年版，第52页。

“固天纵之将圣，又多能也。”（同上）

子曰：“道之将行也与？命也；道之将废也与？命也。公伯寮其如命何！”（《宪问》）

颜渊死，子曰：“噫！天丧予！天丧予！”（《先进》）

子夏曰：“商闻之矣：死生有命，富贵在天。”（《颜渊》）

从以上引文来看，孔子认为，天的赋予或人的禀受有厚薄、偏全的差别。这一方面由于孔子没有完全根绝传统的天命观念，另一方面由于孔子过多注重人的个性。

既然前途命运、生死祸福等是由天命决定的，因而我们也可以将天命理解为一种客观规律。天命具有如此无穷而伟大的威力，足以令人敬畏了，所以孔子说：“畏天命。”（《季氏》）当然，孔子并不主张人们仅仅停留在“畏天命”的阶段。天命并不神秘，人们对它并不是无能为力的，人可以主动地“知天命”。他说：“不知命，无以为君子也。”（《尧曰》）这个“命”字，也就是天命。在这里，孔子把“知命”作为君子的必要条件。与此相反，“小人不知天命而不畏也。”（《季氏》）小人不懂得天命，所以不敬畏它。孔子认为，他本人到了五十岁才“知天命”：“五十而知天命。”（《为政》）

孔子是如何“知天命”的呢？《宪问》载：

子曰：“莫我知也夫！”子贡曰：“何为其莫知子也？”子曰：“不怨天，不尤人，下学而上达。知我者其天乎！”

皇侃《论语义疏》云：“下学，学人事；上达，达天命。我既学人事，人事有否有泰，故不尤人。上达天命，天命有穷有通，故我不怨天也。"[1] 所以，孔子是通过学习日常生活中的人事来"知天命"的，即由形而下达至形而上。这是一个孤独的自我探索、自我修养的过程，往往不为人所理解，所以孔子说"知我者其天乎"，聊以自慰——我既"知天命"，天何不知我？孔子之"知天命"也和学《易》有关。他说："加我数年，五十以学《易》，可以无大过矣。"（《述而》）《易》是言天道的，这不可能不对孔子产生深刻的影响。

但是，孔子并不否定祭祀：

子曰："非其鬼而祭之，谄也。"（《为政》）

祭如在，祭神如神在。子曰："吾不与祭，如不祭。"（《八佾》）

对此，郭沫若先生解释道："我们要看重那两个'如'字，鬼神是如象在，并不是真正的在。他的肯定祭祀是求的祭祀者的心理满足，并不是认定祭祀者的鬼神之真正的存在。"[2]

就是说，孔子之肯定祭祀，目的在于培养人们的道德心。这就是曾子所说的"慎终、追远，民德归厚矣"。孔子本人也曾对此作过解释：

樊迟问知，子曰："务民之义，敬鬼神而远之，可谓知

[1]［梁］皇侃撰，高尚榘校点：《论语义疏》，中华书局 2013 年版，第 379 页。

[2] 郭沫若：《青铜时代·先秦天道观之进展》，《郭沫若全集》历史编第一卷人民出版社 1982 年，第 357 页。

矣。”（《雍也》）

“敬鬼神而远之”的目的在于“务民之义”。孔子认为，鬼神虽然并不是真正存在，但仍敬而远之，这就是智慧，这就是“务民之义”的智慧。

（二）道家之“德”

前面讲到，老子认为，“道”是宇宙的本体，是宇宙间万物产生的终极本原。而建立一套形而上学并非是老子的最终目的，他的真实意图乃是解决人的问题。换言之，老子是通过对道的论证建立了一套能够有效克服异化、维护主体性的人生学说和社会政治学说。对于老子的这种致思方式，学界早有论及。徐复观先生说：“老学的动机与目的，并不在于宇宙论的建立，而依然是由人生的要求，逐步向上面推求，推求到作为宇宙根源的处所，以作为人生安顿之地。因此，道家的宇宙论，可以说是他的人生哲学的副产物。他不仅是要在宇宙根源的地方来发现人的根源；并且是要在宇宙根源的地方来决定人生与自己根源相应的生活态度，以取得人生的安全立足点。”[1]

就实际而言，人虽然也是动物，但是作为进化了数万年的人类，他们已经超越了所属的类本身，他们能够远离自身的生物性，因此，人类又是超越于其他动物之上的，人类掌握了规律，并且能够利用规律。老子也十分看重人的价值：“人法地，地法天，天法道，道法自然。”

老子首次提出了较为完善的人性论思想，这还是第一次。徐复

---

[1] 徐复观：《中国人性论》（先秦篇），九州出版社 2014 年版，第 294 页

观先生指出，尽管“《老子》一书，没有一个性字”，但是“有实质性的人性论”。[1] 此言极是。

关于人性，老子提出了一个重要的概念，这就是“德”。简本《老子》多次提到“德”，如：“含德之厚，比于赤子”（第一篇第四章）；“夫唯啬，是以早服，是谓重积德”（第三篇第一章）；“修之身，其德乃真；……修之天下，其德乃博”（第三篇第一章）；“上德如谷，大白如辱，广德如不足，建德如偷”（第三篇第九章）。

那么，什么是“德”呢？王弼有一个著名的解释。今本三十八章王弼注曰：“德者，得也。常得而无丧，利而无害，故以德为名焉。何以得德？由乎道也。”五十一章王注：“道者，物之所由也；德者，物之所得也。由之乃得。”王弼的解释，堪称不易之论。不过，“德”在今本里泛指万物之“德”，而在简本里，专指人之“德”。因而，在老聃思想中，“德”即人对道的禀受（动词），或者说是人所禀受自道者（名词）。这就是说，“德”是人与道之间的桥梁，可见其重要性。

这个“德”字与“道之在天下也”的“在”字是相辅相成的。道之于天下万物即为“在”，人之于道即为“德”。

子贡曾经说过：“夫子之言性与天道，不可得而闻也。”（《论语·公冶长》）这句话虽然没有透露出孔子“言性与天道”的具体内容，却准确地向人暗示，“性与天道”是连在一起的。以老子的观点看，当道落实于人，就使人拥有了生而即有的、固有的本性，这就是人性；换言之，所谓人性，就是人之“德”。人之德禀自道，所以人性和道的特性是完全一致的。

---

[1] 徐复观：《中国人性论》（先秦篇），九州出版社2014年版，第296页。

道最根本的特性是自然，因而人性最根本的特点也是自然。所谓“人法地，……道法自然”，就是说，归根结底人是以自然为法则的。

对于人的自然本性，老子多有论述。第一篇第四章：

> 含德之厚者，比于赤子。蜂虿虫蛇弗螫，攫鸟猛兽弗扣。骨弱筋柔而握固，未知牝牡之合然怒，精之至也。终日乎而不忧，和之至也。和曰常，知和曰明，益生曰祥，心使气曰强。物壮即老，是谓不道。

何为“德”，这里的“德”不是儒家所讲的个人的道德品质，而是一种不受后天影响熏陶的纯然的自然本性，就是人最开始的样子，就好比刚刚出生的小孩子。对于赤子，为何“蜂虿虫蛇弗螫，攫鸟猛兽弗扣”呢？王弼注云：“赤子，无求无欲，不犯众物，故毒〔螫〕之物无犯〔于〕人也，含德之厚者，不犯于物，故无物以损其全也。”他虽然骨弱筋柔但抓握牢固，虽然不懂得男女交合但自然勃起。这都是由于他的“精之至”的缘故。“精”当指精气，是使人保持其自然即本态的东西。“精之至也”，谓精气至足。他终日无忧无虑，这是由于他的“和之至”的缘故。“和”当指身心和谐。“赤子”精气至足，他必然一如其自然、一如其本态，从而其身心极其和谐，无忧无虑。和谐就是“常”。“常”当指人的恒常之态，即人之自然，人之本态。认识“和”叫做“明”。这就是说，“明”为认识人之和谐、自然本态的能力。相反，贪图享乐就会遭殃，心指使精气叫做“强”。“气”当指精气。

“心使气曰强”即指心对气有所作为，从而破坏了气的和谐，以致丧失了人的本性，这样必然导致违背道的“强”（柔弱是道的特性）。所谓“和曰常，知常曰明”是就积极的一面而言的，强调气之和谐的作用；所谓“益生曰祥，心使气曰强”是就消极的一面而言的，强调“心使气”以致破坏气之和谐的后果。气之和谐遭破坏，固无法保持身心之和谐，因而导致人性丧失以致“强”也就在所难免了。但事物过于强壮就会过早衰老，这就叫作不符合“道”。

在本章里，老子提出了“德”、“精”、“和”、“常”、“明”、“气”等一系列重要概念。

> 致虚，恒也；守中，笃也。（第一篇第三章）
>
> 视素保朴。（第二篇第一章）
>
> 善保者不脱。（第三篇第八章）

“虚”，《说文》曰：“大丘也。昆仑丘谓之昆仑虚。”段玉裁注曰：“虚本谓大丘。大则空旷，故引申为之空虚。”[1] 窃以为，此处“虚”字，结合第三篇第二章方可解之。其文曰：“学者日益，为道者日损。损之或损，以至无为也。”“学”之“益”，是对自然的违背。“为道”之“损”，即损其“益”。“损之或损”的结果便是所谓“益”逐渐空虚，“以至无为也”。而“无为”就是自然。

由此可知，老子的“虚”也是指自然。《老子》一书里面的“中”，今本作“静”。我们详细阅读《老子》原文不难发现，在老子的思想体系中，“中”也发挥着十分重要的作用。老子说“多言

[1] [汉] 许慎撰，[清] 段玉裁注：《说文解字》，上海古籍出版社 1981 年版，第 386 页。

数穷，不如守中”，这里似乎与孔子的“巧言令色，鲜仁矣”。类似，但是这里的“守中”并不是孔子主张的中庸，而是说要保持内心不受打扰的纯净状态。“致虚，恒也；守中，笃也”，谓致力“虚”，要有恒；持守“中”，要笃实。都是就人之自然本性的态度而言的。“视”，是也，乃肯定之意。丝未染谓之“素”。故这里的“素”、“朴”皆指人的自然本性。老子认为，对人的自然本性应该充分肯定并加以保持。“善保者不脱”之“保”，即“视素保朴”之“保朴”。在老子看来，善于保持自然本性的，不会有所脱失。

而对于如何保持人的自然本性，老庄都提出了很多方法，如“涤除玄览”、“心斋”、“坐忘”等，前文有所论及。

总之，儒道在人格审美理论的论述上，有着相似的方法论，但是价值观有所不同。但它们在漫长的发展过程中，多少都会受到彼此观点的影响。所以，从“道”与“德”这两个重要的概念出发，基本可以对儒道两家的人格审美理论做个粗略的比较，以便对这两家的人格审美理论有个大致的了解。

第十章　先秦儒家人格学说与诗学的融合

儒家的文论总是带有强烈的经世情怀，他们的人格学说与论诗理论相互交融。在儒家看来论文即论人，文章是内在精神气质的外在表现，因此，道德修养是作文的重要前提。儒家论文时提到的“诚”、“文质彬彬”等文章要求，也是君子人格养成必备的素质。兴观群怨是儒家对诗歌功能的认识，同样对君子人格修养提出了极高的要求。“温柔敦厚”概括出了诗教的特点，同时它也是儒家理想的人格典范。

第一节　“诗言志”与“修辞立诚”

“诗言志”作为我国诗论的开山纲领有着深厚而丰富的内涵。“志”与原始先民的祭祀祈祷相关。礼乐文明建立之后，“志”主要意思为“怀抱”，包括人的情感、意志、愿望。在儒家思想体系中，“志”具有情理两个方面的维度，“志”的激发与生成需要个人情感的郁积，而“志”的理性层面对这些情感起到引导与规范作用。孔子不排斥带有浓厚情感特征的适性之志，但更希望将个人情感与经国大业相结合，将其提升至更为崇高的境界。这体现在文章创作方面便是“尚用”的倾向，即文章是用来弘扬大道的，是一个人精神人格的彰显。自然而然，修炼德行是作文必备的基础。

“修辞立诚”作为价值尺度，它对文艺作品的创作提出了两方面的重要要求，其一真实合理，毫无伪饰；其二要情意真，自然直率。这种批评尺度，也是中国美学与艺术的最基本的特征。“诚”同样是一种重要的人格品格，儒家强调道德自律与责任担当，而道家则更讲求“诚”对自由的坚守与个性的追寻。

“文质彬彬”既是对君子人格修养提出的要求同时也是评判好文章的一个重要尺度。孔子一向是内容、形式并重的，论人、论文均遵守此标准，一个君子要具有高尚的道德修养充乎其内，同时要让礼义法度显乎其外。文章也同样讲求内容的饱满充实与形式的整饬优美。

一、诗以言志

“诗言志”字面意思是“诗歌言说的是志”，理解这句话的关键就落到了“志”上面。甲骨文和金文中并没有“志”字，《说文解字》根据篆文将“志”分为“心”与“之”，解释为“从心，之声”。[1]“之”有“往”的意思，因此“志”就是“心向往之”或“心之所往”。闻一多先生将“志”分解为“从止从心”，取“停止在心上”或“藏在心里”的涵义，并在《歌与诗》文中说道：“志与诗原来是一个字。志有三个意义：一记忆，二记录，三怀抱，这三个意义正代表诗的发展途径上三个主要阶段。”[2]并认为“怀

[1]［汉］许慎撰，［宋］徐铉校定：《说文解字》，中华书局2013年，第216页。
[2]《闻一多全集》，生活·读书·新知三联书店1982年版，第1集第185页。

抱”包括了诗人内心蕴含的各种情感。诗歌本身具有的意图，希冀的功能在诗乐舞尚未彻底分离时期就已经产生了，上古歌谣与原始祭祀、巫术密切相关，《伊耆氏蜡辞》：“土反其宅，水归其壑。昆虫勿作，草木归其泽！”这很明显是先民祈求农作物丰收所作的祝祷或咒言。《吕氏春秋·古乐》记载：“昔葛天氏之乐，三人操牛尾，投足以歌八阕：一曰载民，二曰玄鸟，三曰遂草木，四曰奋五谷，五曰敬天常，六曰达帝功，七曰依地德，八曰总万物之极。昔陶唐氏之始，阴多，滞伏而湛积，水道壅塞，不行其原，民气郁阏而滞著，筋骨瑟缩不达，故作为舞以宣导之。”从中也可以看出，上古时期的诗歌伴随着乐舞，主要表达了原始先民对于风调雨顺的向往。这时候诗歌表达的情意更多的是带有集体普遍性的。进入礼乐文明之后，诗歌这种表达内心情志、怀抱的内容被笼统概括为“志”。

“诗言志”的完整记载最早见于《尚书·尧典》：“诗言志，歌咏言，声依永，律和声。”朱自清在《诗言志辨》中认为：“到了‘诗言志’和‘诗以言志’这两句话，‘志’已经指‘怀抱’了。”[1] 尽管在《诗经》中有表现个人情感的篇章，但是在史官的制约之下，也将这些与人伦、政教相联系，根据朱自清先生的统计，《诗经》中明确写作意图的共有十二篇，其中不出于讽刺与赞颂二端，[2] 可见，此时的“志”多从政教角度着眼。《尚书·尧典》成书于春秋战国期间，此时在士大夫之中“赋诗言志”是一个重要的能力，即不进行诗歌创作，而是引用《诗经》中的诗句来表

[1] 《朱自清古典文学论文集》，上海古籍出版社 1981 年版，第 194 页。
[2] 参见《朱自清古典文学论文集》，上海古籍出版社 1981 年版。

达思想、抒发情感，或在外交上表达国家意愿。如《左传·襄公二十七年》中就有赵文子对叔向说“诗以道志”。此处之“志”并非诗歌作者之“志”，而是“赋诗者”之志。《汉书·艺文志》云：“古者诸侯卿大夫交接邻国，以微言相感，当揖让之时，必称诗以谕其志，盖以别贤不肖而观盛衰焉。”[1] 孔子说，“不学《诗》，无以言。”这里肯定不是说不学习《诗经》就没办法说话的意思，而是说在当时士人引诗歌来表达自己的心意已经成为一种风尚，尤其是在国家外交场合，因此，学习《诗经》对于人们的交流意义重大。

尽管在先秦时期，“引诗证志”、“献诗陈志”、“赋诗言志”中的“志”多与政治实践相关，侧重于“志”中的政治理想抱负以及经国大业，但是也尚未排除个人情感的内涵。《庄子·天下篇》也明确提出了：“《诗》以道志，《书》以道事，《礼》以道行，《乐》以道和，《易》以道阴阳，《春秋》以道名分。”但是庄子关于“志”的理解是个体性的，《庄子·缮性》说道：“古之所谓得志者，非轩冕之谓也，谓其无以益其乐而已矣。今之所谓得志者，轩冕之谓；轩冕在身，非性命也。物之傥来，寄者也。寄之，其来不可圉，其去不可止。故不为轩冕肆志，不为穷约趋俗，其乐彼与此同，故无忧而已矣。”这其中将“得志”分成了“荣身之志”和“适性之志”，这让我们不禁联想到庄子在濮水之边垂钓之时，拒绝楚国相位时所说的话：“此龟者，宁其死为留骨而贵乎，宁其生而曳尾涂中乎？”究竟是居庙堂之上为尘世俗物所累，还是潇洒于天地之际。

[1] ［汉］班固撰，［唐］颜师古注：《汉书》，中华书局 1964 年版，1755—1756 页。

庄子用自己的行为给道家的“志”做出了最好的诠释。“信而见疑，忠而被谤”的爱国诗人屈原被放逐湘南，他在《离骚》中悲叹道“屈心而抑志”、“抑志而弭节”，在《怀沙》中反复沉吟说“抚情效志兮，冤屈而志抑”“定心广志，余何畏惧兮”，这里的“志”，包含了他对跳梁小人扰乱朝纲的仇恨之情、对楚怀王客死异乡的痛心之哀以及报国无门壮志未酬的激愤之意。尽管这种情感在后来被更多士大夫所共通，但在当时诗中所体现出来的这种复杂交织的情绪、怀抱是具有明显屈原个人特征的。

孔子也会让弟子们谈论自己的志向，《论语·公冶长》：“子曰：‘盍各言尔志?’子路曰：‘愿车马衣轻裘与朋友共，敝之而无憾。’颜渊曰：‘愿无伐善，无施劳。’子路曰：‘愿闻子之志。’子曰：‘老者安之，朋友信之，少者怀之。’”子路的志向就是希望自己富贵后，并把这些富贵同朋友们共享。而颜渊的志向是不夸耀自己，并且也不给其他人带来痛苦。而孔子的志向则更为宽广，他希望的是使老人安享晚年，使平辈的人相互信任，让年轻的人们得到关怀。在《礼记》“礼运”篇中，记载了孔子这样一段话：“大道之行也，天下为公。选贤与能，讲信修睦，故人不独亲其亲，不独子其子。使老有所终，壮有所用，幼有所长，矜寡、孤独、废疾者，皆有所养；男有分，女有归。货恶其弃于地也，不必藏于己；力恶其不出于身也，不必为己。是故谋闭而不兴，盗窃乱贼而不作。故外户而不闭，是为大同。”[1] 更能够看出孔子的“志”是追求天下大同。

---

[1] ［汉］郑玄注，［唐］孔颖达疏，《十三经注疏》整理委员会编：《十三经注疏·礼记正义》，北京大学出版社 2000 年版，769 页。

《论语》中孔门对话另一次“言志”记载见于《论语·先进》中“子路、曾皙、冉有、公西华侍坐”篇，其中每个人都谈了自己的志向，孔子也一一作了评点。其中子路希望能够让国家有足够强大的军事力量，而冉有希望能够让人富足，公西华认为自己只能够在外交场合做一个懂得礼义程序的司仪。如果按照现在的观念，这三个人对自己的未来期待分别是军事家、经济家、外交家，曾皙跟大家所说的都不一样，他描述了一段舞雩祭祀求雨后回归的过程。然而曾皙却得到了孔子的首肯，朱熹引用程子之语解释为：“孔子与点，盖与圣人之志同，便是尧、舜气象也。诚异三子者之撰，特行有不掩焉耳，此所谓狂也。子路等所见者小，子路只为不达为国以礼道理，是以哂之。若达，却便是者气象也。”又曰：“孔子之志，在于老者安之，朋友信之，少者怀之，使万物莫不遂其性。曾点知之，故孔子喟然叹曰：‘吾与点也’”[1]。孔子的志向是以礼治国，因此主张兵戎的子路是孔子不赞同的，另外孔子认为“富而好礼”，富有还只是浅层次的，冉求虽然认识到了礼的重要但是却认为自己能力不足，估计孔子也是比较赞许的。公西华认识到了礼义并且能够去躬身实践它，得到了孔子的赞许，即“孰能为之大”，言无能够出其右者。曾皙的回答是最令孔子满意的，曾皙描述的是一种理想社会的缩影，虽然是普通的游玩场景，但是其中的信息量是极大的，首先每个人对于祭祀求雨这种礼仪行为都是认可的；其次，这种认可不仅仅是行为上的，更是发自内心的，从“咏而归”中可以看出来；最后，整个社会都是和睦而安详的。这是孔子一直希冀的图景，人们生活安详，社会讲究礼法。然而现实社会却是

[1] 朱熹：《四书章句集注》，中华书局 1983 年版，第 131 页。

“礼乐征伐自诸侯出”，孔子之“叹”也正来源于此。从中可以看出，孔子的“志”更侧重于济世怀抱，他在日常教授中也经常引导弟子们建立更加崇高与远大的志向。他在带领大家读诗的过程中，反复提倡《诗经》：“思无邪”、“乐而不淫，哀而不伤”，就是希望通过诗来激发个体情感，并且用道德理性将这种情感引导到更为广阔的天地之中去。

儒家这种看法也自然而然地渗透到了文论之中，在孔子看来，文章有尚用与尚文两个功能，而尚质、尚用是最为基本的。所谓“有德者必有言”，就是说具有高尚道德水平的人，一定会留下善言。因为具有高尚道德的君子一定是以天下为己任的，他会自觉以一个传道者来要求自己，他的言论也一定对社会的发展有所启发。有德者的“言”就是他个人精神怀抱的彰显，而言也成为了“大道”的载体。后代儒生继续传承这种观念，苏辙《上枢密韩太尉书》：“孟子曰：‘吾善养吾浩然之气。’今观其文章，宽厚宏博，充乎天地之间，称其气之小大。太史公行天下，周览四海名山大川，与燕、赵间豪俊交游，故其文疏荡，颇有奇气。此二子者，岂尝执笔学为如此之文哉？其气充乎其中而溢乎其貌，动乎其言而见乎其文，而不自知也。”[1] 儒家并不是不讲究对文章技巧的学习，而是说一个人的道德修养以及精神状态是写文章的关键。

二、修辞立诚

“修辞立诚”是《周易·乾·文言》里面的话，原文为：“君子

[1] 苏辙著，陈宏天，高秀芳校点：《苏辙集》，中华书局 1990 年版，第 381 页。

进德修业。忠信所以进德也。修辞立其诚，所以居业也。”这是《文言》孔子为解释乾卦的九三爻辞所说的。唐代孔颖达《周易正义》曰：“‘修辞立其诚，所以居业’者，辞谓文教，诚谓诚实也。外则修理文教，内则立其诚实，内外相成，则有功业可居，故云‘居业’也。上云‘进德’，下复云‘进德’；上云‘修业’，下变云‘居业’者，以其间有修辞之文，故避其修文而云‘居业’。且功业宜云‘居’也。”[1] 这里将修辞解释为“修理文教”，并且将其与“立其诚”处理成并列结构，即内要修养德行，外则要修理文教。“文教”按照孔子的理解，“文”则是“博学于文，约之以礼”，《论语正义》中有解释：“博文者，诗书礼乐凡古圣所传之遗籍是也。文所以载道，而以礼明之者也。”[2] 也就是泛指先王传下来的典籍，“文教”则是采用这些典籍去教化民众，实施先王政治。“辞”按照《说文解字》解释为：“辞，讼也。”它的字形是纺纱之具，引申义辨是将复杂的情况理清楚，讼是司法治狱中常用的词语，而诉讼的结果以及案辞就是“辞”。再回到先秦的语境，我们发现，早期的经典中尧舜禹有时候是以法官的身份出现的，作为受天命的王者，他从天帝那里继承而来的就是杀伐之权，他能够讨伐“无道”，去惩罚有罪之族，依靠的就是决断。孟子记载：“天下诸侯朝觐者不之尧之子而之舜，狱讼者不之尧之子而之舜，讴歌者不讴歌尧之子而讴歌舜。”[3]《史记·周本纪》记载：“西伯阴行善，诸侯皆来决平。于是虞、芮之人有狱不能决，乃如周。入界，耕者皆让畔，民俗皆让长。虞、芮之人未见西伯，皆惭，相谓曰：‘吾所争，周

[1] 王弼注，孔颖达疏：《周易正义》，北京大学出版社 2000 年版，第 18 页。
[2] 徐耕白主编：《诸子集成·论语正义》，岳麓书社 1996 年版，第 156 页。
[3] [宋] 朱熹撰：《四书章句集注》，中华书局 2011 年版，第 287 页。

人所耻，何往为，只取辱耳。’遂还，俱让而去。诸侯闻之，曰西伯盖受命之君。”[1] 部落之间征战是当时最重要的活动，而能够公平公正处理这些事情的就被推举为王，“中”、“执中”等与公平相关的概念十分重要。同样有学者指出：“如果说人间之诉讼靠有司来治理，那么人与神鬼的诉讼则要靠沟通人神的巫史来治理，而占卜祭祀的过程正是巫史们沟通人神的过程，占卜之辞和祭祀之辞就是巫史们履行他们职务的证明，也是他们治理人神“两辞”的结论性判决。”[2]《左传》中记载了很多祝史正辞。《周礼》：“太祝掌六祝之辞，以事鬼神示，祈福祥，求永贞……作六辞以通上下亲疏远近：一曰祠，二曰命，三曰诰，四曰会，五曰祷，六曰诔。”郑众注释云：“祠当为辞，谓辞令也。”因此，可以推之当时盟、诅、类、造、攻、说等很多与国家政务相关的文体都由祝卜来掌控，而用以记录的文字即是“辞”。《周易》本身也是“卜筮之辞”，因此，可以发现“辞”在当时的政治生活中起到了十分重要的作用。由此可见，孔颖达的解释还是合理的。

“辞”的意义明白了，“诚”也就很好理解了，这些作为人与鬼神沟通的渠道的内容，一定要讲求信用并且十分谨慎，这是一种仪式感，一种对天命的敬畏。到了礼乐文明盛行的周代，这种在政治场合对辞令的重视，依旧被保存了下来，比如一条外交辞令要经过很多道程序，《论语·宪问》：“为命，裨谌草创之，世叔讨论之，行人子羽修饰之，东里子产润色之。”《说文解字》中“诚”与“信”是互训的两个字，人言为信，同样突出了言辞在政治生活中

---

[1] [汉] 司马迁撰：《史记》，中华书局 1959 年版，第 117 页。

[2] 王齐洲：《“修辞立其诚”本义探微》，载《文史哲》2009 年（第 6 期），第 72 页。

的重要意义。《庄公十年》载庄公曰："牺牲玉帛，弗敢加也，必以信。"《桓公十二年》载君子曰："苟信不继，盟无益也。"由早期神灵祝辞方面的敬畏，守信，逐渐演化为在各种政治仪式中言辞上的信，最后诚信成为了贵族国君的品质，尤其是在礼崩乐坏的春秋战国时期，这样的品质更加为人看重。《论语》中"信"字共出现三十九次，在孔子那里，"信"被抽象为了一种道德品质，更多的是对君子个人修养的要求，遵守自己的言论："弟子入则孝，出则悌，谨而信，泛爱众而亲仁""与朋友交，言而有信。虽曰未学，吾必谓之学矣""信近于义，言可复也。恭近于礼，远耻辱也"。[1]

经由思孟学派发挥，"诚"变成了一种天人共享的品质，《孟子·离娄上》："诚身有道：不明乎善，不诚其身矣。是故，诚者，天之道也；思诚者，人之道也。至诚而不动者，未之有也；不诚，未有能动者也。"《礼记·大学》云："欲正其心者，先诚其意；欲诚其意者，先致其知，致知在格物。物格而后知至，知至而后意诚，意诚而后心正，心正而后身修，身修而后家齐，家齐而后国治，国治而后天下平。"

儒家认为文章是一个人精神的体现，是大道的彰显，因此对君子"诚"的品质和要求也顺理成章地被移用到文章著作方面来。它从两个层面对作者创作提出了要求，第一是真实，第二是真情。

写作一定要符合现实，在艺术领域，"真实"包含客观的真实以及艺术的真实。汉代司马迁秉笔直书，对历史人物及事件进行实地访查，在《史记·太史公自序》中我们可以粗略看到他的行踪：

[1] ［梁］皇侃撰，高尚榘校点：《论语义疏》，中华书局2013年版，第11—12、13、18页。

“二十而南游江、淮；上会稽，探禹穴；窥九疑，浮于沅、湘；北涉汶、泗，讲业齐、鲁之都，观孔子之遗风，乡射邹、峄；厄困鄱、薛、彭城，过梁、楚以归。于是迁仕为郎中，奉使西征巴、蜀以南，南略邛、笮、昆明，还报命。”因此，他的《史记》才被誉为“史家之绝唱，无韵之离骚”。《汉书·司马迁传赞》称他：“其文直，其事核；不虚美，不隐恶，故谓之实录。”这种“实录”就是求真尚实的精神。在文学创作中有时候为了达到某些艺术效果或者是说明一些道理，我们会采用虚构的手法，或者是比喻、夸张等修辞手法，这也是符合艺术真实的。但是同样不能够无限制，《论衡》给出了合适的标准：“虽《诗》、《书》雅言，风格训世，事必宜广，文亦过焉。是以言峻则嵩高极天，论狭则河不容舠；说多则‘子孙千亿’，称少则‘民靡孑遗’；襄陵举滔天之目，倒戈立漂杵之论。辞虽已甚，其义无害也。且夫鸮音之丑，岂有泮林而变好？荼味之苦，宁以周原而成饴？并意深褒赞，故义成矫饰。大圣所录，以垂宪章。孟轲所云‘说《诗》者不以文害辞，不以辞害意’也。”即不要妨害文章要表达的意思，做到“夸而有节，饰而不诬”，点到为止即可。

另外，“诚”不仅要求真实合理，更重要的是要有真情实感。汉代扬雄亦云：“故言，心声也；书，心画也；声画形，君子小人见矣。声画者，君子小人之所以动情乎。”唐代孔颖达《诗大序正义》提出：“诗者，人志意之所之适也。虽有所适，犹未发口，蕴藏在心，谓之为志。发见于言，乃名为诗。言作诗者，所以舒心志愤懑，而卒成于歌咏。故《虞书》谓之‘诗言志’也。”儒家的“情”更多的是“发乎情，止乎礼”，即在礼法框定范围之内的情。而道家的情，则更多地从个性自由角度立论，《庄子·渔父》：“真者，精诚之至也。不精不诚，不能动人。故强哭者虽悲不哀，强怒者虽严不威，强亲者虽笑不和。真悲无声而哀，真怒未发而威，真亲未笑而和。真在内者，神动于外，是所以贵真也。”魏晋时期陆机在“诗言志”的基础上提出了“缘情说”，《文赋》中明确提出：“诗缘情而绮靡，赋体物而浏亮。”志中感性的、个性的一面得以张扬，后代诗论家也认同此观点。钟嵘《诗品序》以为诗乃“吟咏情性。”刘勰《文心雕龙》写道：“夫百节成体，共资荣卫；万趣会文，不离辞情。”“情以物兴，故义必明雅；物以情观，故词必巧丽。”“人禀七情，应物斯感；感物吟志，莫非自然。”[1] 这些言论都十分重视真情在文学中的作用。同时刘勰也斥责“造情伪饰”的做法，认为：“诸子之徒，心非郁陶，苟驰夸饰，鬻声钓世，此为文而造情也。故为情者要约而写真，为文者淫丽而烦滥。”文章不是发自真情，而是为了写文章而写，这样的文章是毫无价值可言的。钟嵘提出“直寻”与“自然英旨”等观念，同样将真情看作重要的审美原则。

三、文质彬彬

“文质彬彬”出自《论语·雍也》，原文为：“子曰：‘质胜文则野，文胜质则史。文质彬彬，然后君子。’”这句话的着眼点首先在于“质”和“文”的理解。皇侃《论语义疏》：“谓凡行礼及言语之仪也。质，实也。文，华也。胜，多也。言实多而文饰少则如野人。”刘宝楠《论语正义》：“礼有质有文。质者，本也。礼无本不

[1] 参见王志斌译注《文心雕龙》，中华书局 2012 年版。

立，无文不行，能立能行，斯谓之中。”[1] 根据《论语正义》，还提到“野”是相对于“都”，指的是郊外，而生活在国中的君子根据《礼记·缁衣》的记载则是“衣服不贰，从容有常，以齐其民，则民德壹”。《诗经》：“彼都人士，狐裘黄黄。其容不改，出言有章。行归于周，万民所望。”也就是说君子是懂得礼仪的，这些礼仪就是“文”，欧阳询在《艺文类聚》中对“文”“质”作了进一步的阐释。其卷二十二《质文》篇引《礼记》曰：“虞夏之质，殷周之文，至矣。虞夏之文，不胜其质；殷周之质，不胜其文。又曰：礼有以文为贵者，天子龙卷，诸侯黼，大夫黻，士衣纁裳。天子之冕，朱绿璪，十有二旒。诸侯九上，大夫七下，大夫五士三，此以文为贵也。”黄式三在《论语后案》中说“质”字有两解：一质地，一质朴。凡对文言者，皆质朴之质，非质地之质，无本末之分。综合各家注解，“文”和“质”都是针对礼仪、言语来讲的，“质”就是礼仪所承载的内容，即人们的各种情感、态度、行为等。文就是礼仪的形式。比如孝这种情感，动物之中也存在乌鸦反哺、羔羊跪乳的现象，但是人类社会中规定了种种仪式，比如《礼记·曲礼》说：“夫为人子者，出必告，返必面。”“凡为人子之礼，冬温而夏凊，昏定而晨省。”“父召无诺，先生召无诺，唯而起。”亲人去世，人们会哀嚎哭泣，这种对故者怀念的情感本身就是“质”，而各种关于丧葬礼仪的规定就是“文”。夏时代标榜的是“质”，当时还尚处于文明的启蒙时代，摆脱不了“野”的因素。而殷代以及后来的周代，“礼乐文明”全面建立，孔子赞叹道：“周监于二代，郁郁乎文哉！吾从周。”礼乐的建立与发达象征着“文”的鼎盛。所以夏

---

[1] 徐耕白主编：《诸子集成·论语正义》，岳麓书社 1996 年版，第 1 页。

王朝“质胜于文”，而周则是“文胜于质”。李泽厚《论语今读》：“质，情感也；文，理性也。‘质胜文’近似动物，但有生命；‘文胜质’如同机器，更为可怖。孔子以‘礼’‘仁’作为中心范畴，其功至伟者，亦在此也：使人不作动物又非机器。”[1]

在孔子看来，文与质二者不能够偏废，才能够成就君子。《论语·颜渊》：“棘子成曰：‘君子质而已矣，何以文为?’子贡曰：‘惜乎，夫子之说君子也！驷不及舌。文犹质也，质犹文也。虎豹之鞟犹犬羊之鞟。’”《论语正义》曰：“‘虎豹之鞟’喻文，‘犬羊之鞟’喻质。虎豹、犬羊，其皮各有所用，如文质二者不宜偏有废置也。”[2] 也就是说必须要有不同礼仪文采等外在的形式，来确定和表达尊卑长幼等等不同的身份、地位、等级、位置、秩序，这就是礼仪法度。孔子虽然认为二者应该同时具备，但是在不同场合又有所不同，如果一个质木无文的人跟一个巧言令色的人，孔子是赞同前者的。因为从难易程度上来讲，内在的品质、修养是需要长时间的修炼的，而文饰礼仪这些内容相对来说学习起来更加容易一些。孔子：“弟子，入则孝，出则弟，谨而信，泛爱众而亲仁。行有余力，则以学文。”《论语正义》：“文，道艺也。”并引《周礼·保氏》曰：“养国子以道，乃教之六艺：一曰五礼，二曰六乐，三曰五射，四曰五驭，五曰六书，六曰九数。”[3] 这里的“文”就是古代贵族所需要学习的各种技能。“质木无文”的人已经具有了难得的品质，剩下的就是慢慢学习文化即可。因此，孔子说：“刚、毅、木、讷近仁。”

---

[1] 李泽厚：《论语今读》，上海译文出版社2012年版，第84页。
[2] 徐耕白主编：《诸子集成·论语正义》，岳麓书社1996年版，第151页。
[3] 徐耕白主编：《诸子集成·论语正义》，岳麓书社1996年版，第13页。

在语言传达方面，孔子也主张文质并重，郭绍虞《中国文学批评史》中提到："孔门之文学观念最重要者有两点：一是尚文，一是尚用。……尚用的观点又不本于他论'文'的主张；而同时论诗未尝不主应用，论文也未尝不主修饰，所以能折衷调剂恰到好处。"[1] 很看重"文"形式方面的要素也是如此。《左传·襄公二十五年》提到："仲尼曰：《志》有之：'言以足志，文以足言。'不言，谁知其志？言之无文，行而不远。晋为伯，郑入陈，非文辞不为功。慎辞也！"[2] "言之无文，行而不远"是指说话没有文采，就传播不远，可见文章是需要有一定的文辞修饰的。《论语·宪问》："为命，裨谌草创之，世叔讨论之，行人子羽修饰之，东里子产润色之。"对一份外交辞令的小心谨慎地雕琢也体现了这种观念。孔子在《论语》中还提出了一个关于文辞的标准："辞达而已"。孔安国注释为："凡事莫过于实，辞达足矣，不烦文艳之辞。"《论语正义》解释为："辞皆言事，而事自有实，不烦文艳以过于实，故但贵辞达则足也。"并引《礼记·聘礼》曰："辞无常，孙而说，辞多则史，少则不达。辞苟足以达，义之至也。"[3] 简而言之，"辞达而已"就是说"言辞表达意思就足够了"。这就是告诉我们在作文之时要点到为止，不是说不能够修饰，但是要注意应该以表达意思本身为根本出发点，不能为了修辞而去修辞，甚至是炫耀学问，"掉书袋"，正如钟嵘《诗品》中所抨击的那样："故大明、泰始中，文章殆同书抄近任昉、王元长等，词不贵奇，竞须新事，尔来作

---

[1] 郭绍虞：《中国文学批评史·上册》，商务印书馆2010年版，第23页。

[2] [周]左丘明传，[晋]杜预注，[唐]孔颖达正义：《十三经注疏》整理委员会编：《十三经注疏·春秋左传正义》，北京大学出版社2000年版，第1176页。

[3] 徐耕白主编：《诸子集成·论语正义》，岳麓书社1996年版，第419页。

者，浸以成俗。遂乃句无虚语，语无虚字，拘挛补衲，蠹文已甚。但自然英旨，罕值其人。”对于某些以表达意思为主要目的的论说文来讲，的确，辞达足矣。但是如果写作的是说明文，或者有些游戏文章，这类文章只是为了说明一个东西的用途，跟意思丝毫没有关系，游戏文章只是通过形式来愉悦读者。这种情况下“辞达”这一个原则就要做另一番解释。可以说，“达”本身就包含着内容和形式两方面的因素，内容就是我们要通过文章来达到的目的，内容决定了形式，以讨伐其他国家的“檄文”为例，如果将“文辞表达意思而已”仅仅理解为内容，那么写上“我们要讨伐某某国家”就行了，但是檄文还需要更多的修饰，比如斥责对方如何无德无仁，战争本身如何正义等等。因此，注解特意强调：“辞不贵多，亦不贵少，皆取达意而止”。也就是说，要让内容与形式相互配合，这样的文章才真正能够做到“达”。

第二节　“兴观群怨”与“温柔敦厚”

“中国古代的学说所以令西方人心驰神往，是因为它们源自与自然之间的亲密关系，而在西方，该关系几乎被科学毁灭殆尽。”[1] 这是加拿大著名教育家大卫·杰弗里·史密斯对中国古代教育哲学的评价，其中也蕴含对西方现代教育哲学的反思。黑格尔说：“诗过去是，现在仍是，人类的最普遍最博大的教师。”[2]

---

[1] 大卫·杰弗里·史密：《全球化与后现代教育学》，教育科学出版社 2001 年版，前言。

[2] 黑格尔：《美学》第三卷（下），商务印书馆 1986 年版，第 20 页。

在我国文化传统中，“诗教”以其独特的文化魅力对民族精神的涵养与发展产生了深远的影响。钱穆说：“因孔子在中国历史文化上之主要贡献，厥在其自为学与其教育事业之两项。后代尊孔子为至圣先师，其意义正在此。”[1]

“兴观群怨”是孔子关于诗歌功能的看法，它与君子的人格养成也有密切的关系。“兴”指向了文学的形象性与情感性，诗歌借物说理，生动形象，直抵人心。诗歌词句优美，韵律和畅，陶冶情思。理解道理的同时，欣赏诗歌而产生的审美愉悦感更会加强人对大道的认可与坚守。“观”，即观风俗，察得失，观察自己行为所带来的结果，不断修正自己的品行，提升自身道德。“群”即聚拢，团结，启示君子也要能够做到和而不同，群而不党。“怨”，指借诗歌表达不满。孔子反对随波逐流的乡愿之徒，认为君子应爱憎分明，讥刺丑恶，坚守仁道。孔子认为诗歌表达“怨”要含蓄委婉，讲求场合。作为君子既要具有崇高的社会责任感，疾恶如仇，更应该注意方法手段。

“温柔敦厚”既是学《诗》的效果，又是儒家理想人格的标准。《诗》教是将外在的礼法制度、伦理要求，通过感性的诗句内化到人们的心中。最终培养出来的是注重个人修养并维护宗法人伦关系的谦谦君子，温润柔和，情感诚挚。

一、兴观群怨与人格养成

孔子十分重视诗歌的教化作用，从教的层面来讲，《诗经》如同一本百科全书，内容包罗万象，丰富多彩，可以了解各地风俗人

[1] 钱穆：《孔子传》，生活·读书·新知三联书店2002年版，第2页。

情、天文地理、山川河流、花鸟鱼虫等等，因此孔子说读《诗经》可以“多识于鸟兽草木之名”，它能增长人的见闻。当然，《诗经》作用并非止于此，《诗经》为“六艺”之一，是上古贵族们的必备技能，它在政治生活中起着十分关键的作用。春秋时期士大夫在祭祀、宴享、会盟等多种社交场合朗诵《诗经》中的诗句来表明自己的立场、观点和情感，这就是所谓的“赋诗”，在《左传》记载的“赋诗”多达70余次。因此，孔子说：“诵诗三百，授之以政，不达；使于四方，不能专对；虽多，亦奚以为?”（《论语·子路》）其中的“授之以政”、“使于四方”就是强调通过学习诗经来通晓一些场合所需礼仪以及外交场合的应对方式，要达到这种程度光熟悉诗经内容是远远不够的，还需要学以致用。《诗经》中的内容固然丰富，但在孔子眼中，它更重要的意义在于“化”的层面，作为方法论它同六艺中的其他技能一样最终目的都是打造谦谦君子。但文学艺术本身具有形象性、情感性的特点，这也决定了《诗经》对人的塑造是潜移默化，润物无声的。所谓：“风，风也，教也，风以动之，教以化之。”孔子说：“小子何莫学夫《诗》? 诗，可以兴，可以观，可以群，可以怨。迩之事父，远之事君。”（《论语·阳货》）兴、观、群、怨是孔子关于诗歌功能的看法，但同时它与君子的人格养成也有密切的关系。

“兴”字最早是在甲骨文中出现的，从《说文解字》中的字形来看，很像是一个人双手举着什么东西在狂欢，在内蒙古阴山之北的乌兰察布草原的岩画中的一些图形，以及广西花山的崖画，都有一些人物双臂屈举或向上伸举的形状，其形态与《说文解字》中“兴”字的象形大致相同。从中我们还能够感受到原始先民在祭祀、求偶、战争中那旺盛的生命力。许慎解释道：“興，起也。从舁从同，同力也。"[1]

作为中国古代文论范畴的“兴”，形成于先秦时代。在《诗经》的创作中诗人缘情而发，触类而感，运用通过眼前之景来传达内心情志，这就是“兴”。“关关雎鸠，在河之洲。窈窕淑女，君子好逑。”该诗从一对水鸟在沙洲中求偶的鸣叫之声写到自己对于心爱姑娘的爱慕，感情自然而真挚，丝毫不伪饰。按照朱熹解释，“兴”即“先言他物以引起所咏之辞”，也就是借助其他事物为所咏之内容作铺垫，往往用于一首诗或一章诗的开头。当然，“他物”与“所咏之辞”之间是有内容上的关联的，前面所举的两个例子关联较为明显。也有比较隐晦的例子，比如《邶风・柏舟》中：“泛彼柏舟，亦泛其流。耿耿不寐，如有隐忧。”诗人借随流飘荡、无依无凭的小舟来起兴，引出了“隐忧”，我们需要结合通篇理解，才能明白这是在暗示被丈夫遗弃之后女性的悲惨命运。“比显而兴隐”就是说“兴”有时候不容易看出来，比较含蓄委婉。从中我们可以归纳出“兴”这种手法的两种基本特点，一如汉代孔安国所言“引譬联类”，二如朱熹概况为“感发志意”。

诚然，“兴”是一种重要的文学创作手法，充分运用了人类联想、移情等心理特点。孔子同样认识到了“兴”的重要意义，将“兴”作为教育手段来激发学生们内心的情感，借此提升他们的精神境界。《论语》：“子在川上曰：‘逝者如斯夫！不舍昼夜！’”如果单纯耳提面命地强调抓紧时间的重要性，也许只能够进入弟子们的耳朵里，不会留在他们的心里。过一段日子，道理也被淡忘了。孔子趁着外出与弟子游玩之际，面对这向前奔腾不已的滔滔河水，

[1] 许慎：《说文解字》，中华书局1963年版，第59页。

感叹时光流逝一去不复返。当然，学生们还会自然而然联想到，这河水川流不息，但是我们的人生却是极其有限的，过一分少一分。这一刻时间与匆匆的流水建立了关联，强化他们对时间的记忆与理解，道理内化在他们的心中，远胜于单纯的理论教导。孔子认为通过对《诗经》的学习可以："迩之事父，远之事君。"而"事父"、"事君"的重要条件就是要理解并懂得各种君臣礼义、仁义大道。文学的重要特点之一就是形象性，文学文本的意义是开放的，在不断阐释中得到升华。孔子充分利用这一点，以《诗经》为手段，通过引导、启发的方式来传达"仁爱"的思想。孔子将《诗经》定位为"思无邪"，《史记·孔子世家》记载："三百五篇，孔子皆弦歌之，以求合韶、武、雅、颂之音，礼乐自此可得而述，以备王道，成六艺。"可见，孔子在论诗、讲诗是有着明确的思想倾向的，就是要"备王道"。当然，"王道"是由一个个具体人来实现的，因此，孔子随时不忘向弟子传递他的"仁义礼智信"的价值观。《关雎》是"乐而不淫，哀而不伤"，就诗歌本身来看，写一个男子为了追求心爱女子"求之不得，寤寐思服。悠哉悠哉，辗转反侧。"追求没有能够如愿，日夜心头牵挂，弄得自己颠倒难眠，思念不已。男子因女子"窈窕"之美貌而追求，追求不到而伤心失眠，说"不淫"、"不伤"似乎不太准确。更像是孔子就《关雎》这首诗歌对弟子们的告诫要求他们要做到"乐而不淫，哀而不伤"，文本呈现出来的在其次，而解释本身则是重要的。强调做人要受到理智的节制，讲究适度、平和，不能过于放纵、任其泛滥。这里包含着孔子对人的生命的尊重与爱护，期望人的生活与感情都是健康、正常的，反对沉溺哀乐、毁伤生命。

孔子不仅仅将自己对《诗经》的理解告诉弟子，也激发弟子们去举一反三，透过现象看本质，《论语·八佾》中记载：“子夏问曰：‘巧笑倩兮，美目盼兮，素以为绚兮。何谓也?’子曰：‘绘事后素。’曰：‘礼后乎?’子曰：‘起予者商也！始可与言《诗》已矣。’”子夏和子游是孔门四科之中文学一门的代表人物，一天他问孔子《诗经·硕人》中描述庄姜美貌的句子，这首诗描述的是齐庄公的女儿、卫庄公的夫人庄姜出嫁时的场面，而其中“手如柔荑，肤如凝脂，领如蝤蛴，齿如瓠犀，螓首蛾眉，巧笑倩兮，美目盼兮”，也成为描写美貌的经典诗句，其中“巧笑倩兮，美目盼兮”二句尤其生动，写出了庄姜的“神”，让人物鲜活，气韵生动，性灵毕现。而我们从孔子的回答之中可以推之，子夏的问题集中在最后一句的“素以为绚”上，传本的《诗经·卫风·硕人》之中并没有“素以为绚兮”这一句，它有可能是逸句，王先谦《三家诗义集疏》以为《鲁诗》有此一句。诗句的字面意思就是洁白的底子上画着花卉，还是形容人的皮肤白皙，五官精致，无可挑剔。然而孔子回答道：“绘事后素”。也就是要先有一个洁白的底子，然后才能够进行绘画之创作。《左传·隐公三年》记载了庄姜“美而无子”，却贤德贞淑。《毛诗序》的阐释更具体：“《硕人》，闵庄姜也。庄公惑于嬖妾，使骄上僭，庄姜贤而不答，终以无子，国人闵而忧之。”子夏通过庄姜的美貌以及对史实的了解，进行了合理主观的联想，他想到了正如做人一样，也是先要有内在的仁义等品质作为基础，然后再加上礼仪的修饰，这样才是一个文质彬彬的君子。孔子十分高兴，说道：“起予者商也！始可与言《诗》已矣。”（《论语·八佾》）可见，针对这句诗，孔子本身可能也没有想那么多，但是他平时对大家的教育方式，就无形中运用了“兴”的方法，子夏活学活用，通过联想加深了对文与质关系的理解，得到了孔子的肯定。

据说孔子最得意的弟子颜回能够“闻一而知十”。另一个例子是关于子贡的，子贡曰：“贫而无谄，富而无骄，何如?”子曰：“可也。未若贫而乐，富而好礼者也。”子贡曰：“《诗》云：‘如切如磋，如琢如磨’，其斯之谓与?”子曰：“赐也，始可与言《诗》已矣，告诸往而知来者。”这里孔子认为贫穷但是不谄媚，富有但是不骄矜还不够，更高的境界是贫穷但是内心时常能够感受到快乐，富贵也能向往礼仪。子贡听了之后，用《诗经》中的“如切如磋，如琢如磨”一句来回应，表示自己已心领神会。这句诗是出自《诗经·卫风·淇奥》：“瞻彼淇奥，绿竹猗猗。有匪君子，如切如磋，如琢如磨。瑟兮僩兮，赫兮咺兮，有匪君子，终不可谖兮!”诗中强调君子也要像骨、玉等材料一样不断打磨、修整，这样最终才能够成“器”，古人也常常用“砥砺”来形容一个人要不断磨炼自己的修养与学问。孔子十分高兴，在这里同样赞叹道：“可以同你谈论《诗经》了。”可见，“始可与言《诗》”并不是一般的评价，也不是所有弟子都有资格的，其中必备的条件就是要学会有意识地联想，进行知识迁移，将平时所讲的道理在《诗经》之中去印证，用丰富的形象来加强对道理的认识与消化。

“兴”更是一种情感的活动，很多人论述“兴”仅从创作角度来说，指出“兴是外感于物而内动于情的文学创作生成。”[1] 但读者层面同样存在着“兴”，如果说作者层面的兴是由物到情再到作品，那么读者层面的“兴”就是从作品到情再到物的过程，即“振叶以寻根，观澜以索源”，读者读到了作品，因为诗歌词句优美，韵律和畅产生了心灵上的愉悦感，进而与作者心意相通，心心相

[1] 袁济喜：《兴：文学生命力的彰显》，载《文史知识》2016 年 07 期。

印，心境不同看到的外物也自然不同。当然也并非存在这一种情况，可能在日常生活中的某个瞬间让与诗中景物或境象类似，进而会引发人重新进入使人创作时那种情感之中。《周易·系辞》上："拟之而后言，议之而后动，拟议以成其变化。"东晋韩康伯注曰："拟议以动则尽变化之道矣。"这是指在运用"兴"的过程中，经过反复酝酿以"起其情"，即依据外物与内心微妙复杂的联系设计出兴象，这种兴象与意蕴具有丰富的阐释空间，触发思致，不同的主体会产生不同的感受。孔子经常带大家出游，感受天地之间的各种物象，让学生在体验中获得对人生、生命的理解，孔子特别赞赏曾点提出的人生之境："暮春者，春服既成，冠者五六人，童子六七人，浴乎沂，风乎舞雩，咏而归。"它是写意的，是审美的，是个性化的，不同的人都会有不同的理解，但任何人都不会否认这是一种真实而自足的人生状态。孔子重视诗，并将"兴"放在首位，其用意有两点，一个是通过文学形象来加深对仁义的认知与理解，完善自身的德行。另一个是通过文学进行审美教育，陶冶人的情操，将自己变成一个完整的人，丰富的人，细腻的人。

"观"，郑玄云："观风俗之盛衰。"[1] 朱熹解释为"考见得失"[2]。我们知道一代有一代之文学，文学是时代精神的反映，《诗大序》云："治世之音安乐，其政和；乱世之音怨以怒，其政乖；亡国之音哀以思，其民困。"[3] 作为君主，通过看当时各地诗歌可以考察国家统治情况，知晓自己为政得失，以此来调整自己的政治策略。《汉书·食货志》云："孟春之月，群居者将散，行人振

[1] 《十三经注疏·论语注疏》，北京大学出版社 1999 年版，第 237 页。
[2] 朱熹：《四书章句集注》，中华书局 1983 年版，第 178 页。
[3] 《十三经注疏·毛诗正义》，北京大学出版社 1999 年版，第 8 页。

木铎，徇于路以采诗；献之大师，比其音律，以闻于天子。故曰：王者不窥牖户而知天下。”[1] 言行人之官即采诗之官。行人制度起源很早，在各代名称也有所差别，于舜时有“纳言”，于夏时有“遒人”，于周时则有大、小行人之官。其名虽异，职守却大致相同。由此可以知道，“观”是一种有意识的观察、审视，目的是了解自己行为的结果，并根据现实状况来改正自身的缺点与不足。“观”既是目的同时也是方法。括而言之，诗有当时之作也有上古流传下来的作品，先代的诗歌在一定程度上记载了当时的政治状况，国君通过“观”更能够以史为鉴，知兴亡成败。《诗大序》云：“至于王道衰，礼义废，政教失，国异政，家殊俗，而变风变雅作矣。”[2] 盖指《风》、《雅》中周政衰乱时期的作品，以与“正风”、“正雅”相对。“正”、“变”的标准即“政教得失”。一般认为“正风”、“正雅”是西周王朝兴盛时期的作品，内容多以歌颂统治者为主。“变风”、“变雅”是西周王朝衰落时期的作品，内容多讥刺统治黑暗，阅读这些作品能让君主时刻保持着警醒，真正起到了“观”的效果。

《国风·魏风·硕鼠》：“硕鼠硕鼠，无食我黍！三岁贯女，莫我肯顾。逝将去女，适彼乐土。乐土乐土，爰得我所。”全诗三章，每章八句，纯用比体，讥刺统治者重敛赋税。

《候人》一诗讽刺在位者多为无功受禄之庸人，《毛诗序》：“候人，刺近小人也。共公远君子而好近小人焉。”《左传·僖公二十八年》记晋文公入曹云：“三月丙午入曹，数之，以其不用僖负羁，

[1] 班固：《汉书》，中华书局1964年版，第1123页。

[2] 《十三经注疏·毛诗正义》，北京大学出版社1999年版，第14页。

而乘轩者三百人也。”晋文公数落曹国国君共公，指责他放着贤臣僖负羁而不用，而给一群小人及美人极高的待遇，可见在位者之失政昏乱。《小雅·巧言》则警告国君要警惕那些搬弄是非，谄媚欺上的小人。

而作为普通人，虽然不需要像国君那样了解各地民俗盛衰，但“观”同样是十分重要的，观察、观看最终的目的是完善自身，成就自我之德行。诗歌之中不仅有兴亡成败，更记录了前人的行为活动以及这种行为活动所带来的结果。《诗经》反复提倡父慈子孝、长幼有序的行为，强调忠孝伦理的重要意义。《诗经·小雅·蓼莪》：“蓼蓼者莪，匪莪伊蒿，哀哀父母，生我劬劳。……父兮生我，母兮鞠我。拊我畜我，长我育我。顾我复我，出入腹我。欲报之德，昊天罔极。”[1] 孔子也十分强调“孝”的重要意义，《论语·为政》：“子游问孝。子曰：‘今之孝者，是谓能养。至于犬马皆能有养；不敬，何以别乎？’”在他看来孝不仅仅是外在的行为，更要内化于心，同样是这一章，“子夏问孝，子曰：‘色难。有事，弟子服其劳；有酒食，先生馔，曾是以为孝乎？’”帮助老人做事情，有了酒食让长辈先用，这还不是真正的孝。真正的孝顺就是在父母面前始终能够做到和颜悦色，有句老话叫：“久病床前无孝子”，侍奉生病的父母十天半月都还能够和颜悦色，但是一年半载之后仍能做到毫无怨言，才是真正将孝内化于心中。人们通过观看、吟诵《诗经》中的这些诗句，将仁义孝悌等观念与自己的行为相互对照，逐渐调整自己的行为，这就是“观”对人的作用。

---

[1] 王秀梅译注：《诗经》，中华书局 2006 年版，第 294—295 页。

诗歌可以“群”，孔安国注云：“群居相切磋”[1]，焦循也认为：“案诗之教，温柔敦厚，学之则轻薄嫉忌之习皆消，故可以群居相切磋。”[2] 诗歌“群”的功能是从诗歌的沟通交流角度而言的，切磋琢磨比喻学习或者研究问题时，彼此商讨，互相吸取各自长处。《诗经》作为文学作品而言，充满了意象，本身具有多义性，这就为家族人聚在一起提供了一个讨论平台，并且里面蕴含“亲亲之道”、伦理纲常等等，而且它在形式上也给人以美的享受，人们在吟诵时更能获得美的感受，因此，很多家庭将诗歌作为启蒙的教材，并将其作为家学不断传承。

《世说新语·文学》记载：“谢公因子弟集聚，问《毛诗》何句最佳。遏称曰：‘昔我往矣，杨柳依依。今我来思，雨雪霏霏。’公曰：‘訏谟定命，远猷后告。’谓此句偏有雅人深致。”[3] 文中的遏，即谢玄。他所欣赏的四句诗出于《诗·小雅·采薇》的末章。全诗描写了西周时期一位饱尝服役思归之苦的戍边兵士从出征到回家的全部过程，叙述了他转战边陲的艰苦生活，表达了他爱国恋家、忧时伤事的情感。谢玄赞叹的四句，是诗中情景交融的名句，也为后人所传唱。王夫之《姜斋诗话》曰：“以乐景写哀，以哀景写乐，一倍增其哀乐”。“依依”“霏霏”这两组叠词将柳枝的婀娜多姿与大雪的满天飞舞传神地描绘出来，并与士兵初次离别的恋恋不舍以及归乡时候的忧伤悲愤等情感相互应和，展现了征人细腻的内心世界。也难怪谢玄欣赏这几句诗。而谢安所念的是《诗·大雅

[1] 《十三经注疏·论语注疏》，北京大学出版社 1999 年版，第 237 页。
[2] 刘宝楠：《论语正义》，中华书局 1990 年版，第 690 页。
[3] 徐耕白主编：《诸子集成·世说新语》(10)，岳麓书社 1996 年版，第 57 页。

·荡之什·抑》的第二章的两句，表现了周王朝老臣忧心王事的咏叹。谢安是有志于事功的人，关心天下安危，喜欢这类诗是可以理解的。并且他以此来引导侄子谢玄，切莫一直沉浸在个人的情感小天地之中，而忘记了国家大义，因此以诗经中的句子来传达对谢玄的期望，希望他有朝一日能建功立业，而后来谢玄率领北府军在“淝水之战”中以少胜多打败了苻坚的百万军队，也许正是谢安的循循善诱的结果。古代就有赋诗言志的传统，而一家人在一起通过吟诵诗句来传达心意，交流情感，增强家族认同感正是诗歌“群”的意义。因此说，诗歌是人们的情感的纽带，是中国人的宗教。林语堂曾经说过：“诗歌教会了中国人一种生活观念，通过谚语和诗卷深切地渗入社会，给予他们一种悲天悯人的意识，使他们对大自然寄予无限的深情，并用一种艺术的眼光来看待人生。诗歌通过对大自然的感情，医治人们心灵的创痛；诗歌通过享受简朴生活的教育，为中国文明保持了圣洁的理想。……在这个意义上，应该把诗歌称作中国人的宗教。”[1] 同时“群”也对君子本身提出了很高的要求，《论语》：“君子矜而不争，群而不党。”孔安国注解为：“党，助也。君子虽众，不相私助，义之兴比。”“正义”：“矜易于争，群易于党，故君子绝之。”[2] 就是说一群人聚在一起，君子能够做到独善其身，不因为与谁关系好就违反原则与之私交。与“群”相对应的行为就是“党”，根据刘氏宗周《论语学案》记载：“不党，则非徇物也。”[3] 那么“党”就是“徇物”，即追求身外之物。朱熹解释这句话为：“庄以持己为矜。然无乖戾之心，故不争。和以处

---

[1] 林语堂：《中国人》，学林出版社 1994 年版，第 240—241 页。
[2] 徐耕白主编：《诸子集成·论语正义》，岳麓书社 1996 年版，第 412 页。
[3] 《十三经注疏·论语注疏》，北京大学出版社 1999 年版，第 237 页。

众曰群。然无阿比之意，故不党。”[1]“《论语·卫灵公》：“君子矜而不争，群而不党。”联系起来看，“党”则是阿比攀附，追求利益。而孔子提倡不义之财不能取的。因此，他对于不分原则而拉帮结伙的行为是深恶痛绝的。在孔子看来，能够不偏不倚，独善其身，才是“群”的境界。《礼记·中庸》“问强章”，在那里，子路问什么是强，孔子回答：“故君子和而不流，强哉矫！中立而不倚，强哉矫！国有道，不变塞焉，强哉矫！国无道，至死不变，强哉矫！”意思是说一个有道德修养的人，要时刻坚守自己的原则，不能够随波逐流。所谓“和以处众曰群”是说君子要为人正直，始终坚持真理，坚守信仰，这样才能够让人信服，进而将其他人团结在一起。古代为宗法社会，很多家族成员一起居住，这样身为一家之主的人更要具有很高的德行。修身是齐家的基础。真正的君子能够做到既遵守原则又适当灵活，良好地协调家庭内部中的各种关系，这是“群”在人格修养方面带来的重要启示。

“怨”，简单言之，指借诗歌表达不满。《礼记·乐记》记载：“凡音者，生人心者也。情动于中，故形于声；声成文，谓之音。是故治世之音，安以乐，其政和；乱世之音，怨以怒，其政乖；亡国之音，哀以思，其民困。声音之道，与政通矣。”身处乱世的诗人借助诗作来讥刺时政，表达不满，表达了文学对社会的强烈的干预功能，后来的汉代司马迁的“发愤著书说”与此一脉相承。所谓“愤”或者“怨”是指作家意有所郁结，心理上受压迫而不得伸展，怨愤郁结，借著书立说发挥疏通，这样才能恢复心理平衡。并非每一个人都能够有这种“怨”或者“愤”，它不仅仅包含着个人的不

---

[1] 朱熹：《四书章句集注》，中华书局 1983 年版，第 105 页。

满，更彰显了一种强烈的社会责任感以及穷且益坚的意志，强调了创作者在逆境中奋起而不消沉的品格，以及极富于批判精神和战斗精神。“怨”鼓励人们应该像君子那样具有爱憎分明的情感，并且能够主动承担起社会责任，匡扶正义。

与此相对应的人格则是随波逐流的“乡愿”之徒，《论语·阳货》云：“乡愿，德之贼也。”关于乡愿之人，孟子有详细的解释：“阉然媚于世也者，是乡原也。”并详细描述了这种人的行为：“非之无举也，刺之无刺也，同乎流俗，合乎污世，居之似忠信，行之似廉洁，众皆悦之，自以为是，而不可与入尧舜之道，故曰‘德之贼’也”。（《孟子·尽心下》）这种人就是那种“老好人”，随风而倒，随波逐流，没有原则，遇到了恶事不敢明确提出来。他的生存哲学就是朱熹概况最为准确：“盖其同流合污以媚其世”。这种人在乡里之间最为讨人喜欢。泯灭个性，毫无主见的最终结果是大家一起沉沦下去，孔子认为真正的君子应该能够“怨”，即敢于触犯权威，心中有正义，有衡量是非的尺子，他的行动准则就是内心的道义。

孔子赞美《诗经》能够“怨”，不仅仅是因为它体现了作为君子的那种崇高的社会责任感，疾恶如仇，更在于《诗经》中表达“怨”的方式。焦循《毛诗补疏序》云：“夫诗温柔敦厚者也。不质直而言之，而比兴言之，不言理而言情，不务胜人而务感人。自理道之说起，人各挟其是非以逞其血气，激浊扬清，本非谬戾，而言不本于性情，则听者厌倦。”这就是说，在指出国君缺点时注意方式以及场合，照顾到被批评者的情绪以及进谏的效果。这需要更高的人格修养以及高超的语言技巧。“邹忌讽齐王纳谏”这故事中，邹忌以“孰美”的问答开篇，继写妻、妾、客人为了取悦自己而不切实际地赞美自己，用类比推理的方法婉讽国君也要注意不要被蒙蔽，要善于纳谏。“触龙说赵太后”中的触龙则是从日常生活中的养生之类的小事情出发来循循深入，慢慢说服赵太后。可见，“怨”也要含蓄委婉，这样才能够收到更好的效果。

二、温柔敦厚

“温柔敦厚”具体而言就是讲不要过激。文学是描写人的，文学是给人看的，文学也是人写的，对文的要求也是对人的要求。

《礼记·经解》云：“孔子曰：‘入其国，其教可知也。其为人也，温柔敦厚，诗教也。疏通知远，书教也。广博易良，乐教也。絜静精微，易教也。恭俭庄敬，礼教也。属辞比事，春秋教也。故诗之失愚，书之失诬，乐之失奢，易之失贼，礼之失烦，春秋之失乱，其为人也，温柔敦厚而不愚，则深于诗者也。疏通知远而不诬，则深于书者也。广博易良而不奢，则深于乐者也。絜静精微而不贼，则深于易者也。恭俭庄敬而不烦，则深于礼者也。属辞比事而不乱，则深于春秋者也。’”儒家将玉作为君子的象征，有“温润如玉”的说法，温润含蓄、诚实淳朴正是儒家谦谦君子的真实写照。孔子认为这种人格正是《诗经》与音乐教化的结果。具体而言，诗歌与音乐都是诉诸人内在心灵的，是对人情感的陶冶，在审美的过程之中，儒家谦恭礼让、仁义礼智等道德准则也润物无声、春风化雨一般进入人的心中。自然人就少了一些戾气，性情中多了一些柔和。这种人格正是儒家所提倡的“中和”之人格。

从源头来讲，“温柔敦厚”来源于孔子的“乐而不淫，哀而不伤”的观念，本义是形容《诗经·关雎》这首诗的，认为该诗歌中体现出来快乐不是没有节制的，悲哀也不至于过于悲伤，整体上呈现出一种“中和之美”。这种审美境界后来被汉儒所接受并逐渐演变为一种人格境界。结合汉代大一统的背景可知，汉代自董仲舒以来强调儒家思想在统治中的地位，并且将儒家的种种道德理念与宇宙万物、阴阳五行相互勾连，建立起庞大的、具体可实施的“天人合一”的人格体系。这种“温柔敦厚”与“美刺”学说又关联起来。清人程廷祚指出：“汉儒言诗，不过美刺二端。”（《诗论十三再论刺诗》）汉代儒家评诗的标准就是“美刺”，也就是从讽刺与歌颂两个角度着眼，但是在具体实施的过程中却是严格贯彻了“温柔敦厚”的原则，汉儒对于“刺”的作品做了严格的规定，要“止乎礼义”，也就是说臣子见到了君主有做得不对的地方，你的讽谏与讥刺一定不能够过度，并且要十分讲究进谏的方式和效果，决不能以下犯上。《战国策》中“触龙说赵太后”就是一个臣子讲求方法进谏成功的典型例子，大臣触龙因势利导，以柔克刚，不冒犯太后的权威，先从老人应该注重身体保养出发，进而提到希望能在有生之年为幼子安排出路，最后用“爱子则为之计深远”的道理，说服赵太后，让她的爱子出质于齐，换取救兵，从而解决了国家危机。汉儒“温柔敦厚”这种观念对于维护君主权威，凸显君主威仪起到了重要作用。

做人之道与作文之道相通，君子要具有柔和温顺的品行，作文也同样如此，不能够表达过激的情绪。同样，《诗大序》曰：“故正得失，动天地，感鬼神，莫近于诗。先王以是经夫妇，成孝敬，厚人伦，美教化，移风俗。故诗有六义焉：一曰风，二曰赋，三曰比，四曰兴，五曰雅，六曰颂。上以风化下，下以风刺上，主文而谲谏，言之者无罪，闻之者足以戒，故曰风。”这里“下以风刺上，主文而谲谏”体现了汉儒对于文人诗歌创作所提出的要求，东汉著名经学家郑玄解释为："风化、风刺，皆谓譬喻不斥言也。主文，主与乐之宫商相应也。谲谏，咏歌依违，不直谏也。"唐代经学家孔颖达疏曰："其作诗也，本心主意，使合于宫商相应之文，播之于乐，而依违谲谏，不直言君之过失。故言之者无罪，人君不怒其作主而罪戮之；闻之者足以戒人君不自知其过而悔之。"这是在告诫文人要时刻牢记君臣观念，创作要含而不露，循循善诱引导君主接受自己的进谏。

这种观念还影响到了汉赋的创作，汉代辞赋家的地位不高，基本上都是侍从之臣，他们创作的大赋，铺张凌厉，其目的主要是在美和刺两个方面，一是要壮大汉王朝的声势，二是适当劝诫君主不要沉溺于驰骋田猎的活动之中。但是在实际创作中"刺"的比重却远远小于"美"的比重，赋一般是由三部分组成，先通过序言交代一下作赋的原委，其次是正文铺排君主的威仪以及出行田猎场面之壮大，最后点名主旨。从篇幅安排上来看，中间的部分是辞人着力凸显和要描写的部分，占据了全文的百分之九十以上，而最后的"刺"只是百分之一。所谓"劝百讽一"，比如司马相如的《子虚赋》通篇一千多字，仅在结尾提了一句："然在诸侯之位，不敢言游戏之乐，苑囿之大；先生又见客，是以王辞不复，何为无以应哉!"《上林赋》也是如此，仅在结尾说："若夫终日驰骋，劳神苦形，罢车马之用，抗士卒之精，费府库之财，而无德厚之恩，务在独乐，不顾众庶，亡国家之政，贪雉兔之获，则仁者不繇也。"东汉班固在《两都赋序》中总结道："或曰：赋者，古诗之流也。昔成、康没而颂声寝，王泽竭而诗不作。大汉初定，日不暇给。至于武、宣之世，乃崇礼官，考文章，内设金马石渠之署，外兴乐府协律之事，以兴废继绝，润色鸿业。"重新申明"赋"这种文体最主要的作用就是要“润色鸿业”。“或以抒下情而通讽喻，或以宣上德而尽忠孝，雍容揄扬，著于后嗣，抑亦《雅》《颂》之亚也。”

总之，“温柔敦厚”在塑造性情柔和、举止有度的儒家审美人格以及对文艺作品创作方面有一定的积极作用，对于后世影响巨大。

第十一章　余论

如果说儒学是一条河，那这条河源头就在孔子那里。孔子集周代礼乐文化之大成。孔子以后，孟子、荀子续接这条河，构成了河的上游；汉代董仲舒、六朝嵇康阮籍、唐代韩愈柳宗元、宋代王安石苏轼等也是这条河的一部分，大概在中游；朱熹属于中下游，明代王阳明更加下游一点，明末清初王夫之顾炎武黄宗羲等，就算是进入下游了。儒学的发展，有一以贯之的东西，即儒家仁义礼智信等基本价值观，这些是亘古不变的。但每个阶段，每个时期，每个人以其不同的风景和特色，共同撑起了灿烂的儒学文化。

1840年鸦片战争之后，许多有志之士痛感国力衰微，丧权辱国，民性愚昧，于是在增进国民道德、改善国民性方面大声疾呼，将中国古代儒家审美人格与西方启蒙主义相结合，运用美育来救国。梁启超、王国维、蔡元培、朱光潜等人继承先秦儒家人格美学理论，通过美育来改造国民性，鲁迅通过文艺作品培养健康人格，他们的观念以及创作实践对现在提升国民素质意义重大。

第一节 先秦之后各代对儒家人格审美理论的继承与发扬

先秦是儒家人格审美理论的发轫期，这一时期产生的如“和”、“中庸”、“文质彬彬”等核心概念以及各种命题为后代所继承和发扬。两汉时期是人格美学的演进时期，儒学官方化、神学化，注重从天人合一角度探讨“中和”观念，确立了“发乎情，止乎礼义”的诗教原则。魏晋南北朝儒道融合，何、王、嵇、阮等人吸收老庄思想，对儒家人格理论做了新的诠释。隋唐五代时期士人与政权关系密切，诗人通过诗歌创作体现出人格精神，该时期诗文具有政教与审美并重的特点，人格审美理论已经成熟。宋代中国封建政治由盛转衰，理学应运而生，从宇宙本体角度来论证儒家道德教条的合理性。金元时期人格美学继续以理学作为主干。明代奉行程朱理学，中叶以后，随着市民阶层的兴起，人格美学中兴起重视个性、真情的浪漫潮流，是对传统“中和之美”的补充。清代统治者为了调和满汉冲突，主张“冲和淡远”、“温柔敦厚”的美学观念。

一、两汉“中和为美”的诗教观

西汉初期的贾谊总结秦朝灭亡的教训，在其作品《过秦论》中指出：“仁义不施而攻守之势异也。”他极力倡导制作礼乐，移风易俗。但是因为连年征战，国力衰微，缺乏实施礼乐教化的经济基础，因此，汉初主要统治思想以黄老之学为主，强调与民休息，无为而治。汉武帝时期，国力日渐强盛，武帝接受了董仲舒“罢黜百家，独尊儒术”的建议，开始加强礼乐教化，立五经博士，兴太学，建立乐府。到了东汉时期，儒家学说更是与谶纬学说相结合，慢慢流于神秘化。这里主要介绍西汉中期儒家人格美学理论。

董仲舒思想中体现出了对儒家的“中和之美”的赞同。他从天人关系角度论述，希冀为这种人格精神提供本体论上的依据。“天”与“人”本是一对对立的范畴，要使二者相沟通，一方面必须将天人格化，另一方面则要将人自然化。董仲舒继承了《周易》中“天地之大德曰生”的思想，赋予天以情感色彩。他说：“仁之美者在于天。天，仁也。天覆育万物，既化而生之，有养而成之，事功无已，终而复始，凡举归之以奉人，察于天之意，无穷极之仁也。”（《春秋繁露·王道通三》）在他看来，天如同人一样也会做出选择，天具有对人奉养的本性，如果统治者能够奉行君主应该遵守的道德，全天下的人民都能够相亲相爱，进退有礼，君臣父子上下和谐，那么上天就会风调雨顺，灾难也就会减少。天的美德就在于“不阿党偏私，而爱泛爱兼利”（《春秋繁露·天容》），这种美德也就是“中和”。董仲舒说：“中者，天下终始也，而和者，天地之所生成。夫德莫大于和，而道莫正于中。中者，天地之美达理也，圣人之所保守也。”“能以中和理天下者，其德大盛。”（《春秋繁露·循天之道》）同样的，人也应该按照这种“中和”的美德来行事。在董仲舒的天人系统中，天人相互感应，天和决定了人和，天以四时风雨气候变换来影响人的农业生产，另一方面人和也会影响天和，如果整个国家政治混乱，君臣父子失和，那么天也会降下灾祸来惩罚人民。虽然这种思想有迷信成分，但是在肯定个人修养对于社会统治的巨大作用方面确实值得关注。

在汉儒对“《离骚》公案”的争论中更能看出汉儒对“中和之美”人格精神的推崇。西汉初年很多文人对屈原的《离骚》给予了很高的评价，如淮南王刘安说：“《国风》好色而不淫，《小雅》怨悱而不乱，若《离骚》者，可谓兼之矣。蝉蜕浊秽之中，浮游尘埃之外，皭然泥而不滓。推此志，虽与日月争光可也。”充分肯定了屈原这种抗争精神，以及对他悲惨命运的同情。司马迁同样被屈原的愤世嫉俗的爱国之情所感动，在《史记·屈原贾生列传》中说：“夫天者，人之始也；父母者，人之本也。人穷则反本，故劳苦倦极，未尝不呼天也；疾痛惨怛，未尝不呼父母也。屈平正道直行，竭忠尽智，以事其君，谗人间之，可谓穷矣。信而见疑，忠而被谤，能无怨乎？屈平之作《离骚》，盖自怨生也。”这种“发愤著书”的思想被后代的文论家所继承。但是占据官方主流思想的还是班固等人，他们以儒家中庸标准对屈原进行了批评。首先是扬雄，《汉书·扬雄》载：“先是时，蜀有司马相如，作赋甚弘丽温雅，雄心壮之，每作赋，常拟之以为式。又怪屈原文过相如，至不容，作离骚，自投江而死，悲其文，读之未尝不流涕也。以为君子得时则大行，不得时则龙蛇，遇不遇命也，何必湛身哉！乃作书，往往摭离骚文而反之，自峤山投诸江流以吊屈原，名曰《反离骚》。”这里扬雄对屈原的评价依据的就是儒家的中庸哲学与老子的和光同尘的思想。主要认为屈原和司马相如的作品过于狂狷、锋芒毕露，缺乏儒家中和沉稳的气势。东汉班固《离骚序》同样将“温柔敦厚”作为君子重要的品格。他提出：“今若屈原，露才扬己，竞乎危国群小之间，以离谗贼。然责数怀王，怨恶椒、兰，愁神苦思，强非其人。忿怼不容，沉江而死。亦贬（清）絜狂狷景行之士。多称昆仑、冥婚、宓妃，虚无之语，皆非法度之政，经义所载。谓之兼《诗》风、雅，而‘与日月争光’，过矣。”主要对于屈原“数责怀王”、“忿怼不容”等极端行径做出了批评，认为这并不符合儒家含蓄蕴藉、温文尔雅的君子形象。

《毛诗序》中也提到了："故变风发乎情，止乎礼义。发乎情，民之性也；止乎礼义，先王之泽也。"如果谈到个人修养方面就是主张人不能够过激，培养自己"温柔敦厚"品格。可见，汉代主要是将个人的情感限制在一定的"礼义"范围之内，反对人民有过激的举动，更加强"美刺"观念中"润色鸿业"的一面，希望培养出进退有据、符合统治规范的君子。

二、魏晋南北朝时期儒道融合下的人格美学

魏晋南北朝时期虽然政治上动乱四起，但是文化上却是繁荣发展。随着东汉谶纬神学的破产，六朝知识分子重新援引道家来重构儒家思想。最典型的就是对"和"这一范畴的重新阐释。汤用彤先生曾说："魏晋人生观之新型，其期望在超世的理想，其向往为精神之境界，其追求为玄远之绝对，而遗资生之相对，从哲理上说，所在意欲探求玄远之世界，脱离尘世之苦海，探得生存之奥秘。"[1]

汉魏之际刘劭著的《人物志》适应曹操"唯才是举"、选拔人才的需要，对两汉以来的儒学价值观念提出了异议，树立了新的人物品评准则。刘劭首先肯定不同的人有不同的个性气质，这些个性气质都是源于阴阳五行之气相互关联。具体分为三种人，即偏至之材、兼材之人以及兼德之人。第三种人兼容各种德行，至而不偏的人，这也是作者最佳赞赏的人才，这种德行，也就是中庸之德。刘劭对儒家所说的中庸之德作了改造，将其看作一种圣智与才干。魏正始年间（240—249）的王弼、何晏等人吸收了老庄的学说，从玄

[1] 汤用彤：《魏晋玄学论稿》，上海古籍出版社2016年版，第196页。

学角度对道家的理想人格境界作了发挥。在这些玄学家看来，所谓“和”是游于万物之中的精神境界，主体只有“静专动直，不失大和”，即持一种虚静无为的心态才能进入这种精神境界。王弼在《周易注》中提出了自己心目中理想的圣人标准，“然则圣人之情，应物而无累于物者也”。将汉儒高高奉上神坛的“圣人”重新拉回现实，在王弼看来，真正的“圣人”是既同于常人又超于常人的。同就在于“圣人”也是有血有肉、有情有欲的，绝不是不食人间烟火的神仙一般的人物。所不同的就是“圣人”之所以能够称“圣”是因为他们达到了“和”的精神境界，能够不受外物所累，超越世俗的功利，这是一种个人精神的自由。

阮籍、嵇康等人继续王弼等人的思想，将传统的儒家“圣人”观念注入了道家逍遥自然的精神内涵，以此来对抗当时矫情伪饰的“名教”。二者对于音乐有很深的见解，其中蕴含着他们对“和”这种观念的理解。阮籍在《乐论》中说：“乐者，使人精神平和，衰气不入，天地交泰，远物来集（《初学记》“远”作“百”），故谓之乐也。今则流涕感动，嘘唏伤气，寒暑不适，庶物不遂，虽出丝竹，宜谓之哀，奈何俯仰叹息，以此称乐乎！昔季流子向风而鼓琴，听之者泣下沾襟，弟子曰：‘善哉鼓琴！亦已妙矣。’季流子曰：‘乐谓之善，哀谓之伤；吾为哀伤，非为善乐也。’以此言之，丝竹不必为乐，歌咏不必为善也；故墨子之非乐也。”在阮籍看来，引发人伤心悲痛、俯仰叹息的并非真正的音乐，而激发人情欲的靡靡之音更是要不得的。推而广之，扰乱人性情，激发人各种情感的音乐都非“善乐”。他认为音乐真正的目的就是调和身心，使之达到一种“和”的境地，这种“和”犹如平静的湖水一般，波澜不惊，风轻云淡，心境平和。这才是圣人制作音乐的根本，“夫乐者，天地之体，万物之性也。合其体，得其性，则和；离其体，失其性，则乖。昔者圣人之作乐也。将以顺天地之性，体万物之生也。故定天地八方之音，以迎阴阳八风之声，均黄钟中和之律，开群生万物之情气。”因此，音乐本身的形式并不重要，何必丝竹管弦、八佾之舞，只要能够发出声音并能够调和人的身心、平复人躁动的情绪，都可以称之为“乐”。所谓“道德平淡，故无声无味。不烦则阴阳自通，无味则百物自乐。”在阮籍看来，越是归于平淡的音乐就越接近自然，也就是阮籍所称的“真乐”。

同样的，嵇康的“声无哀乐论”也是从此角度立论，他的音乐理论的内涵实质是来源于庄子的“至乐无乐”。嵇康也不太看中音乐的形式，并且对于儒家所说的“哀乐”也是持反对态度。在《声无哀乐论》中他说：“和声无象，而哀心有主。”音乐本身并没有喜怒哀乐，嵇康将儒家附在音乐之上的过多政教的内容与音乐本身剥离开来，极大地提升了审美主体在音乐欣赏中的地位，如果听者感觉钝化或者毫无鉴赏能力，一切只是对牛弹琴。只有听者和奏者情感丰富，心意相通才能以音乐为媒介进行交流。他和阮籍一样重视音乐对于人精神的提升，对于他们来说，简单的、纯粹的形式反而更能与之达到精神上的共鸣。五音、五色等过多的修饰，过多的享受都是损害人性的。因此，嵇康在《养生论》中说：“识厚味之害性，故弃而弗顾，非贪而后抑也。外物以累心不存，神气以醇白独著，旷然无忧患，寂然无思虑。又守之以一，养之以和，和理日济，同乎大顺。”这里对“和”的追求与理解同样是掺入了道家逍遥自然的精神内涵，体现出来的是嵇康、阮籍独立自由的精神人格。

三、唐代儒家人格美学

唐代对先秦儒家人格精神的继承是从对齐梁绮靡文风的批判开始的。南朝时期“世族门阀”政治仍在继续，世家大族凭借门第资历可以获得经济、政治上的种种特权。尽管南朝皇帝如同走马灯似的变换，但是基本上并没有触及世族政治的根基。在这样的背景下，士族与政权产生一种疏离之感，进而导致南朝时期儒家忠君节义观念十分淡薄。南齐大臣颜见远在齐梁换代之际，学习古代的伯夷、叔齐“义不食周粟”的做法，绝食而死。这在梁武帝看来是极其迂腐的，他对此评价道：“我自应天从人，何予天下士大夫事。”（《梁书·颜协传》）可见，即便是统治者本身对那一套君臣大义的东西，也是嗤之以鼻的。

这种政治以及思想在文化上带来了极坏的影响，南朝后期典雅精致的贵族文化已经盛极而衰，一股香艳绮靡的风尚逐渐抬头，并正在腐蚀着人们的精神，并且这种风气在初唐时期仍然在延续。“绮错婉媚”的“上官体”就是典型的体现，该文体在题材上以奉和、应制、咏物为主，内容空泛，重视诗的形式技巧、追求诗的声辞之美。

随着隋唐时期中央集权的加强，科举制代替了论门第出身的九品中正制，将许多寒族士人吸纳进来，唐太宗说：“天下英雄尽入吾彀中矣。”士人们和皇权联系十分紧密，两者利益密切相关，可谓“一荣俱荣，一辱俱辱”。面对着齐梁文风在初唐的延续，这些有识之士开始用儒家经世致用的精神对此进行批判。魏征在《群书治要》说道：“竞采浮艳之词，争驰迂诞之说，骋末学之博闻，饰雕虫之小伎，流宕忘反，殊途同致。”这些观点，被初唐史学家反复引用，如令狐德棻主编的《周书·王褒庾信传论》中称“曲阜多才多艺，鉴二代以正其本，阙里性与天道，修六经以维其末，故能范围天地，纲纪人伦”，明确提出了文学创作要重视道德教化。姚思廉编纂的《梁书·文学传序》谓“经礼乐而纬国家，通古今而述美恶，非文莫可也”，将经世致用作为文学创作的目标。李百药的《北齐书·文苑传赞》说：“乃眷淫靡，永言丽则，雅以正邦，哀以亡国。”另外，史论家刘知几《史通·杂说下》说：“自梁室云季，雕虫道长，平头上尾尤忌于时，对语俪辞盛行于俗，始自江外，被于洛中。而史之载言，亦同于此。假有辨如郦叟，吃若周昌，子羽修饰而言，仲由率尔而对，莫不拘以文禁，一概而书；必求实录，多见其妄矣。”

这些对齐梁文风的批判以及对于征圣宗经的提倡，充分显示出唐初士人们的人格精神与操守。文学是时代的风向标，一个时期的文学主张与文学创作风貌，体现着当时知识分子的精神面貌。史学家们通过对齐梁批判彰显出了对先秦儒家人格精神的继承。初唐四杰之陈子昂则进一步将先秦儒家人格与时代需要相联系，建立起新时代文学批评的标准。初唐四杰用自己的诗文高举儒家人格精神，一扫齐梁诗风的萎靡绮丽，王勃反对龙朔前后的宫廷诗风，斥责它们是“骨气都尽，刚健不闻”。四杰奋力在诗文中展现出一个真实的自我，呼吁诗歌要有激情与生气，上承汉魏风骨。他们虽然能量有限但是却先声夺人，相互呼应，为盛唐诗的出现准备好了必要的布景和合适的气氛。在诗歌理论上作出重大建树的则是陈子昂，他所倡导的“风骨”“兴寄”开文坛革新之风气，他的诗文主张集中在《与东方左史虬修竹篇序》中：“文章道弊五百年矣，汉魏风骨，晋宋莫传。然而文献有可征者。仆尝暇时观齐梁间诗，彩丽竞繁而兴寄都绝，每以永叹。思古人，常恐逶迤颓靡，风雅不作，以耿耿也。一昨于解三处见明公《咏孤桐篇》，骨气端翔，音情顿挫，光英明练，有金石声。遂用洗心饰视，发挥幽郁。不图正始之音，复睹于兹；可使建安作者，相视而笑。”所谓“音情顿挫”，则指音韵声律之美，情感沉郁顿挫，从而其语势波澜壮阔、感荡人心，陈子昂对诗歌的要求兼具审美性与思想性，既继承了六朝时期诗歌形式上的成就，同时也强调诗歌要“兴寄”，即努力表现出代表主体个性的情感与寄托。诗论中观念直接来源于汉魏风骨、建安精神，但最初的源头还是先秦儒家文论中一以贯之的人格精神。儒家讲“有德者必有言”，这就说明具有高尚理想道德的君子，必然会有高尚的社会责任感，因此，他会自觉履行教化使命，留下言辞以传后世。同时也激励着更多的有德行的人去著书立说，肩负起社会责任。儒家还强调“言之无文，行而不远”、“文质彬彬，然后君子”，内在的人格精神力量，是文章思想的动力与来源，但同时也不能忽视文章写作的技巧。

盛唐时代，由于仕进渠道的畅通，进仕热情被点燃，科举考诗赋的规定又极大地提升了知识分子的创作水平，士人们怀着千百倍的热情投入到交游干谒、建功立业中来。边塞诗、山水诗、田园诗都大放异彩，各个诗歌流派并存，且都有领军人物。这个盛唐诗歌面貌彰显着盛唐士人昂扬向上、潇洒豪气的人格精神。李白配合着时代的最强音，以惊动千古的气势唱出了“君不见黄河之水天上来，奔流到海不复回”。进仕失败，仍然保持着人格的独立，“安能摧眉折腰事权贵，使我不得开心颜”，代表着盛唐士人的自信与骄傲。他在《古风》（其一）中写道：“大雅久不作。吾衰竟谁陈？王风委蔓草。战国多荆榛。龙虎相啖食。兵戈逮狂秦。正声何微茫。

哀怨起骚人。”希望诗歌能够继承风骚诗教的传统，提出“逸兴”的诗歌标准，要求诗歌率性而发，自然而然，反对过于雕琢，“清水出芙蓉，天然去雕饰”的诗风才是他的最爱。边塞诗人则用大漠、沙场、雪山等意象，寄托着忠君保国的豪情，充满了磅礴的浪漫气质和一往无前的英雄主义精神。王翰《凉州词》中激情澎湃：“葡萄美酒夜光杯，欲饮琵琶马上催。醉卧沙场君莫笑，古来征战几人回？”充满着对死亡的无畏与建功立业的豪情。让人不禁追忆起建安时期“老骥伏枥，志在千里。烈士暮年，壮心不已”的慷慨豪迈。在这些边塞诗人的眼中，一切的困难都是渺小的。他们擅长用绮丽的笔调来描写边塞风景的恢弘壮阔，“轮台九月风夜吼，一川碎石大如斗，随风满地石乱走。”“忽如一夜春风来，千树万树梨花开。”极其浪漫主义的写作手法正是盛唐精神的写照。盛唐的山水田园诗人以王维、孟浩然为代表，他们以其敏感细腻的审美嗅觉，热情地描绘出山水风光的绮丽优美，歌咏田园生活的闲适静谧，从侧面反映出盛唐时期人们生活的稳定。

王维的诗歌被誉为“诗中有画，画中有诗”，他诗歌中绚丽的色彩、幽美的境界像图画一般唤起人们新鲜生动的视觉感受。“空山新雨后，天气晚来秋。明月松间照，清泉石上流。竹喧归浣女，莲动下渔舟。随意春芳歇，王孙自可留。”在这首《山居秋暝》中诗人以细腻的笔调描绘了一幅唯美灵动的秋山黄昏图。另外一位诗人，则用亲切自然的笔触描写田园生活的惬意与舒心，“故人具鸡黍，邀我至田家。绿树村边合，青山郭外斜。开轩面场圃，把酒话桑麻。待到重阳日，还来就菊花。”全诗虽然用语平淡，但却诗意醇厚，达到了李白所提倡的“清水出芙蓉，天然去雕饰”的美学旨趣，从而成为自唐代以来田园诗中的佳作。

安史之乱是唐代由盛转衰的分界线，杜甫是这个关键点上的重要人物。杜甫是忠君观念的典型，他向往的是儒家理想政治，从他身上体现出了儒家知识分子的典型人格。他痛斥祸乱，关心人民疾苦，维护君主统治。杜甫的诗歌把我们带入了一个广阔波澜的社会生活之中，让人能够透过这些活生生的形象来感受盛唐时期的歌舞宴饮、饥荒战乱、悲欢离合，而在诗歌背后凸显出来的正是儒家审美人格。《自京赴奉先县咏怀》中作者从“咏怀”入手，抒发了自己“穷年忧黎元，叹息肠内热”的火一样的报国热情，斥责了统治者“朱门酒肉臭”的骄奢荒淫生活，更抒写了幼子已被饿死的痛楚。作者的情感千回百转但最终落脚到了“忠君”之上。“千家山郭静朝晖，日日江楼坐翠微。信宿渔人还泛泛，清秋燕子故飞飞。匡衡抗疏功名薄，刘向传经心事违。同学少年多不贱，五陵衣马自轻肥。”（《秋兴八首·其三》）这首，凸显了他的“大庇天下寒士俱欢颜”之情怀，但是这种情怀又不是单一的，而是在复杂的情感之中蕴藏着，蓄积着，逐渐吐露出来的。这种复杂的情感既有一生的事与愿违的心痛，也有逐渐苍老的伤感，更有至今不得志的悒郁不平，这复杂的情感通过诗句中的意象慢慢传达出来，形成沉郁顿挫的诗歌风格。

中唐以来，王朝统治危机日益严重，藩镇割据的势力并未消除，佛道二教势力很大，耗费了大量财富，并且在思想上威胁到了儒家思想的正统地位。元稹、白居易倡导的新乐府运动和以韩愈为代表的古文复兴思潮应运而生，白居易强调诗歌的讽谏功能，强调“文章合为时而著，歌诗合为事而作”，他从《毛诗序》的“美刺说”汲取营养，他在《采诗官》中说：“君兮君兮愿听此，欲开壅蔽达人情，先向歌诗求讽刺。”从中可以看出他为恢复儒家诗教所做的努力，更能看出作为一个儒家知识分子在政治危机时候的担当精神。韩愈在《原道》中提到："曰：'斯道也，何道也?'曰：'斯吾所谓道也，非向所谓老与佛之道也。'尧以是传之舜，舜以是传之禹，禹以是传之汤，汤以是传之文、武、周公，文、武、周公传之孔子，孔子传之孟轲，轲之死，不得其传焉。荀与扬也，择焉而不精，语焉而不详。"韩愈自觉地以孔孟传人自居，意欲在当时承担起传道、授业和解惑的责任，并将此与人格精神结合起来。他认为文章是一个人内在精神人格的彰显，这种理论主张与儒家文论一脉相承。为此他提出："根之茂者其实遂，膏之沃者其光晔，仁义之人，其言蔼如也。"因此，文章写作归根结底是内在修养的显示，就像孟子说的"充实之谓美"。韩愈："气，水也；言，浮物也。水大而物之浮者大小毕浮。气之与言犹是也。"柳宗元以严肃的人生信仰与独有的人生遭际，融合成自己古文写作的精神信条，坚守自己的写作原则。他更侧重强调文必己出，慎惧自持。他在《答韦中立论师道书》中说自己作文："未尝敢以轻心掉之，惧其剽而不留也；未尝敢以怠心易之，惧其弛而不严也；未尝敢以昏气出之，惧其昧没而杂也；未尝敢以矜气作之，惧其偃蹇而骄也。"

晚唐诗歌总体特点趋向于伤感无奈，细腻柔软，颓然消极。这与晚唐时社会状况急转而下的政治现实密切相关。儒家那种经世致用、高昂奋进的人格精神逐渐褪色，这一时期的文人或是遗世而独立，追求独善其身的人生道路，或者直接流露出哀婉颓废的精神面貌。与此相对应的，诗歌创作风格也由慷慨奋进转入低沉感伤。具体而言，以李商隐、温庭筠为代表，这些诗人作品呈现出深婉绮艳的风格，李商隐诗歌深婉蕴藉，意象飘忽难以捉摸。温庭筠则开香艳一派；另外，以司空图、陆龟蒙为代表的隐逸派，也在晚唐诗坛占据一席之地，追求凄清幽婉的景物，表达隐逸情怀。

四、宋金元代理学家的人格美学

苏轼是北宋诗文革新运动的集大成者，也是中国古代后期文学批评理论的代表。他一生历经坎坷，其思想融汇了儒释道三家，具有宽广深厚的人生意蕴。苏轼生活的北宋年代正处于逐渐衰落的时期，他想建功立业，但是却因为黑暗的政治一次又一次遭受挫折，每当遇到挫折之时他便求助于道家或佛教寻求超世的解脱。他将文人心中积极入世与退隐的冲突淋漓尽致地表现了出来。最终苏轼对人生采取了“入乎其内，出乎其外”的淡然态度。他认为人生在世如同不断飞行的鸿雁一般，只是在泥上留下一鳞半爪，但是大雁始终向前，“人生到处知何似，应似飞鸿踏雪泥。泥上偶然留指爪，鸿飞那复计东西。”这种安然世事，随缘而行的漂流心态在他的《宝绘堂记》中也有概括：“君子可以寓意于物，而不可以留意于物。寓意于物，虽微物足以为乐，虽尤物不足以为病。留意于物，虽微物足以为病，虽尤物不足以为乐。”“任性逍遥，随缘放旷，但尽凡心，别无胜算。”（《论修养帖寄子由》）这有些像魏晋时期王弼所说的“然则，圣人之情，应物而不累于物也”。即处在人世间，有常人的七情六欲、喜怒哀乐，但是又能够超脱一般人，采取一种超然物外的态度对现实人生进行观照，这种观照其实也是与审美相通的。这样的人生态度让苏轼身上呈现出一种消散洒脱的审美人格，获得了一种诗意的人生境界。这种境界的前提就是精神的自由，要能够不被现实的处境所击倒，时刻以审美欣赏的态度应对人生中的种种遭际，这一点苏轼堪称典范。在遭受贬谪之时，他处于偏远不毛之地，但是仍能够一日三餐，体验着“采菊东篱下，悠然见南山”的闲适之乐，与天地自然万物融为一体，在他的眼中一切都是和自己的生命相联系的。苏轼在《定风波·莫听穿林打叶声》这首词中集中表达了自己豁达超然的人生态度：“莫听穿林打叶声，何妨吟啸且徐行。竹杖芒鞋轻胜马，谁怕？一蓑烟雨任平生。料峭春风吹酒醒，微冷，山头斜照却相迎。回首向来萧瑟处，归去，也无风雨也无晴。”这首抒怀词的写作背景是1082年苏轼因“乌台诗案”被贬黄州的第三个春天，春日出游，突遇风雨，朋友仓皇避雨，略显狼狈，而苏轼却泰然处之，披着蓑衣任凭风吹雨打。很快雨过天晴，自己酒也醒了，前面阳光普照，回顾刚才雨潇潇的情景，风雨和放晴又有什么呢。这首词看似写风雨其实也是写人生，风雨喻示着人生波折苦难，作者以泰然自若、且吟且行的态度处之，风雨在词人笔下是一种审美意向，而人生的坎坷苦难在苏轼眼中又何尝不是一种别样的人生体验呢。雨过天晴之后，再来回首当时的风雨，当年的坎坷，一切都是过眼云烟，这里颇有一点的佛教将现实人生视为“虚幻”的意思，也融入了道家逍遥任自然的超脱。苏轼的这种浪漫主义情怀穿越千年被一代又一代的士大夫所继承歌颂，这种豁达开明的人格精神至今仍然照亮我们前行。

朱熹重新为“性善论”提供本体论上的支撑，创造出独特的人格美学。在他的人格美学中，最为本质的就是“性”，也就是“理”在人身上的表现，万事万物中都有一个最本体的“理”，而表现在人之上就是“性”。这个“理”是先验的，是任何事物所存在的依据。朱子有段语录说：“问：灵处是心抑是性？曰：灵处只是心，不是性。性只是理。”朱熹继续说：“论性，要须先识得性是个什么样物事。程子‘性即理也’，此说最好。今且以理言之，毕竟却无形影，只是这一个道理。在人，仁、义、礼、智，性也，然四者有和形状，亦只是有如此道理。有如此道理，便做得许多事出来，所以能恻隐、羞恶、辞让、是非也。譬如论药性，性寒、性热之类，药上亦无讨这形状处，只是服了后，却做得冷、做得热，便是性。”（《朱子语类》卷四）在朱熹看来，仁义礼智等都是属于“性”的范畴，是先天具备的。而孟子所谓的“四端”则是心的发动，心动就是情，人的喜怒哀乐等都属于这个层面，我们只有通过情，才能够感知性的存在。人恭敬、谦卑等具体行为，则属于行动层面。这样朱熹建立起了“性—心—行”的人格美学理论。一个人需要做的就是通过不断去接触外界世界，认识各种具体的事物，在与外在事物全面的接触中，理解事物中蕴含的“理”，知道的“理”越多，我们对自己的“性”也越加清楚，这就是“格物致知”的个人修养方法。

金代值得一提的是诗人元好问。他生于金元之际，内心蕴含无限的感慨，在作品中表达了他的人格精神。他重视诗文的源头梳理，认为杜甫的诗歌才是唐诗中的楷模与典范，他的评价标准就是“中正至诚”，他在《杨叔能小亨集序》一文中说：“诗与文特言语之别称耳。有所记述之谓文，吟咏情性之谓诗，其为言语则一也。唐诗所以绝出于《三百篇》之后者，知本焉尔矣。何谓本？诚是也。……故由心而诚，由诚而言，由言而诗也。三者相为一。”在他看来，只有诗歌中充满“诚”才能够感天动地，“诚”才是诗歌等文学作品的真正灵魂。元好问的“诚”的内涵是儒家传统的道德观念，他自己总结学诗的十字戒律就是“无怨，无忍，无谑浪，无赘狠”（《杨叔能小亨集序》）。由此出发，元好问提倡诗中情景之真实，反对“诗画心声总失真”，呼唤阳刚之气，贬黜柔靡之情，号召诗人面向社会现实，反对闭门造车。这对于离乱之际的金元文坛，多少起到了一定的号召作用。

元代对士人采取歧视压制的政策，部分文人不与统治者合作，跻身于勾栏瓦舍之中，混迹青楼之间，在散曲与杂剧的创作中表达对统治者的愤恨，表现出了传统儒家文人的抗争，如关汉卿说：“我是个蒸不烂、煮不熟、捶不匾、炒不爆、响珰珰一粒铜豌豆，恁子弟每谁教你钻入他锄不断、斫不下、解不开、顿不脱、慢腾腾千层锦套头？我玩的是梁园月，饮的是东京酒，赏的是洛阳花，攀的是章台柳。我也会围棋、会蹴踘、会打围、会插科、会歌舞、会吹弹、会咽作、会吟诗、会双陆。你便是落了我牙、歪了我嘴、瘸了我腿、折了我手，天赐与我这几般儿歹症候。尚兀自不肯休。则除是阎王亲自唤，神鬼自来勾，三魂归地府，七魄丧冥幽。天哪，那其间才不向烟花路儿上走。”（《南吕·一枝花·不伏老》）[1] 在看似轻佻浮浪的生活状态描述中透露着一丝的悲哀，同时也用这种行为方式来表明自己的立场，可以说是继承了先秦儒家的人格。还有一部分正统的文人选择与统治者合作，但是在思想上选择高蹈性理，将传统的儒家人格理论引入更加玄妙、超脱的境地。如文人郝经认为：圣人察天地之性立文，它是至中不偏的，“昊天有至文，圣人有大经，所以昭示道奥，发挥神蕴，经纬天地，润色皇度，立我人极者也。”（《原古录序》）这里标榜了传统的“中和”之道。关于如何获得“中和”品格，郝经在《内游》一文中提出：作家不

---

[1] ［元］关汉卿著，蓝立蓂校注：《汇校详注关汉卿集》，中华书局 2006 年版，第 1703 页。

必足履天下，关键在于游心内运，从圣人之籍中吸取道德涵养："身不离于枉席之上，而游于六合之外，生乎千古之下，而游于千古之上。"这种"内游"的结果便是"持心御气，明正精一，游于内而不滞于外。常止而行，常动而静，常诚而不妄，常和而不悖"，最终明礼达义。这里褪去了儒家"中和"中的实践品格，而是堕入了冥心玄想，丧失了原有的生命力，反映出了在民族矛盾尖锐的背景下文人的无奈。

五、明清时期人格美学

明代中后期主流思想是王阳明的"心学"，它在人格修养上也给予我们更多的启示。朱熹在人的主体之外另设了一个"理"，王阳明则从自己的心出发，他经常说的就是"心外无理，心外无物"，也就是说，天地万物都在我的心中，一切事物只有与我相关之后，才是真正存在的。所谓："你未看此花时，此花与汝心同归于寂；你来看此花时，则此花颜色一时明白起来；便知此花不在你的心外。"（《传习录》）在他的理论之中，整个宇宙就是我精神的扩展，王阳明极力强调精神主体的力量，而在人格修养上他也是强调个人的力量。他提出了"良知"的概念，"这良知人人皆有。圣人只是保全无些障蔽。""众人自孩提之童，莫不完具此知，只是障蔽多，本体之知难泯息。""良知"是每个人都具备的，但是圣人能够使得良知不被遮蔽，普通人需要靠后天的道德修养才能够保证自己的良知不被遮蔽。所以在王阳明看来，只要每个人都能够听从内心的良知，人人都可以达到道德的至真至善的境地。因此，他说："你看满大街都是圣人，满大街的人看你也都是圣人。"

明代是工商业发展繁荣的时代，这一时期市民阶层兴起，他们的文化逐渐占据主流。因此，一股浪漫主义思想在明代中后期的文坛逐渐蔓延开来，具体而言就是标举性灵，提倡文学创作要表达真情实感，这是对于传统儒家“和”范畴的抗争与批判。明代李贽在《童心说》里说：“夫童心者，绝假纯真，最初一念之本心也。若失却童心，便失却真心；失却真心，便失却真人。人而非真，全不复有初矣。童子者，人之初也；童心者，心之初也。”童心即真心、本心，主要的特点就是真诚无伪，不造作，李贽以此来对抗“存天理、灭人欲”的宋明理学。这种“童心”所代表的是一种光明磊落、坦坦荡荡的人格。这也同样为文艺作品提出了很高的要求，而应用到文艺作品之上，李贽认为越是描写真情实感的作品越是具有感人肺腑的力量，他最为推崇的就是《拜月亭》、《西厢记》等直抒性灵的作品，所谓“天下之至文，未有不出于童心焉者也”。“性灵派”代表袁宏道在《序小修诗》称道其弟袁中道的作品：“大都独抒性灵，不拘格套，非从自己胸臆流出，不肯下笔。有时情与境会，顷刻千言，如水东注，令人夺魂。其间有佳处，亦有疵处，佳处自不必言，即疵处亦多本色独造语。然予则极喜其疵处；而所谓佳者，尚不能不以粉饰蹈袭为恨，以为未能尽脱近代文人气习故也。”这里提到的“性灵”同样是以“真”作为理论内涵，这同时也是判断人格高下的一条重要标准。

到了清代，少数民族入主中原，统治者为了缓和阶级矛盾，采取了高压与怀柔相结合的两手政策，一方面组织“文字狱”杀害反抗的士人，通过武力镇压造反运动；一方面学习汉族文化并运用各种方式笼络文人。清初，部分文人配合统治策略，鼓吹高蹈神韵的审美境界，消弭人民的反抗意识，极力磨合汉族与满族的矛盾，温柔敦厚、含蓄蕴藉等人格又被重新提及。王士祯所标榜的就是一种冲和淡远的诗歌境界，他说："表圣论诗，有二十四诗品。予最喜'不著一字，尽得风流'八字。又云'采采流水，蓬蓬远春'，二语形容诗景亦绝妙，正与戴容州'蓝田日暖，良玉生烟'八字同旨。"（《香祖笔记》）"严沧浪《诗话》借禅喻诗，归于'妙悟'二字，及所云不涉理路，不落言诠。又云'镜中之象，水中之月，羚羊挂角，无迹可寻'云云，实发前人未发之秘。"（《分甘余话》）从创作者的角度来讲，就是要以朝功利的心态进行审美创作，这种审美观念能够让人忘记民族矛盾，家国仇恨，沉溺于诗歌清丽自然景色所引发的玄远境界之中。在清代初年的政治背景之下，大谈这样的理论反映的是部分文人斗争人格的丧失。

与"神韵"说相呼应的，还有清代沈德潜的"温柔敦厚"说。沈德潜以礼部侍郎之职，又兼乾隆皇帝文学侍从的身份，倡导"中和"之美。乾隆皇帝曾说："诗者，忠孝而已耳！"沈德潜也在《说诗阵语》开宗明义地提出："诗之为道，可以理性情，善伦物，感鬼神，设教邦国，应对诸侯，用如此其重也。"在《重订〈唐诗别裁〉集序》中又说："诗道之尊，可以和性情，厚人伦，匡政治，感神明。"沈德潜认为诗的教化作用，在于调谐人的情性，合乎礼度。他说："作诗之先审宗旨，继论体裁，继论音节，继论神韵，而一归于中正和平。"（《重订（唐诗别裁集）序》）又说："温柔敦厚，斯为极则。"（《说诗碎语》）这些观点，反复申说，同王士祯的"神韵"说一样，并不重理论本身的建构，而是力图将此广为布扬，达到宣扬"诗教"的功利目的。沈德潜甚至不惜曲解诗句，以适应"温柔敦厚"之说。《诗经·小雅·巷伯》历代公认是一首怨刺之诗，沈德潜却曲为之说："《巷伯》恶恶，至欲投畀豺虎，投畀有北，……然想其用意，正欲激发其羞恶之本心，使之同归于善，则仍是温柔和平之旨也。”（《说诗阵语》）沈德潜为推销“温柔敦厚”说，不借歪曲《诗经》原意，可谓用心良苦。

第二节　近代学者对先秦儒家人格审美理论的继承

中国近代内忧外患，积贫积弱，更重要的是国人的精神面貌萎靡不振。权利至上，功利主义、实用主义价值观盛行，道德衰败不堪。有识之士纷纷从拯救国民性入手，为国人颓败的精神开出药方。王国维提倡用艺术和美来陶冶人的精神，填充人们内心的空虚之感，并整合古代人格理论与西方的启蒙理论，提出“境界”、“赤子之心”等范畴，引导人超越世俗功利，进入审美境地。梁启超充分认识了小说传播的广度与影响的深度，大力提倡用小说来“新民”，通过小说的“熏浸刺提”四种作用来潜移默化地改造国民的精神。鲁迅则热情地投入到文学作品创作实践中去，通过“匕首投枪”似的杂文以及直击人灵魂的小说作品来改造国民性。蔡元培提出“以美育代宗教说”，通过审美教育来提升国民素质。

一、王国维的美育观与人生论

科举制度作为封建社会最重要的选官标准，在数千年的历史进程中发挥了重要的作用，但是越发展到后期对人的消极作用也越加明显。它逐渐堕落为统治阶级奴役人才的手段，无数的知识分子将毕生的心力都放在钻研依据“四书五经”来出题的科举考试上，为“八股文”耗尽心力，而对现实世界毫不了解。更重要的是，科举制度逐渐养成了部分国人极端功利主义，“书中自有黄金屋、书中自有颜如玉”，在近代国际化、全球化的进程中，读书人仍然将学而优则仕作为人生唯一的出路，轻视“奇技淫巧”，鄙视从事实际政务，做学问本身的乐趣逐渐丧失，成为了高官厚禄的“敲门砖”。最终在社会上造成了唯利是图的社会风气，人们精神极度空虚。精神空虚的国人开始用嫖妓、抽大烟、赌博等恶俗趣味来满足自己，这些不良嗜好正在逐渐蚕食国人的身心。

面对此种现象，王国维极力扭转这种风气，他将审美教育作为“药方”。王国维十分重视美育的作用，将其看作与“德育”、“智育”并列的教育内容。“要之，美育者一面使人之感情发达，以达完美之域；一面又为德育与智育之手段，此又教育者所不可不留意也。”（《论教育之宗旨》）他认为教育的最终本质是塑造一个完整的人，并引用了孔子关于“兴于诗”、“成于乐”的例子，可以看出他是自觉继承了古代人格美学理论。中国古代的学问最重要的一点就是始终以“立人”为旨归。他先从人们的“嗜好”开始分析。“吾中国下等社会之嗜好，集中于一利字，上中社会之嗜好，亦集中于此而以官为利之表，故又集中于官之一字。欲以一二人之力，拂社会全体之嗜好以成一事，吾知其难也。知拂之之不可，而忘夫奖励之之尤不可，此谓能见秋毫之末而不能见泰山者矣。”（《教育小言十三则》）“夫至道德、学问、实业等皆无价值，而惟官有价值，则国势之危险何如矣！社会之趋势既已如此，就令政府以全力补救之犹恐不及，况复益其薪而推其波乎！”（《教育小言十三则》）王国维不仅仅看出了读书人为了做官而扭曲人格，更为国人开出了良方。他先从人的“嗜好”说起。“且人固不能终日从事于工作，岁有闲月，月有闲日，日有闲时，殊如生活之道不苦者。其工作愈简，其闲暇愈多，此时虽乏积极的苦痛，然以空虚之消极的苦痛代之，故苟足以供其心活动者，虽无益于生活之事业，亦骛而趋之。如此者，吾人谓之曰‘嗜好’。”简而言之，“嗜好”就是人在闲暇之余找点乐子打发时光的活动。王国维认为“嗜好”也有高有低，有的人采用吸鸦片的方式来摆脱空虚无聊，这是人道德衰败、精神境界不高的表现。他提出：“若夫最高尚之嗜好，如文学、美术，亦不外势力之欲之发表。希尔列尔即谓儿童游戏存于用剩余之势力矣，文学美术亦不过成人之精神的游戏。”（《人间嗜好之研究》）王国维认为要想使中国人摆脱这种低级的趣味，就要找到一个新的情感、欲望安顿的天地，这个新的天地就是艺术与美。文学能够抒发人的情感，“且吾人之内界之思想感情，平时不能语诸人或不能以庄语表之者，于文学中以无人与我有一定关系故，故得倾倒而出之。”（《人间嗜好之研究》）美术、哲学、科学也具有同样的作用，“彼之著作，实为人类全体之喉舌，而读者于此得闻其悲欢啼笑之声，遂觉自己之势力亦为之发扬而不能自已。故自文学言之，创作与赏鉴之二方面亦皆以此势力之欲为其根柢也。文学既然，他美术何独不然？岂独美术而已，而哲学与科学亦然。”文学艺术、科学研究都让人脱离俗谛，超越现实的功利，进入一种忘我的境地，进而提升人的精神面貌，“盖人心之动，无不束缚于一己之利害；独美之为物，使人忘一己之利害而入高尚纯洁之域，此最纯粹之快乐也。”这也对文学作品本身提出了新的要求，王国维所赞赏的就是纯粹的给以美的享受的作品，反对在文学作品之中附加各种东西，在《论哲学家与美术家之职》中他说：“与夫小说、戏曲、图画、音乐诸家，皆以侏儒、倡优自处，世亦以侏儒、倡优畜之。所谓‘诗外尚有事在’、‘一命为文人便无足观’，我国人之金科玉律也。呜呼，美术之无独立之价值也久矣！此无怪历代诗人，多托于忠君爱国、劝善惩恶之意，以自解免，而纯粹美术上之著述，往往受世之迫害而无人为之昭雪者也。此亦我国哲学、美术不发达之一原因也。”这里大胆地将古代那些寄托忠君爱国、劝善惩恶的作品全部否定了，并认为这些是中国纯文学作品不发达的原因之一。可见，审美在王国维人生论中的重要地位。

在人生论方面，王国维标举“境界”，“境界”既是审美追求，更是一种理想人格。“词人者，不失其赤子之心者也。故生于深宫之中，长于妇人之手，是后主为人君所短处，亦即为词人所长处。”“赤子之心”是后主李煜所达到的人生境界，他长于深宫之中，未经世事，因此在诗歌之中能够展现出一片纯真赤城的情感，这种真诚无伪、浑然质朴的境界是王国维所赞叹的。所谓“主观之诗人，不必多阅世，阅世愈浅，则性情愈真，李后主是也。”同样的，有些人历经艰苦磨难，不忘初心，所经历得越多，体悟越深厚，其人格也越高大，如忧国忧民的杜甫，这样的人生境地也是值得赞赏的。“客观之诗人，不可不多阅世，阅世愈深，则材料愈丰富、愈变化，《水浒传》、《红楼梦》之作者是也。”王国维还特意提出了成大事者所要经过的人生境界，“古今之成大事业、大学问者，必经过三种之境界：‘昨夜西风凋碧树。独上高楼，望尽天涯路。’此第一境也。‘衣带渐宽终不悔，为伊消得人憔悴。’此第二境也。‘众里寻他千百度，蓦然回首，那人却在灯火阑珊处。’此第三境也。”穷尽一生不断追寻，不汲汲于功名利禄，不满足于自己的现有的道德以及学识，“路漫漫其修远兮，吾将上下而求索”，这种精神境界也是王国维所欣赏的。总之，在王国维看来，人生的境界不在于一定要安邦定国、建功立业，最重要的就是摆脱低级趣味，不汲汲于功利。

王国维最终因为精神的苦闷与对现实的失望，于1927年6月2日自沉于颐和园昆明湖。故陈寅恪写下了著名的《清华大学王观堂先生纪念碑铭》，该碑铭可谓王国维理想人格的写照："士之读书治学，盖将以脱心志于俗谛之桎梏，真理因得以发扬。思想不自由，毋宁死耳。斯古今仁圣所同殉之精义，夫岂庸鄙之敢望。先生以一死见其独立自由之意志，非所论于一人之恩怨、一姓之兴亡。呜呼！树兹石于讲舍，系哀思而不忘。表哲人之奇节，诉真宰之茫茫。来世不可知者也，先生之著述，或有时而不章。先生之学说，或有时而可商。惟此独立之精神，自由之思想，历千万祀，与天壤而同久，共三光而永光。"从中可以看出一位近代知识分子的人格操守，也可以看出中国传统儒家人格美学的传承，"独立之精神，自由之思想"已经成为当代无数仁人志士共同的人生追求。

二、梁启超的"新民说"

梁启超重视从改善国民的精神状态，提升国民素质入手，"梁任公在百日维新中，大力宣传维新变法的思想。戊戌变法失败之后，亡命日本，继续宣传他的新民说。他深有感触地说："求文明而从形质入，如行死巷，处处遇窒碍，而更无他路可以别通，其势必不能达其目的，至尽弃其前功而后已。求文明而入精神，如导大川，一清其源，则千里直泻，沛然莫之能御也。"因此，他对文学十分重视。

梁启超对于文学对人的作用机制是十分清楚的，他论文艺首先从人的情感入手，将情感作为"宇宙间一种大秘密"。梁启超在《中国韵文里头所表现的情感》中说："天下最神圣的莫过于情感。用理解来引导人，顶多能叫人知道那件事应该做，那件事怎样做法，却是被引导的人到底去做不去做，没有什么关系。有时所知的越发多，所做的倒越发少。用情感来激发人，好像磁力吸铁一般。有多大分量的磁，便引多大分量的铁，丝毫容不得躲闪。所以情感这样东西，可以说是一种催眠术，是人类一切动作的原动力。”

情感有时候要比理性有更大的支配力量，但是梁启超同样认识到了情感本身也有善恶之分，“情感的作用固然是神圣，但他的本质不能说他都是善的，都是美的。他也有很恶的方面，他也有很丑的方面。他是盲目的，到处乱碰乱迸。好起来好得可爱，坏起来也坏得可怕。”按照这样的逻辑，艺术家、教育家就自然应该注重陶冶人的情感，而陶冶情感的最佳途径莫过于文学艺术。因此，他顺理成章地提到：“所以古来大宗教家、大教育家，都最注意情感的陶养。老实说，是把情感教育放在第一位。情感教育的目的，不外将情感善的美的方面尽量发挥，把那恶、丑的方面渐渐压伏淘汰下去。”“情感教育最大的利器，就是艺术。音乐、美术、文学这三件法宝把‘情感秘密’的钥匙都掌住了。”一个有良知的艺术家是要先具备高尚的情感，然后再将其注入文学作品之中，以此传达给读者，梁启超对艺术家提出了很高的要求。

在所有的文学样式中，他对小说论述的最为深刻。在《论小说与群治之关系》一文中详细论述了小说对于国民情感的淘洗作用以及人格塑造的效果。他认为小说对人的影响是通过“熏、浸、刺、提”四种力量进行的。“一曰熏。熏也者，如入云烟中而为其所烘，如近墨朱处而为其所染。”人在阅读文学作品时，潜移默化地受到作品的影响，所谓“近朱者赤，近墨者黑”，长年累月的淘洗浸染中，“眼识为之迷漾，而脑筋为之摇飏”，小说中人物好的品行，“遂入其灵台而据之，成为一特别之原质之种子”。个人道德提升之后再去影响别人，“故此种子遂可以偏世界”，于是小说移风易俗的作用就达到了。“二曰浸。熏以空间言，故其力之大小，存其界之广狭；浸以时间言，故其力之大小，存其界之长短。浸也者，入而与之俱化者也。”“浸”是指小说影响人的时间长，梁启超举例子说：“读《红楼》竟者，必有余恋有余悲，读《水浒》竟者，必有余快有余怒，何也？浸之力使然也。”好的文学作品往往让人回味无穷，唇齿留香。“三曰刺。刺也者，刺激之义也。熏浸之力利用渐，刺之力利用顿。熏浸之力，在使感受者不觉；刺之力，在使感受者骤觉。刺也者，能入于一刹那顷，忽起异感而不能自制者也。”前两种力量是舒缓的，而“刺”对人的作用是直接而迅猛的，作者举例阅读到林冲雪天三限，武松飞云浦一厄之情节，人会忽然发指，读到晴雯出大观园，黛玉死潇湘馆等情节，会突然落泪，这些就是“刺”的功效，它如同佛家讲的当头棒喝，让人骤然生出好多感慨。最后一种是“提”，“四曰提。前三者之力，自外而灌之使入；提之力，自内而脱之使出，实佛法之最上乘也。”阅读作品之中，人会情不自禁地化身其中，将自己作为书中的主人公，在转移模想之中，人在现实之中也会自觉按照小说中的人物来行动。这四种力量能够对民众起到不可估量的作用，“有此四力而用之于善，则可以福亿兆人；有此四力而用之于恶，则可以毒万千载。而此四力所最易寄者，惟小说。可爱哉小说！可畏哉小说！”梁启超认为当时中国人那种“江湖盗贼习气”、“才子佳人构想”、“鬼神妖怪之念”等等都来源于小说，“知此义，则吾中国群治腐败之总根源，可以识矣。吾中国人状元宰相之思想何自来乎？小说也。吾中国人佳人才子之思想何自来乎？小说也。吾中国人江湖盗贼之思想何自来乎？小说也。吾中国人妖巫狐鬼之思想何自来乎？小说也。”尽管这种想法在一定程度上夸大了小说所起的作用，但是梁启超还是有意识的继承了儒家传统中文艺对人的人格提升的作用的观念。

另外，梁启超对“趣味”有很深的见解，其中对高尚趣味的欣赏可以为当代人格美学提供借鉴。他在《趣味教育与教育趣味》中标举：“信仰趣味主义”“拿趣味做根抵”。作者拿自己来举例，“我生平对于自己所做的事，总是做得津津有味，而且兴会淋漓；什么悲观咧厌世咧这种字面，我所用的字典里头，可以说完全没有。我所做的事，常常失败———严格的可以说没有一件不失败，然而我总是一面失败一面做；因为我不但在成功里头感觉趣味，就在失败里头也感觉趣味。我每天除了睡觉外，没有一分钟一秒钟不是积极的活动；然而我绝不觉得疲倦，而且很少生病；因为我每天的活动有趣得很，精神上的快乐，补得过物质上的消耗而有余。”在他看来，趣味是支撑人从事各种活动的一个关键的动力，做自己不感兴趣的事情，人会愁眉苦脸，而如果这件事情是自己的兴趣使然，那么即使是疲惫生病，不断失败也依旧劲头不减，所谓：“知之者不如好之者，好之者不如乐知者。”因此，“总而言之，趣味是活动的源泉，趣味干竭，活动便跟着停止。好像机器房里没有燃料，发不出蒸汽来，任凭你多大的机器，总要停摆。停摆过后，机器还要生锈，产生许多毒害的物质哩！人类若到把趣味丧失掉的时候，老实说，便是生活得不耐烦，那人虽然勉强留在世间，也不过行尸走肉。”

当然，趣味有高低之分，也有选择的标准，作者举了《世说新语》里面的例子来说明，书中有两个名士——祖约性好钱，阮孚性好履。有一位客人先去拜访了祖约，见到他正在数他的钱财和宝物，见到人来了来不及收起来，剩了两小筐钱摆在外边。祖约慌忙将其藏在身后，唯恐他人看见，形容畏缩。客人又去造访阮孚，见他正在给自己的木屐上蜡，还一边叹道："未知一生当着几炳屐"，神色娴雅畅达，这下两人的人格高下立刻分明。梁启超顺势发表议论道："这段话，很可以作为选择趣味的标准。凡一种趣味事项，倘或是要瞒人的，或是拿别人的苦痛换自己的快乐，或是快乐和烦恼相间相续的，这等统名为下等趣味。"作者提到"嫖妓"、"赌博"又何尝不是趣味，但是这种趣味不好。"所谓好不好，并不必拿严酷的道德论做标准；既已主张趣味，便要求趣味的贯彻，倘若以有趣始以没趣终，那么趣味主义的精神，算完全崩落了。"在作者看来，"趣味"的高低并不必以那严苛的道德戒律来衡量，就要看能否持续给人以快感，凡是以吃喝肉欲等刺激作为趣味的多数都算不得是真正的趣味。因为这种身体上的刺激，达到了一定程度就会麻木，原有的快感就会降低，这样就要加大刺激的力度，最后的结果是损害身体，对此，古代思想家有深刻的认识，老子曰："五色令人目盲；五音令人耳聋；五味令人口爽；驰骋畋猎，令人心发狂；难得之货，令人行妨。"《吕氏春秋·本性》："靡曼皓齿，郑卫之音，务以自乐，命之曰伐性之斧。"而精神的享受则是无限的，在不断追求审美趣味的过程中，个人的人格境界也越来越高，精神世界也越来越丰富，一个丰富的人往往能获得普通人无法获得的美感。因此，梁启超十分重视对趣味的培养与教育："要趁儿童或青年趣味正浓而方向未决定的时候，给他们一种可以终身受用的趣味。这种教育办得圆满，能够令全社会整个永久是有趣的。"

综上，梁启超对于古代人格美学理论有很深的造诣，同时对国民人格改造也做了很多建设性的论述，对近代美育的发生发展功不可没。

三、鲁迅改造国民性的理论

鲁迅是中国现代文学的开拓者，他对中国文化做出了突出的贡献。从辛亥革命时期开始一直到五四时期，他穷尽毕生精力奋斗在批判封建文化的第一线，一直在与国民劣根性做斗争。

鲁迅对健全人格的建设与国民性的改造是从批判旧文化、旧文艺观念开始的。在《文化偏至论》中作者首先论述了目前如何建立现在的文化，提出了两种途径，一个是对中国固有文化的抱残守缺，还有一种是对西方文化一味推崇，“言非同西方之理弗道，事非合西方之术弗行，挖击旧物，惟恐不力”。在作者看来这两者都是十分盲目的做法，都是未经思考的。鲁迅认为文化都有其优缺点，不能够照搬照抄，认为那些盲目崇拜西方工业文明，只顾发展工商业经济的人，也只是“假力图富强之名，博志士之誉，即有不幸，宗社为墟，而广有金资，大能温饱，即使怙恃既失，或被虐杀如犹太遗黎，然善自退藏，或不至于身受”，将来如果国家灭亡，他们的财产也会被侵略者夺走。而那些鼓吹民众的人，也仅仅是以多数压制少数，“姑拾他人之绪余，思鸠大群以抗御，而又飞扬其性，善能攘扰，见异已者兴，必借众以陵寡，托言众治，压制乃尤烈于暴君。”他们更甚于暴君。无论这类的“物质主义”还有“民主主义”都是打着幌子利用民众，为自己求得利益而已，都是要不得的。这些求利、为己、从众等落后的思想就是原有封建社会的余毒。接下来他开始对几千年来压制人个性、阻止个人思考的封建文化进行清算，标举“立人”。“诚若为今立计，所当稽求既往，相度方来，掊物质而张灵明，任个人而排众数。人既发扬踔厉矣，则邦国亦以兴起。”个人的思考与个性的张扬是最重要的事情，一种文化，一种文明在西方产生可能是有历史依据的，而直接应用的东方就可能会出现问题，因此，个人的思考与判断就尤为重要，它能够防止“文化走向偏至”，“即不若是，中心皆中正无瑕玷矣，于是拮据辛苦，展其雄才，渐乃志遂事成，终致彼所谓新文明者，举而纳之中国，而此迁流偏至之物，已陈旧于殊方者，馨香顶礼，吾又何为若是其芒芒哉！是何也？曰物质也，众数也，其道偏至。根史实而见于西方者不得已；横取而施之中国则非也。”。

鲁迅看到了封建文化将人都培养为“顺民”或者是为统治阶级服务的“奴才”，人民缺失了抗争的精神与独立思考的勇气。在《摩罗诗力说》中，鲁迅以“摩罗诗力”作为武器向封建文化开战，希冀警醒还在麻木沉睡的世人。在文章开端指出：“人有读古国文化史者，循代而下，至于卷末，必凄以有所觉，如脱春温而入于秋肃，勾萌绝朕，枯槁在前，吾无以名，姑谓之萧条而止。”作者翻阅古代文化史，发现无论是中国还是印度、抑或是希伯来、以色列，这些国家在历史早期的文化都是无比灿烂，人民的精神状态都是昂扬奋进、慷慨激奋的，但是越往后发展文化越萧索凋敝、人民精神也颓废衰败。文学作品也是如此，逐渐变得平缓，缺乏生命力，变成了千篇一律的“盛世之音”，充斥着歌功颂德。面对这种“诗人绝迹，事若甚微，而萧条之感，辄以来袭……口舌一结，众语俱沦，沉默之来，倍于前此”的局面，作者大声疾呼要“别求新声于异邦”，即去别国他乡找寻精神营养，寻找重新能够振奋激刺我国民众精神的“良药”。他寻找的武器就是“摩罗诗派”。“摩罗诗派”就是十九世纪盛行于欧洲的浪漫派，该诗派以拜伦和雪莱为代表，他们积极倡导个人的解放与独立，反对旧贵族的腐朽统治，以狂飙突进的精神讴歌革命、反抗。这种激昂奋进的精神正好能够刺激国人。鲁迅说："今且置古事不道，别求新声于异邦，而其因即动于怀古。新声之别，不可究详；至力足以振人，且语之较有深趣者，实莫如摩罗诗派。摩罗之言，假自天竺，此云天魔，欧人谓之撒旦，人本以目裴伦（G. Byron）。今则举一切诗人中，凡立意在反抗，指归在动作，而为世所不甚愉悦者悉入之，为传其言行思惟，流别影响，始宗主裴伦，终以摩迦（匈加利）文士。"鲁迅作为民主革命的最忠诚、最坚决的斗士，最为鄙视的莫过于自我麻痹，逃避一切的"鸵鸟主义"以及所谓的"平和主义"，无论是动植物还是人类社会一切一切都处在激烈的运动变换之中，没有绝对的平和，作者说："平和为物，不见于人间。其强谓之平和者，不过战事方已或未始之时，外状若宁，暗流仍伏，时劫一会，动作始矣。""平和"只是暂时的，熊熊的烈火在地下潜行，总有一天会喷薄而出，不能够希望永葆安逸。他这种思想对于当时沉浸在古老中国灿烂的文化之中的前清"遗老们"，对那些希望"坐稳了奴隶"的半殖民地的普通国人都是振聋发聩的，但却是极其有效的。鲁迅呼唤的就是独立的人格精神。

文艺是人精神的写照，古代士大夫的文艺观长期以来荼毒人民的心灵，"才子佳人"、"功名利禄"、"歌功颂德"等观念渗透在传统的文艺作品之中，让人精神萎靡。鲁迅通过对旧文艺观念的抨击，来改造国民精神。鲁迅在《论睁了眼看》中说："读者即小有不安，也终于奈何不得。然而后或续或改，非借尸还魂，即冥中另配，必令'生旦当场团圆'才肯放手者，乃是自欺欺人的瘾太大。所以看了小小骗局还不甘心，定须闭眼胡说一通而后快。"中国古代文人都有一种"大团圆"的病，非要在作品中求得圆满，这样心理才会舒服。而久而久之文艺也逐渐变成了麻醉人精神的"中药"，在不知不觉中消磨着人们的反抗斗志，统治者也乐意看见这些民众都成为顺民，越发鼓励御用文人来“炮制”这些“精神鸦片”，于是“一天的满足着，即一天一天的堕落着，但却又觉得日见其光荣。在事实上，亡国一次，即添加几个殉难的忠臣，后来每不想光复旧物，而只去赞美那几个忠臣”；鲁迅总结道：“中国人向来因为不敢正视人生，只好瞒和骗，由此也生出瞒和骗的文艺来。由这文艺，更令中国人更深地陷入瞒和骗的大泽中，甚而至于已经自己不觉得。”

鲁迅十分看中文艺在改造国民性中起到的作用，提到“文艺是国民精神所发的火光，同时也是引导国民精神的前途的灯火。”这也就给创作者提出了很高的要求，对于旧式文人那种“瞒”和“骗”的伎俩，他是深恶痛绝的，他希冀的就是有更多“冲破一切传统思想和手法的闯将”出来，以高尚的人格精神灌入作品之中，以更多的新文艺来影响更多的国人。

四、蔡元培的“以美育代宗教说”

蔡元培于 1916 年至 1927 年任北京大学校长，革新北大开“学术”与“自由”之风，他十分重视美育，并提出“五育并举”、“以美育代宗教”等思想，充分认识到了审美在人格塑造之中的重要意义。

1912 年 7 月 10 日，蔡元培在全国临时教育会议上致辞，他首先指出：“君主时代之教育，不外利己主义。君主或少数人结合之政府，以其利己主义为目的物，乃揣摩国民之利己心，以一种方法投合之，引以迁就于君主或政府之主义。如前清时代承科举余习，奖励出身，为驱诱学生之计；而其目的，在使受教育者皆富于服从心、保守心，易受政府驾驭。现在此种主义，已不合用，须立于国民之地位，而体验其在世界、在社会有何等责任，应受何种教育。”这里一针见血地指出，封建时代所谓的“教育”，其目的就是为政府培养顺民，让人民更容易为政府所驾驭。而现在的教育首要目标则是“立人”，让人们明白自己的社会责任与价值。接下来作者提出了“五育并举”的观点，“当民国成立之始，而教育家欲尽此任务，不外乎五种主义，即军国民教育、实利主义、公民道德、世界观、美育是也。五者以公民道德为中坚，盖世界观及美育皆所以完成道德，而军国民教育及实利主义，则必以道德为根本。”这五种教育的关系是，世界观、美育都是为了完成人的道德，塑造人的道德，而有了良好的道德作为基础，才能够去接受军国民教育、实利主义。随后的九月份，北京教育部公布《教育宗旨令》如下：“兹定教育宗旨，特公布之，此令。注重道德教育，以实利教育、军国民教育辅之，更以美感教育完成其德。中华民国元年九月初二日部令第二号。”

蔡元培认为美育并不是可有可无的事情，按照他的论证逻辑，他首先将世界分为现象世界和实体世界，军国教育、实利主义、道德教育都属于政治内容，是存在于现实的实体世界的。主要的目的就是要富国强兵，让人人能够相近相爱，相互尊重。然而作者又说道：“现世之幸福，临死而消灭。人而仅仅以临死消灭之幸福为鹄的，则所谓人生者有何等价值乎？国不能有存而无亡，世界不能有成而无毁，全国之民，全世界之人类，世世相传，以此不能不消灭之幸福为鹄的，则所谓国民若人类者，有何等价值乎？”人不仅仅为自己而活，更要考虑到其他人，不仅仅要为当下活，还要考虑后代子孙。蔡元培将宗教、哲学等归到了现象世界，简而言之，就是人还要有超现世的理想。他用古代“杀生成仁”来说明人真正的价值在于为了更远大的理想而奋斗。“且如是，则就一人而言之，杀身成仁也，舍生取义也，舍己而为群也，有何等意义乎？就一社会而言之，与我以自由乎，否则与我以死，争一民族之自由，不至沥全民族最后之一滴血不已，不至全国为一大冢不已，有何等意义乎？……非有出世间之思想者，不能善处世间事，吾人即仅仅以现世幸福为鹄的，犹不可无超轶现世之观念，况鹄的不止于此者乎？”

而真正世界观的教育并非一日两日能够完成，一个人高尚的品格也是需要不断磨炼才能够养成的。接着蔡元培先生顺理成章地引出了美育教育，将其看作是介于现象世界与实体世界的东西，“曰美感之教育。美感者，合美丽与尊严而言之，介乎现象世界与实体世界之间，而为津梁。此为康德所创造，而嗣后哲学家未有反对之者也。在现象世界，凡人皆有爱恶惊惧喜怒悲乐之情，随离合生死祸福利害之现象而流转。至美术则即以此等现象为资料，而能使对之者，自美感以外，一无杂念。例如采莲煮豆，饮食之事也，而一入诗歌，则别成兴趣。火山赤舌，大风破舟，可骇可怖之景也，而一入图画，则转堪展玩。是则对于现象世界，无厌弃而亦无执著也。”

蔡元培在《以美育代宗教说》一文中通过对比宗教与美育继续申明美育在“立人”的重要作用，宗教就是旧时期的教育，其中兼有智育、德育、体育、美育等要素，如基督教会解释自然现象，这些就属于智育。佛教以及犹太教的十诫会告诉人去恶行善，这就是德育。而宗教中礼拜、静坐等仪式包含了身体锻炼，属于体育。宗教教堂会选择风景名胜之地来修建，教堂上的雕刻、图画，这些都可以看作是美育。但是自从科学发达以后，许多自然现象、社会历史都可以用科学的方法求出真相，宗教中很多关于智育、体育、德育的内容或是被证明是虚诞的或是已经过时，只有美育还保留，因此蔡元培总结道："于是宗教上所被认为尚有价值的，只有美育的原素了。庄严伟大的建筑，优美的雕刻与绘画，奥秘的音乐，雄深或婉挚的文学，无论其属于何教，而异教的或反对一切宗教的人，决不能抹杀其美的价值，是宗教上不朽的一点，只有美。"关于能否保留宗教而同时实施美育，蔡元培是反对的，他说："一、美育是自由的，而宗教是强制的；二、美育是进步的，而宗教是保守的；三、美育是普及的，而宗教是有界的。"由此，可以看出美育在蔡元培教育思想中占有极其重要的地位。

第三节　当代儒学的发展及其对构建人类命运共同体的启发

说到当代儒学的发展，必须重视对"现代新儒家"的研究。

一、现代新儒家对儒家人格思想的继承

"新儒家"按照冯友兰《中国哲学简史》的说法是指宋明时期儒家的各个学派，比如"程朱理学"、"陆王新学"，但更为普遍的说法是指产生于二十世纪二十年代并且一直发展到现在的以儒学为主导的思想流派。该派主要是以重建儒家价值为目标，致力于中西汇通，挖掘儒家对构建人类命运共同体有启发的价值，又被称为"现代新儒家"。这个流派发展一共历经了三代，第一代是 1921—1949 年，代表儒学家为梁漱溟、熊十力、马一浮、冯友兰、钱穆、

张君劢等人；1950—1979 年为第二代，代表儒学家为方东美、徐复观、牟宗三、唐君毅等人；第三代是 1980 年至今，代表儒学家有成中英、刘述先、杜维明、余英时等。其中张君劢、唐君毅、牟宗三、徐复观等人于 1958 年元旦联署发表《为中国文化敬告世界人士宣言》，表达了当时先进的知识分子在"对中国文化之过去与现在之基本认识及对其前途之展望，与今日中国及世界人士研究中国学术文化及中国问题应取的方向，并附及我们对世界文化的期望。"这同时也标志着中国儒学思想现代化进入了一个新的阶段。

第一代的"现代新儒家"继承中国传统文化之精髓，挖掘中华原典，综合吸收儒、释、道三家思想的长处并仔细研读西方哲学经典，在中西方汇通中寻求儒家思想中对构建人类命运共同体的启发。随着中国经济的迅猛发展，建立属于自己的话语体系变得越来越重要。在中国文化对外输出的过程中，如何保持自己文化的特点，同时能够更好地进行国际交流成为当下关注的问题。"和谐"、"己所不欲，勿施于人"、"协和万邦"等概念不仅能代表中国文化的特质，而且也能够为其他文明发展以及国际间交往合作提供良好的借鉴。由此可见，儒家精神仍具有旺盛的生命力。

下面要介绍几位哲学家关于中国儒家人格美学精神的看法。

梁漱溟始终致力于对中国前途命运的思考，"一生心思力气之用恒在两个问题上：一个是人生问题，另一个是中国问题。"其中"人生问题"关涉的就是探讨儒家思想传统中如何"立人"的问题。在《人心与人性》中他说道："人类社会之心理学的基础不在理智，——理智不足以当之；不在本能，——本能不足以当之；却亦不是在这以外还有什么第三种东西，乃是其基础恰在人类生命本身

——照直说，恰在人心”他在《中国文化要义》[1] 一书中通过对比中西方社会结构更加深刻地认识到了中国社会的特点，即以“伦理宗法”为基础，注重家庭、血缘亲情。也正因为如此，“礼”在中国社会中无比重要，梁漱溟提出了古代社会“以礼俗代宗教”的观点。他看到了在“宗法伦理”社会中情感的重要意义。中国儒家文化精神就在于此，注重亲情，并推己及人。西方十分重视科技，发展到极端也出现忽视人本身的情感价值，科技理性至上的最终结果就是两次世界大战的爆发。梁漱溟认为在当代重要的价值就在于始终以充满情感的人作为核心，重视人心，“孔子学派以敦勉孝悌和一切仁厚肫挚之情为其最大特色。孝子、慈父……在各人为完成他自己。”[2]

作为现代新儒家的第二代代表人物的徐复观同样具有一个知识分子的良知与担当，面对着儒家文化的日渐衰微，他致力于儒家信仰的重建工作。他认为，“儒家思想，是凝成中华民族精神的主流”。[3] 而且“以孔子思想为中心的中国文化，它主要不是表现在观念上，而是浸透于广大社会生活之中”。[4] 他继承了先秦儒家的“心性论”，徐复观指出：“在孟子之前所说的心指的是人的情感、认识、意欲的心，在自己心的活动中找到道德的意识是到了孟子才有的自觉”。[5] 这里区分了“心”的两种内涵，即“情感”的，道德的。孟子首次将“心”赋予了道德的内涵，人的可贵之处就在于

[1] 梁漱溟：《中国文化要义》，上海人民出版社 2005 年版。
[2] 梁漱溟：《中国文化要义》，上海人民出版社 2005 年版，第 106 页。
[3] 李维武编：《徐复观文集》，湖北人民出版社 2002 年版，第 1 卷第 111 页。
[4] 李维武编：《徐复观文集》，湖北人民出版社 2002 年版，第 1 卷第 42 页。
[5] 李维武编：《徐复观文集》，湖北人民出版社 2002 年版，第 3 卷第 161—162 页。

人能够用自己的理性规范、限制耳目口鼻的欲望、感受，不是让欲望主宰人的生活，一个人能够按照自己内心的道德去做出选择，这就是孟子所谓的“本心”，也就是理性的自觉。徐复观接下来论述“心”与“性”的关系，他认为心之外没有性，性就在心之中。孟子说道：“尽其心者，知其性也。知其性，则知天矣。存其心，养其性，所以事天也。”能够用道德约束自己的行为，时时遵守心中的道德律令，心的功能就能够扩展一分，这样先天的性也就显现一分。“性”就是孟子的一个预设，一个人性的参照，即人性初始状态都是纯然本善的，这就是“善根”。但是具体每个人能否成为善人，道德高尚的人，要依靠恪守道德律令，控制住内心的邪念，克制得越自觉，就越接近最初的“本性”。所以后来的阳明学派也说道：“满街都是圣人”，即人人都有“成圣”的可能。总之，徐复观用心性论作为自己的理论支撑，发扬古代人格美学理论，强调恪守内心道德，以此号召人重拾起儒家信仰。

新儒家的第三代领军人物杜维明倡导“儒学复兴论”，强调儒家的超越性与宗教性，他认为西方是哲学和宗教分开的，他在《儒家心性之学——论中国哲学和宗教的途径问题》提出：“事实上，哲学与宗教不分的现象出现在回教的阿拉伯文化、婆罗门教的印度文化、佛教的东南亚文化和西藏文化以及儒家的东亚文化。从世界大势来观察，哲学与宗教互相转化，互相制衡，并且独立自存的现象是西方文明的特殊性而不是人类文化的普遍性。”他认为儒学本身具有哲学的那种超越性又具有宗教式的信仰，因此，儒学“既不是一种哲学又不是一种宗教，正因为儒家既是哲学又是宗教。如果仅把儒家当作一种哲学，一种理智的思辨，一种纯智的解析，一种逻辑的争论，一种思想的厘清，那么儒家的体验精神就会被忽略了；如果仅把儒学当作一种宗教，一种直觉的体验，一种灵魂的信仰，一种绝对的皈依，一种感情的超升，那么儒家的学术精神就会被贬低”。可以说在他的眼中儒学兼具哲学的思辨性与宗教的超越性。杜维明关注儒家的内在超越性，这是中国文化与西方文化的相通之处。儒家的心性之学强调在日常生活中提升自己，通过日复一日对道德的坚守，反躬自身，锤炼自己的身心，最终能够于现实中达到“与天地万物一体的境界”。因此，“儒学这种‘极高明而道中庸’的体验哲学或智性哲学——也就是‘宗教——哲学’（Religion-philosophy），只能在哲学与宗教的交汇处与共通处找到安心立命的‘场所’。”经过一代一代学人的不懈努力，儒家人格思想才能够在当今世界依旧具有旺盛的生命力。

二、儒家人格美学对构建人类命运共同体的启发

张君劢、唐君毅、牟宗三等人联合署名发表的《为中国文化敬告世界人士宣言》中提到了西方人应该向东方文化学习的五点内容，分别是放下的智慧，圆而神的智慧，温润而恻怛或悲悯之情，使文化悠久的智慧、天下一家之情怀。

其中第一、二、三点具有相通之处，讲述的是一种“和谐”的人生之道。这可谓是东方文化之特质。《为中国文化敬告世界人士宣言》中提出：“这种放下的智慧之表现于印度之哲学宗教中；中国之儒道禅宗之人物之思想与风度中，及中国之文学与艺术中者，实值得西方人之先放下其文化传统中之观念，去体会、欣赏、涵泳，然后知其意味之无穷。而其根源仍在于当下即是，一切平等之人生境界。此是西方人应向东方文化学习之第一点。”

中国文化在对待人生时能够入世但不执着，所谓“应物而无累

于物”，在处理人际关系时讲究圆通谦让，讲求“中庸之道”，这也是儒家思想对现实世界最大的贡献，具体可以概括为孔子的“忠恕之道”。《论语·里仁》说：“子曰：‘参乎！吾道一以贯之。’曾子曰：‘唯’。子出，门人问曰：‘何谓也？’曾子曰：‘夫子之道，忠恕而已矣。’”关于何为忠，何为恕，还应该回归孔子的思想本身，《中庸章句》：“尽己之心为忠，推己及人为恕。”

也就是说，“忠”首先是对自己的要求，对得起自己的内心是前提，然后才能够要求其他人。《论语》：“曾子曰：‘吾日三省吾身，为人谋而不忠乎？与朋友交而不信乎？传不习乎？’”而“恕”则是对他人的要求，要尊重他人，考虑到对方的感受，所谓：“己所不欲，勿施于人。”具体而言，就是要用爱己之心去关爱他人，用责他人之心考量自己，宽以待人，严于律己。坚持“忠恕之道”，人们就会相安无事，和平共处。

“己所不欲，勿施于人”是从消极角度说的，而“欲立而立人，己欲达而达人”则是从积极角度立论的，这也就是孔子人格美学的核心，同时也是不同时代不同文明、宗教的共同认识。佛教原典曾经说过：“以己比人曰，我如是，彼亦如是，彼如是，我亦如是，如不录杀人，亦不使人杀人。”（《经集》705）“我既爱生而不欲死，喜乐而不欲痛。设若有人欲取吾命……倘我取其命而其爱生……我岂能加之于人？”（《相应部》，第353卷）古印度文明的史诗《摩诃婆罗多》说：“毗耶婆说：你自己不想经受的事，不要对别人做；你自己向往渴求的事，也该希望别人得到——这就是整个的律法；留心遵行吧。”基督教的《圣经》也提到：“你不愿别人对你做任何事情，都不要对别人做。”（《多比传》4：15）“你要别人怎样待你们，你们也要怎样待他们。”（《路加福音》6：31）据称，伊斯兰教的创始人穆罕默德说："最高贵的宗教是这样的——你自己喜欢什么，就该喜欢别人得什么；你自己觉得什么是痛苦，就该想到对别的所有人来说它也是痛苦。"（《圣训集：穆斯林，论信仰的第一章》）。可见，"己所不欲，勿施于人"这一儒家做人法则是得到全世界各个文明认可的。

中国著名学者季羡林先生也说："我们东方文化是有些好东西，如中国古书上的一句话——'己所不欲，勿施于人'，能够做到这八个字，到共产主义也不过这个水平。"[1] 在世界经济全球化和文化多元化的背景之下，我们要努力建立中国话语体系，向世界更好地输出中国文化。在此过程中我们要更加理解和尊重文明的多样性，在国际事务中要寻求更多的共通与合作。儒家由"血缘亲情"推广而来的社会规范具有丰富的内涵和生命力，因为从最广泛意义上来讲，整个人类的情感是共通的，有共同的本性，这也是儒家人格精神在今天仍具有实践意义的原因之所在。

---

[1]《季羡林文集》，江西教育出版社 1998 年版，第 14 卷第 497 页。

参考文献

一、著作部分：

朱熹：《四书章句集注》，北京：中华书局，1983

陈戍国标点，朱熹著：《四书集注》，长沙：岳麓书社，1987

徐耕白主编：《诸子集成》，长沙：岳麓书社，1996

程颢、程颐：《二程集》，北京：中华书局，1981

刘宝楠：《论语正义》，北京：中华书局，1990

黎靖德编：《朱子语类》，北京：中华书局，1986

陈戍国撰：《四书校注》，长沙：岳麓书社，2004

[三国] 何晏集解，皇侃义疏：《论语集解义疏》，北京：中华书局，1985

许慎：《说文解字》，上海：上海古籍出版社，1981

章太炎著，傅杰编校：《章太炎学术史论集》，北京：中国社会科学出版社，1997

荆门市博物馆：《郭店楚墓竹简》，北京：文物出版社，1998

武汉大学中国文化研究院编：《郭店楚简国际学术研讨会论文集》，武汉：湖北人民出版社，2000

李零：《郭店楚简校读记》，北京：北京大学出版社，2002

陈鼓应主编：《道家文化研究》，第17辑，北京：三联书店，1999

《中国哲学》编辑部：《郭店楚简研究——中国哲学　第二十辑》，沈阳：辽宁教育出版社，2000

丁四新主编：《楚地简帛思想研究（二）》，武汉：湖北教育出版社，2005

马承源主编：《上海博物馆藏战国竹书（三）》，上海：上海古籍出版社，2003

孔德立：《子思与思孟学派》，济南：山东文艺出版社，2004

李天虹:《郭店楚简〈性自命出〉研究》，武汉：湖北教育出版社，2003
陈伟:《郭店竹书别释》，武汉：湖北教育出版社，2003
郭沂:《郭店竹简与先秦学术思想》，上海：上海教育出版社，2001
庞朴、马勇、刘贻群编:《先秦儒家研究》，武汉：湖北教育出版社，2003
袁济喜:《古代文论的人文追寻》，北京：中华书局，2002
袁济喜:《传统美育与当代人格》，北京：人民文学出版社，2002
袁济喜:《中国古代文论精神》，太原：山西教育出版社，2005
袁济喜:《和：审美理想之维》，南昌：百花洲文艺出版社，2001
成复旺:《中国古代的人学与美学》，北京：中国人民大学出版社，1992
成复旺:《神与物游——论中国传统审美方式》，北京：中国人民大学出版社，1990
杜维明:《人性与自我修养》，北京：中国和平出版社，1988
杜维明:《儒家思想新论——创造性转换的自我》，南京：江苏人民出版社，1991
杜维明:《儒家传统的现代转化》，北京：中国广播电视出版社，1992
方东美:《生命理想与文化类型》，北京：中国广播电视出版社，1992
张岱年:《中国哲学大纲》，北京：中国社会科学出版社，1982
冯友兰:《三松堂全集》，郑州：河南人民出版社，1988
鲍霁主编:《冯友兰学术精华录》，北京：北京师范学院出版社，1988
黄克剑、林少敏主编:《徐复观集》，北京：群言出版社，1993
李泽厚、刘纲纪主编:《中国美学史》，北京：中国社会科学出版社，1984
李泽厚:《华夏美学》，合肥：安徽文艺出版社，1994
敏泽:《中国美学思想史》，济南：齐鲁书社，1987
叶朗:《中国美学史大纲》，上海：上海人民出版社，1985
张法:《中国美学史》，上海：上海人民出版社，2000
张涵、史鸿文:《中华美学史》，北京：西苑出版社，1995
北京大学哲学系美学教研室编:《中国美学史资料选编》（上、下册），北京：中华书局，1980
曾祖荫:《中国古代美学范畴》，武汉：华中工学院出版社，1986
张少康:《中国文学理论批评史》，北京：北京大学出版社，2005
陈来:《有无之境》，北京：人民出版社，1991
钱穆:《孔子生年考》，北京：中华书局，1985
钟肇鹏:《孔子研究》，北京：中国社会科学出版社，1983
董洪利:《孟子研究》，南京：江苏古籍出版社，1997

丁冠之主编：《孟子研究论文集》，济南：山东大学出版社，1997
郭庆藩：《庄子集释》，北京：中华书局，2006
张松如：《老子校读》，吉林：吉林人民出版社，1981
王兴华编著：《中国美学论稿》，天津：南开大学出版社，1993
蒋孔阳主编：《中国古代美学艺术论文集》，上海：上海古籍出版社，1981
陈鼓应：《老庄新论》，上海：上海古籍出版社，1992
文达三：《老子新探》，湖南：岳麓书社，1995
成复旺主编：《中国美学范畴辞典》，北京：中国人民大学出版社，1995
杜维明：《杜维明文集》，武汉：武汉出版社，2002
梁漱溟：《中国文化要义》，上海：上海人民出版社，2005
梁漱溟：《人心与人生》，上海：上海人民出版社，2005
梁漱溟：《东西文化及其哲学》，北京：商务印书馆，1999
徐复观：《中国人性论史·先秦篇》，北京：九州出版社，2014
李维武编：《徐复观文集》，武汉：湖北人民出版社，2002
季羡林：《季羡林文集》，南昌：江西教育出版社，1998

二、论文部分：

李泽厚：《初读郭店楚简印象纪要》，载陈鼓应主编：《道家文化研究》，第17辑，生活·读书·新知三联书店，1999年
廖名春：《荆门郭店楚简与先秦儒学》，载《中国哲学》第20辑，1999年
王振复、陈立群：《郭店楚简〈性自命出〉的美学意义》，《复旦学报（社会科学版）》，2003年第1期
蒙培元：《人是情感的存在——儒家哲学的再阐释》，《社会科学战线》，2003年第2期
李天虹：《〈性自命出〉与传世先秦文献‘情’字解诂》，《中国哲学史》，2001年第3期
梁涛：《竹简〈性自命出〉与《孟子》‘天下之言性’章》，《中国哲学史》，2004年第4期
梁涛：《乐正氏之儒的‘泛孝论’及与思孟学派的关系（上）》，《孝感学院学报》，2006年第1期
胡治洪：《帛书〈易传〉四篇天人道德观析论》，《周易研究》，2001年第2期
魏家骏：《中国传统文化视野下的绚丽之美》，《宁夏社会科学》，2005年第5期

徐少华：《郭店楚简〈六德〉篇及相关问题分析》，《江汉论坛》，2001 年第 6 期
陈昭瑛：《孔子诗乐美学中的整体性概念》，《江海学刊》，2002 年第 2 期
李旭：《孔子‘游于艺’的超越思想》，《学术研究》，2000 年第 9 期
李作勋：《孔子仁学及其对终极理想的设定》，《中国哲学史》，1997 年第 4 期
刘鑫：《孔子道德形而上学探原》，《孔子研究》，1994 年第 4 期
刘宗贤：《孔子思想的人文精神底蕴》，《孔子研究》，1998 年第 2 期
聂振斌：《儒道的审美境界》，《哲学研究》，1998 年第 9 期
吴全兰：《诚，孔子哲学思想的基石》，《船山学刊》，2003 年第 1 期
徐岱：《体验自由——论美感的生命境界》，《浙江大学学报》，1997 年第 1 期
杨国荣：《人生之境与意义世界》，《孔子研究》，1999 年第 3 期
袁济喜：《论中国古代文论的精神特质》，《求是学刊》，2004 年第 6 期
袁济喜：《论中国传统美学的生生品格》，《中国人民大学学报》，2002 年第 6 期
袁济喜：《论儒家审美人格的构成》，《中国人民大学学报》，2002 年第 2 期
袁济喜：《传统美育与当代美学建设》，《思想战线》，2001 年第 5 期
张文修、吴贵彬：《《论语》对生命终极意义的表达方式》，《中国哲学史》，1998 年第 3 期
朱立元：《美论：寻求对本质主义思路的突破》，《复旦学报》，2004 年第 5 期
赵书妍、李振宏：《‘克己复礼’的百年误读与思想真谛》，《河北学刊》，2005 年第 2 期
晁福林：《‘时命’与‘时中’：孔子天命观的重要命题》，《清华大学学报·哲学社科版》，2008 年第 5 期

后　记

目前，国人对现代文化的多元格局多有不适应，经常慨叹人心不古，国学飘零。这就对道德秩序重建中所需要的相应心态转换有了吁求，同时，也需要我们在学习的过程中真正了解传统哲学思想的真谛，寻找适合当今社会的精神基点。

儒学传统在20世纪经受了两次大的创伤。第一次为“五四”新文化运动时期，中国的精英们在此次运动中形成这样的观点：“以全盘否定中国过去为基础的思想革命和文化革命，是现代社会和政治改革的根本前提。”（林毓生《中国意识的危机》）于是，反传统成为时代的潮流。但是事实上，这场运动并没有对传统文化造成多大的伤害。这是一场精英运动，精英们在大力反传统的同时，几乎无一例外地成为传统文化的活载体。他们满怀热情地吸纳着外来先进文化，而在接受外来文化之前却早已打下了传统文化的深厚的根基。胡适主张全盘西化，但这位杜威的学生终其一生都不失中国传统知识分子的本色，在他的葬礼上有一副挽联称他是“新文化中旧道德的楷模，旧伦理中新思想的师表”。虽然如此，我们也不可不看到，这种否定传统文化的观念所造成的影响确实是很深远的。

而发生于20世纪六七十年代的“文化大革命”对儒学为主流的传统文化的破坏是彻底性的，史上称之为“浩劫”。它的破坏性表现为两点：一是对物化了的传统实施大规模地破坏，一是对承载着传统文化知识的知识分子进行残酷迫害。其宗旨便是要彻底肃清人们思想中的一切“旧”的东西。与大力去除传统的行动密切配合的是盲目排外，拒绝一切西方的先进文化。自己优秀的传统文化被去除，外国先进文化又被拒之门外，中国人的精神世界几乎成了真空。当这场浩劫结束之后，人们一片迷茫，精神无所适从。

后来，我们集中精力进行经济建设，渐渐摆脱了物质上的贫困，同时也渐渐感觉到，我们的精神层面上仍然缺乏一种能够把自己树立起来并与西方发达国家相抗衡的东西。人们不断思索，才发现，这缺失的东西恰恰就是曾经被我们肆意践踏的自己传统文化的精华。于是，重新评估传统文化在现代化过程中的作用，成为我们必须要做的工作。

事实上，传统与现代并不是格格不入的。西方现代化理论把民族传统性与现代化相对立的观点早已遭到了很多批判，一些亚洲新兴工业国家和地区的成功例子也使西方现代化理论陷于尴尬局面。优秀传统完全可以融入现代化之中，这一点差不多已经无需再加论证。当然，并不是所有的传统因素都可以发挥积极作用，传统的东西有精华也有糟粕，即使是拥有悠久历史和辉煌文化的民族也不例外。在传统文化的现代转化过程中，对传统因素进行分析，是非常必要的。

一般来说，国学即将复兴或是时势使然，但我们不希望它成为未来中国“唯一的”文化信仰，国学应该在未来成为国人了解过去，沿袭精华，发展未来适合国情文化的精神支柱。

基于这样一个对国学思想传承和发展的信念，我着手准备几年时间来完成这个论题。然而，整个写作的过程几乎都伴随着一种不安和焦虑——此情绪缘于本论题的难度及自身学养的不足。

感谢我在中国人民大学的导师袁济喜先生。从硕士学位论文到此次课题的写作，先生一直以他的宽厚与涵养给予我包容，并给我谆谆教导。他温和而严厉的训诫，他积极而严谨的学术态度，让我深深地反省自己，并得以一次次的精神洗礼。师徒是一种缘分，亦是一场修行。感恩在学术道路上袁先生一直为我擎起一盏学术明灯。

感谢我本科的业师黄保真先生。多年来，他犹如慈父一般，给予我无私的帮助和鼓励。此篇拙作，也有他付出的心血。愿此书的完稿能敬慰他的在天之灵。

感谢我的师兄周泉根教授。是他不断地给我精神鼓励，并不断以身作则，让我相信学术之光可以照亮我的前程。

感谢青年才俊张子尧。因为他的辛勤而细致的劳动，课题的进展才被注入了蓬勃的生命力和青春的活力。

感谢我的家人们——我在学术道路彷徨苦闷的日子里，他们以不同的方式给予我精神和心灵的安慰和鼓励。尤其感恩和缅怀父亲——此次写作，是我在韩国读博三年期间完成的。这三年间不仅课业繁重，而且当时父亲已身患绝症，但父亲一直叮嘱身在异国他乡求学的我要安心读书写作，不必挂念。直至他病危家人才瞒着他通知我赶回来。父亲临终的日子我一直陪在他身边，我能深深感受到老人家心中有太多未了的心愿——尤其是希望看到儿女们的成才。《诗经·小雅·蓼莪》言：“父兮生我，母兮鞠我。拊我畜我，长我育我，顾我复我，出入腹我。欲报之德。昊天罔极！南山烈烈，飘风发发。民莫不穀，我独何害！南山律律，飘风弗弗。民莫不穀，我独不卒！”父亲，我是您的血脉的延续，愿女儿在学术道路上一步步的成长，可以抚慰九泉之下牵挂的您。

感谢所有关心和帮助过我的人。

此次写作磨砺了我前行的意志，我会努力走下去。

李冬梅

2019 年 10 月于海南

图书在版编目（CIP）数据

先秦儒家人格审美理论研究/李冬梅著. —上海：上海三联书店，2020. 8
ISBN 978-7-5426-7045-8

Ⅰ. ①先… Ⅱ. ①李… Ⅲ. ①儒家—人格—审美—理论研究—中国—先秦时代 Ⅳ. ①B222. 05②B83-0

中国版本图书馆 CIP 数据核字（2020）第 076954 号

本著作出版获海南热带海洋学院中国语言文学学科建设基金资助

先秦儒家人格审美理论研究

著　　者 / 李冬梅

责任编辑 / 徐建新
装帧设计 / 徐　徐
监　　制 / 姚　军
责任校对 / 张大伟　王凌霄　林志鸿

出版发行 / 上海三联书店
　　　　　（200030）中国上海市漕溪北路 331 号 A 座 6 楼
邮购电话 / 021-22895540
印　　刷 / 上海展强印刷有限公司

版　　次 / 2020 年 8 月第 1 版
印　　次 / 2020 年 8 月第 1 次印刷
开　　本 / 890×1240　1/32
字　　数 / 220 千字
印　　张 / 9. 75
书　　号 / ISBN 978-7-5426-7045-8/B・679
定　　价 / 70. 00 元